编撰委员会

主　编：张　健

副主编：王玉成　冯　路

编　委：（按姓氏笔画排序）

杜　愚　苏叠峰　吴小玲

岑　艳　邵子阳　范毅峰

廖绍云　周威锋（执行）

人才蓝皮书

TALENTS BLUE BOOK

宁波人才发展报告

A REPORT ON THE DEVELOPMENT OF TALENTS IN NINGBO

2025

主　编　张　健

副主编　王玉成　冯　路

中国商业出版社

图书在版编目（CIP）数据

宁波人才发展报告．2025 / 张健主编；王玉成，冯路副主编．-- 北京：中国商业出版社，2025. 8.

ISBN 978-7-5208-3543-5

Ⅰ．C964.2

中国国家版本馆 CIP 数据核字第 2025CL4180 号

责任编辑：吴　倩

中国商业出版社出版发行

（www.zgsycb.com　100053　北京广安门内报国寺 1 号）

总编室：010-63180647　编辑室：010-83128926

发行部：010-83120835/8286

新华书店经销

北京荣泰印刷有限公司印刷

*

710 毫米 ×1000 毫米　16 开　17 印张　262 千字

2025 年 8 月第 1 版　2025 年 8 月第 1 次印刷

定价：78.00 元

* * * *

（如有印装质量问题可更换）

前　言

自 2006 年首度问世以来，《宁波人才发展报告》已伴随宁波人才事业走过了二十载春秋，成为宁波人才工作的“城市名片”。值此二十周年之际，我们怀着对历史的敬意与对未来的期许，再次将这份凝聚时代印记的报告呈献于读者面前。它不仅是一份总结，更是一份见证——见证一座滨海城市从“人口红利”迈向“人才红利”的华丽转身，见证无数追梦者与宁波同频共振、携手共进的奋斗历程。

二十年来，宁波始终把人才作为“第一资源”来抓，纵深推进人才强市战略，人口素质快速提升，优秀人才竞相涌入，识才、爱才、敬才、用才的环境迭代优化，为城市“争一流、创样板、谱新篇”不断汇聚强大人才保障和智力支撑。截至 2024 年底，全市人才资源总量占常住人口比例超过 26%，国家级、省级人才新增数量位居全省前列，高技能人才占技能劳动者比例达到 35.3%，全年全员劳动生产率达到 29.8 万元 / 人，地区生产总值跻身全国城市第 11 位。这份成绩单的背后，凝结着宁波千万奋斗者的汗水与智慧，是政企同心、党群合力的生动写照，也是诚信、务实、开放、创新的城市底蕴在新时代的焕新绽放。

当今世界，新一轮科技革命和产业变革深入发展，围绕战略人才和科技制高点的国际竞争空前激烈。宁波全域推进数智化、新能源化、国际化，加快建设具有全球竞争力的现代化滨海大都市迫切需要进一步壮大人才队伍，优化人才结构，发挥好人才第一资源重要作用。聚焦全市人才工作，今年本书的编写和组稿主要围绕两个方面开展：一是对宁波人才工作的调查研究，紧扣融入国家人才战略布局、深化人才发展体制机制改革、加强人才队伍建设等重点任务，坚持问题导向，深入分析原因，提出解决思路和对策；二是对宁波人才工作特色亮点的总结提炼，集中展现创新型人才开发、技能人才自主培养、教育科技人才体制机制一体改革、“五优无忧”人才服务品牌塑造等方面的工作实践和创新探索。我们期待，这份报告能为关心宁波发展的各界人士提供有益镜鉴，更期待与天下英才携手，在东海之滨共同绘就“双向奔赴、双向成就”的壮美画卷！

本书由宁波市委人才办和市政府研究室共同组织编写。市委常委、组织部部长、市委人才办主任蒋伟峰，市委组织部副部长、市委人才办常务副主任张瑞丽等都十分关心本书的出版工作。市委人才办有关同志对本书具体编撰工作给予大力支持，市级有关部门、各区（县、市）和重点开发区人才部门以及在甬高校都给予了全力配合和帮助。在此一并表示衷心感谢！我们亦对二十年来指导和参与报告编撰的各位领导、专家学者、人才工作者致以诚挚谢意，正是你们的智慧与心血，让这份报告始终保持着专业性与生命力。

二十年，是里程碑，更是新起点。在中国式现代化的新征程上，宁波将以更高站位、更宽视野、更实举措，书写人才与城市共生共荣的新篇章。我们也将继续坚持“服务决策、服务发展、服务人才”的理念，进一步提高人才研究工作水平，努力为宁波高水平建设人才强市作出更大贡献。

囿于水平，本书难免存在不足之处，恳请大家批评指正。

编　者

2025 年 6 月

目　录

人才总结篇

研究探索篇

工作案例篇

—— 高水平创新型人才队伍建设 ——

—— 卓越工程师和高技能人才队伍建设 ——

人才总结篇

2024年宁波人才工作综述

2024年，宁波人才工作锚定市委“三个新”“三个化”目标，一体建强“三支队伍”，以教育科技人才体制机制一体改革为牵引，奋力推进全域建设高水平创新型城市，形成高水平人才支撑引领高质量发展的良好态势，实现“六个第一、五个新高、四个突破”。六个第一：全市人才资源总量增速、新入选国家级人才、国家级人才引进类、省级卓越工程师、在甬工作外国高端人才、外国专家获“中国政府友谊奖”数，居浙江全省第1位。五个新高：新入选省顶尖人才项目、新支持市顶尖人才项目、新增大学生、新持证社会工作人才、新获评国家级博士后科研工作站数，创历史新高。四个突破：海洋关键材料全国重点实验室成功获批，宁波东方理工大学办校取得突破性进展，首次获中组部授权工程硕博士培养改革，全市技能人才实现我国两个项目金牌“零”的突破。

一、聚焦平台蓄能，在授权松绑中释放人才创造力

坚持问题导向、目标导向，深化人才发展体制机制改革，以授权松绑来充分释放人才创新创造活力，推动学科建设、平台能级、企业实力跃迁升级。一是高校学科建设实现新跃升。支持宁波大学“双一流”建设，对力学学科在甬江人才工程中单列名额，助力新引进国家级人才3人、市级人才24人，推动办学主要指标进入地方综合性大学前10位。支持宁波东方理工大学建设新型研究型大学，出台申校期间博士后定制政策，开展国际化人才自主评价，助力

新引进海内外院士 3 人、学术带头人 33 人，集聚 300 人规模的师资队伍，办校申请经省教育厅审批同意，张东晓、金大勇、孙学良等省顶尖人才领衔获批省重点实验室 3 个。“一校一策”推动在甬高校建设高水平大学，浙江大学软件学院实现省顶尖人才入选突破，新建神舟航天软件人才、乐歌跨境智慧软件人才培养专班，在甬高校新增 5 个博士点、24 个硕士点，19 个学科进入 ESI 全球前 1%，34 个高校学科入选省一流学科。二是院所平台能级实现新突破。与中国科学院启动新一轮战略合作，对中科院宁波材料所叠加每年 4 亿元、连续 7 年经费支持，推动海洋关键材料重点实验室、重大科技基础设施建设取得突破性进展，助力新引进海外院士 2 人、杰青 1 人，新增 3 种关键材料型号配套、15 种关键材料与器件，为航天、航空、海洋等领域重要型号提供支撑。落实甬江实验室“两个直接”“三个自主”综合改革举措，助力新引进科研人员 198 人、博士后 45 人，自主认定高层次人才 8 人，推动甬江实验室 A 区正式启用，取得成功研发全球首台“高精度人眼模拟设备”、攻克第三代半导体外延片智造关键技术难题等一批重大科研成果。全力赋能 30 家重点产业技术研究院，集聚各类高层次人才 1.28 万人，其中西北工业大学宁波研究院新入选国家级人才培养类 3 人，占全市 1/4，培育国家级专精特新“小巨人”企业 1 家、高新技术企业 5 家，全年产值突破 6 亿元。三是企业主体实力实现新发展。充分发挥国家级制造业单项冠军企业、国家级专精特新“小巨人”企业等龙头企业优势，加快集聚产业链高端紧缺人才，目前依托企业入选的国家级人才占比 68%、市级人才占比 70.5%，国家级制造业单项冠军企业中近 1/4 为省级以上人才创办。推动海天、吉利、舜宇等 3 家企业担任浙江省行业高级职称评审委员会委员，分别支持 66 家、928 家企业开展职称自主评审和技能人才自主评价，以人才提技提效助力企业向产业链高端迈进，涌现出“领航者 2 号 NAVIAI”“贾维斯 2.0”等一批备受瞩目的技术成果。全市高新技术企业总数突破 8700 家，增量和增速均居浙江省首位。

二、聚焦科技创新，在向新攀高中展现人才驱动力

坚持创新驱动就是人才驱动，瞄准科技创新重点领域、根部技术，大力集

聚战略人才力量，在技术攻关、成果转化、科学研究中展现人才作为。一是人才驱动科技攻关提速。迭代实施“科创甬江 2035”重点研发计划，聚焦数字创新、先进材料、机器人和高端装备等重点领域开展有组织的科研，900 余位高水平人才揭榜重点研发计划项目 301 项，全市企事业单位获省级以上科技奖项 50 项，据初步统计，各类人才解决“卡脖子”技术超 50 项。实施“科技副总”“产业教授”行动，畅通高校院所与企业人才共享流动通道，首批遴选 15 名“科技副总”、10 名“产业教授”，已推动凝练技术问题超 20 项，开展技术攻关 9 项，相关经验做法获省委主要领导肯定，拟在全省复制推广。二是人才驱动产出效益提量。强化全方位人才政策支持，市县联动提供项目资助、场租补贴、贷款贴息、基金支持等要素保障，助力人才把科技成果转化为现实生产力，市级人才入选者累计创办企业 634 家，其中估值超亿元 163 家、产值超亿元 39 家，累计带动就业超 3.4 万人。如人才领衔创办的“晶钻科技”，建成国内第一条自主知识产权的 CVD 大单晶金刚石工业化生产线，200 万克拉的年产能高居全球第一，新获评工业和信息化部超硬材料链主企业；人才领衔创办的“寰采星科技”，仅用不到 3 年时间成长为国内新兴显示领域市场占有率第一的供应商，成功入选浙江最具投资价值创新企业榜单。三是人才驱动基础研究提质。联合高校院所、龙头企业、人才大使构建全球引才网络，新当选发达国家院士 2 人，入选省顶尖人才 8 人、国家级人才 152 人，支持市全职创新顶尖人才项目 9 个，推动开展引力本质与暗物质性质、绿色能源模拟关键智能技术、原子及近原子尺度制造等前沿研究。支持重大科创平台建设基础研究人才培养基地，制定专项政策，给予基础研究人才长周期稳定支持，全市人才新获批国家自然科学基金项目 264 项，资助总经费超 1.34 亿元，地下水在全球水循环中的关键作用与变化、无疲劳的铁电材料、光学声子软化避免退极化效应等 6 篇原创成果在国际顶刊发表，月球水资源原位开采与利用策略为月球基地建设提供新思路。2023 年全市基础研究 R&D 经费 13.92 亿元，增长 54%；占 R&D 比重 2.75%，列浙江省第 3 位。

三、聚焦产业转型，在四链融合中彰显人才支撑力

坚持围绕产业链布局人才链，锚定“361”现代化产业体系建设，紧盯关键环节、岗位紧缺、重点行业，着力提升人才与产业的耦合度，加快培育壮大新质生产力。一是紧盯关键环节，实施甬江人才工程。健全产业链出题机制，聚焦重点产业链307个关键环节，发布9000余个紧缺人才需求，全年预计支持超500个，其中第一批遴选支持248个，集成电路、人工智能等数字产业项目占制造业项目比例提升至40%；现代服务业项目中港航物流和金融保险项目入选率分别提升至50%、36.4%。创新以赛代评模式，举办2024“AI宁波”首届人工智能赋能产业大赛，面向全球人才设置智能技术、智能智造、智能终端、智慧城市等四大赛道，贯通甬江人才工程遴选，启动3个月收到全球11个国家超900个项目报名参赛。二是紧盯岗位急需人才，加大人才招引力度。贴合企业需求、突出以用为本，抓牢大学生这一就业重点群体，启动“百万大学生奔甬工程”，组织2200余家企事业单位赴境内外52座城市114所高校举办159场校园宣讲，举办线上线下招聘会1749场，全年新引进大学生首次突破30万大关，达35.3万人，同比增长32.6%，其中博士学位大幅增长53%。强化早期储备、前置培养，在7所知名高校设立宁波未来之星奖学金，集中组织1100余名大学生暑期机关和企事业单位实习，精准储备一批企业转型升级生力军。引导单项冠军、专精特新等重点企业新建省级博士后工作站31家，获评国家级博士后工作站17家，招收博士后475人，近三年全市博士后团队每年揭榜攻关项目超100项，累计带动研发投资50亿元，经济效益超360亿元。三是紧盯重点行业，优化人才培养模式。着眼破解工程技术难题，分梯次组建首批10家卓越工程师学院、产业工程师学院、现场工程师学院，2家现场工程师学院获评国家级培育单位，入选省级卓越工程师105人，居浙江省第1位。启动实施数字经济人才发展行动，成立市数字技术中级职称评审委员会，新增人工智能、大数据、智能制造、工业互联网等4个数字技术专业以及工艺美术时尚创意专业中级职称评审，新增数字高技能人才2.28万人。统筹推进行业人才队伍建设，新增卫生领域市级以上人才106人，知识产权领域高层次人

才超 1100 人，新持证社会工作人才 1.64 万人，均创历年最高。

四、聚焦乡村振兴，在结构优化中突出人才共富力

坚持乡村振兴靠人才，深入实施现代“新农人”培育专项行动，大力集聚“十路人才”，加快构建人才兴农、富农、助农的生动局面。一是强化人才兴农。出台“乡村人才振兴十五条”，持续加大对农业人才返乡入乡政策扶持力度，鼓励各地因地制宜引育“乡村 CEO”投入乡村运营，目前全市 20 余个村已成功引入乡村运营师（团队）。如奉化区面向全国公开招募乡村运营师（团队），吸引 52 名乡村运营人才进驻，推动落地项目 22 个。又如江北区鞍山村 CEO 带领团队将废弃老厂房改造成集民宿、创意工作室等多功能公共空间的“构城 · 鞍山人文聚落”，吸引 21 家艺术工作室入驻，带动村民就业 40 余人，总产值逾千万元。二是强化人才富农。加快打造“1 ＋ N”现代化农民培训体系，挂牌成立宁波现代农学院，2 家机构入选浙江农民大学省级专业院，建成首批全国县级优质农民田间学校 3 家，新培育现代“新农人”3.4 万人，着力提升农民职业技能。如象山县围绕“红美人”优势产业，大力培育柑橘乡土专家和职业橘农，持续完善“县级服务团队＋柑橘产业联盟＋柑橘乡土专家＋橘农”的技术服务模式，建立象山柑橘学院，年培训农民 8000 人次以上，象山“红美人”师傅培训品牌入选浙江省第一批“浙农智富”品牌，年产值达 7 亿元以上。三是强化人才助农。坚持人才下沉、科技下乡、服务“三农”，市、县两级精准选聘 1320 名科技特派员，推动科技特派员服务向研发、生产、加工、流通、商贸等全产业链延伸，深入农业生产一线开展指导 4089 次，创建乡村振兴示范点或农业品牌 165 个，带动农民就业 1 万余人。结合区域特色，推广（引进）新品种 1325 个、新技术 448 项（套），切实解决农民“缺种少技”难点，有效提高亩均效益。如国家级人才领衔创办的“微萌种业”建立由国家级人才、市级人才以及研发技术人员构成的人才团队，助力农民降本增效，所售种子遍及全国，推广面积达 220 万亩，带动农业产值 250 亿元。

2025 年是全面贯彻落实党的二十届三中全会精神的开局之年，也是新一

轮人才规划、人才政策、人才工程的迭代之年，宁波将紧扣市委“树立大追求、抢抓大机遇、展现大担当”部署要求，以融入国家“3 + N”布局为牵引，突出贯通融合主题，系统实施人才引育贯通提升、人才政策贯通提标、教科人贯通提速、四大链条贯通提质、人才平台贯通提能、人才服务贯通提效六大行动，以高水平人才推动经济规模和质量迈上新的大台阶，努力为全国全省全市大局多作贡献。

研究探索篇

推动人才与人力资源贯通对策研究

习近平总书记在中央人才工作会议上强调，“人才是第一资源，是衡量一个国家综合国力的重要指标”；在第二十届中央财经委第一次会议上提出，“加快塑造素质优良、总量充裕、结构优化、分布合理的现代化人力资源，以人口高质量发展支撑中国式现代化”。本研究基于中国式现代化建设、人口高质量发展的时代背景和宁波全域建设高水平创新型城市对人才、人力资源的实际需求，通过向中国人事科学研究院等机构专家专题咨询、面向高校毕业生等群体问卷调查、组织部门间座谈研讨，探求人才与人力资源贯通的内涵特征和路径方法，谋划提出推动贯通的思路目标和重点任务，为做好人才和人力资源工作提供借鉴，进而实现人才在人力资源中的占比更高、人才作用发挥对人力资源开发利用和经济社会高质量发展的带动支撑作用更优。

一、基本概念和内涵特征

“人才与人力资源贯通”是首创性的全新提法。推动人才与人力资源贯通，需要进一步厘清“人才”“人力资源”和“贯通”等的基本概念和内涵特征。

一方面要抓住“人才”“人力资源”“贯通”三个关键词来分析解读。

“人才”是一个多维且演进的概念，不同时空、不同行业都有不同的含义，国家层面对人才的认识也在不断深化迭代，特别是从 2021 年中央人才工作会议首次提出“国家战略人才力量”，到党的二十大将“大国工匠、高技能人才”纳入“国家战略人才力量”，更加突出了“人人皆可成才、人人尽展其才”的理念。总的来说人才是指具有一定的专业知识或专门技能，进行创造性劳动并对社会作出贡献的人。国家层面关于人才的概念内涵及主要发展历程见表 1。

表 1　国家层面关于人才的概念内涵及主要发展历程

时间节点	重要事件	重要文献	主要观点	主要人才分类
2003年12月	第一次全国人才工作会议	《关于进一步加强人才工作的决定》	提出只要具有一定的知识或技能，能够进行创造性劳动，为推进社会主义物质文明、政治文明、精神文明建设，在建设中国特色社会主义伟大事业中作出积极贡献，都是党和国家需要的人才	党政人才、企业经营管理人才、专业技术人才
2010年5月	第二次全国人才工作会议	《国家中长期人才发展规划纲要（2010—2020年）》	提出人才是指具有一定的专业知识或专门技能，进行创造性劳动并对社会作出贡献的人，是人力资源中能力和素质较高的劳动者	党政人才、企业经营管理人才、专业技术人才、高技能人才、农村实用人才、社会工作人才
2021年9月	中央人才工作会议	《深入实施新时代人才强国战略，加快建设世界重要人才中心和创新高地》	提出建设世界重要人才中心和创新高地，“八个坚持”；首次提出国家战略人才力量	战略科学家、科技领军人才和创新团队、青年科技人才、卓越工程师
2022年10月	党的二十大	《高举中国特色社会主义伟大旗帜 为全面建设社会主义现代化国家而团结奋斗》	强调加快建设国家战略人才力量，并对国家战略人才的内涵作了进一步丰富	大师、战略科学家、一流领军人才和创新团队、青年科技人才、卓越工程师、大国工匠、高技能人才
2024年7月	党的二十届三中全会	《中共中央关于进一步全面深化改革、推进中国式现代化的决定》	强调深化人才发展体制机制改革，实施更加积极、更加开放、更加有效的人才政策，完善人才自主培养机制，加快建设国家高水平人才高地和吸引集聚人才平台	大师、战略科学家、一流领军人才和创新团队、青年科技人才、卓越工程师、大国工匠、高技能人才

“人力资源”是当代著名管理学家彼得·德鲁克在其1954年出版的《管理的实践》一书中正式提出的，虽然国内外有不同的解读，但概念认识较为接近且相对稳定，总的来说是指发展经济和社会事业所需要的、具有必要劳动能力的人口。人力资源概念的主要观点见表2。

表2 人力资源概念的主要观点

行业或专家代表	主要观点
国内行业领域	狭义上：人力资源是指一定范围内能够推动经济和社会发展的劳动者的总和，包括数量和质量两个方面。它是包含在人体内的一种生产能力，是知识、技能、体力、个性特征及价值观等要素的集合
	广义上：人力资源是指组织中具有智力劳动和体力劳动能力的人的总和，包括其知识、技能、经验、健康等要素。它强调人的能动性和创造性，是组织核心竞争力的重要来源
彼得·德鲁克（Peter F. Drucker）	人力资源“和其他所有资源相比较而言，唯一的区别就是它是人”，拥有当前其他资源所没有的素质，即“协调能力、融合能力、判断力和想象力”
伊万·伯格（Ivan Berg）	人力资源是指能够推动整个经济和社会发展的具有智力劳动和体力劳动能力的人们的总和
美国人力资源管理协会（SHRM）	人力资源是组织中最重要的资产，包括员工的知识、技能、能力、经验和潜力等
国际劳工组织（ILO）	人力资源是一个国家或地区内能够参与经济活动、创造价值的人口总体所具备的劳动能力，包括体力、智力、技能、经验等方面的能力

“贯通”也有着丰富的含义，既可以指学术、思想等方面的全面彻底理解，也可以指连接、通联以及穿透，能够用于描述事物之间的连贯性，强调工作之间的协同性。

另一方面要在宁波人才与人力资源整体工作中来理解把握。

“人才与人力资源贯通”这一提法，是思想认识的再深化，强调了人才与人力资源都是人口高质量发展的重要组成部分，两者是“我中有你、你中有我”的一个有机整体，必须统筹谋划、一体推进；是发展趋势的再把握，强调了人才与人力资源都是经济社会发展的重要基础支撑，两者是不断发展、影响深远的一个关键变量，必须与时俱进、不断创新；是工作方法的再迭代，强调了人才与人力资源工作都是党委政府的重要工作内容，两者是点多面广、相互融合的一项系统工程，必须协同联动、全面发力。

人才与人力资源相互成长成就关系见图1。

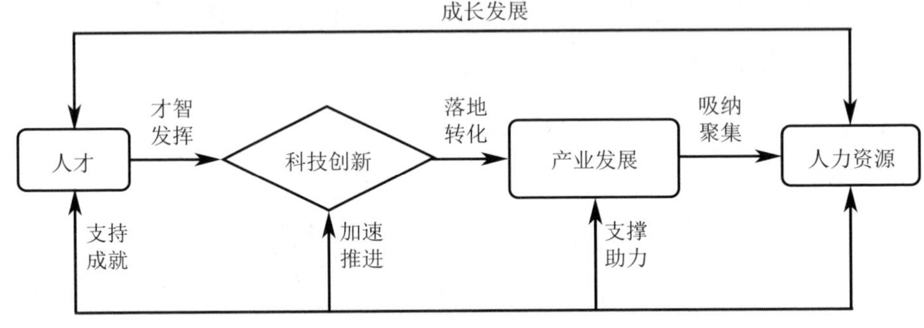

图1 人才与人力资源相互成长成就关系

综上所述，推动“人才与人力资源贯通”，就是聚焦制约人才发展、人力资源成长的短板问题，通过体制机制改革、政策制度完善、方法路径创新、保障服务优化等方式，推动人才与人力资源在“引、育、用、留”各环节统筹联动，构建人才与人力资源成长路径多元、流动渠道畅通、协同支撑有力、作用发挥高效的工作新格局。主要具有以下五个方面特征。

——理念贯通，这是人才与人力资源贯通的思想基础。就是要秉持人人平等的理念，牢固树立大人才观，既认识到人才是经济社会发展的第一资源，也认识到人力资源是人才的基础和源泉；既认识到人力资源可以成为人才，也认识到人才需要人力资源的服务支撑，形成人才与人力资源是一个有机整体的思想共识。

——机制贯通，这是人才与人力资源贯通的制度保障。就是要强化“管行业就要管人才抓人力资源”的要求，深化人才与人力资源管理体制机制改革，构建党委统一领导，人才工作部门统筹指导，行业主管部门各司其职、密切配合的制度体系。

——路径贯通，这是人才与人力资源贯通的主攻方向。就是要聚焦人才与人力资源全生命周期，一体推进培养、引进、使用、流动、评价、激励、服务，打造一支规模宏大、结构合理、素质优良的人才与人力资源队伍。

——平台贯通，这是人才与人力资源贯通的重要载体。就是要围绕四链深度融合，统筹推进高校院所、企业主体、行业协会和科创赛事、交流活动等各类平台载体互联互通，实现人才与人力资源共享共赢。

——数据贯通，这是人才与人力资源贯通的基础底座。就是要提升数智化服务治理能力，完善数据标准体系，加强人才与人力资源数据信息归集和综合应用，为科学决策、政策完善、服务优化、安全保障提供支撑。

二、重要意义

推动人才与人力资源贯通，是应对人口发展新常态的重要抓手。习近平总书记指出，我国总体上已由人口增量发展转向减量发展阶段，必须推动人口工作由调节数量为主向提升素质、稳定总量、优化结构、畅通流动转变，以人口高质量发展打造高素质人力资源。近年来，宁波常住人口增速放缓，加快转变人口工作重点同样尤为迫切，过去依靠“人口红利”的发展模式将难以为继。推动人才与人力资源贯通，就是在总量减少的情况下，通过提升人力资源素质、优化人才素质结构，切实增强全社会劳动力有效供给和劳动效率的持续提升，充分发挥人才与人力资源最大效能，继续用好“人口综合红利”，最大限度释放“人才红利”。

推动人才与人力资源贯通，是加快推进共同富裕的重要途径。习近平总书记亲自谋划、亲自定题，赋予浙江高质量发展建设共同富裕示范区的光荣使命。当前，宁波正以缩小“三大差距”为主攻方向，积极探索共同富裕新路径新方法，着力推动共同富裕取得更多标志性成果，奋力实现高质量发展共同富裕示范先行。缩小“三大差距”、实现共同富裕，最基本、最直观的是缩小收入差距。推动人才与人力资源贯通，就是为两者增长才干、提高能力、持续发展创造更加普惠公平的条件，畅通成长通道，增强致富本领，增加就业机会，扩大中等收入群体，构建橄榄型社会，实现人的全面发展和全体人民共同富裕。

推动人才与人力资源贯通，是进一步全面深化改革的重要内容。党的二十届三中全会对进一步全面深化改革、推进中国式现代化作出系统部署，强调要“深化人才发展体制机制改革、健全人口发展支持和服务体系”，这为人才与人力资源领域改革指明了方向，提供了遵循，省委、市委全会也作出了相应部署，明确了重点任务。推动人才与人力资源贯通，就是把改革创新作为根本动力，积极探索人才与人力资源“引、育、用、留”方面的创新举措，打破束缚人才与人力资源发展的体制机制障碍，优化人力资源配置，激发人才创造活力，为全省甚至全国提供更多可借鉴、可推广、可复制的经验做法。

推动人才与人力资源贯通，是推动实现高质量发展的重要支撑。习近平总书记指出，发展新质生产力是推动高质量发展的内在要求和重要着力点，强调新质生产力由技术革命性突破、生产要素创新性配置、产业深度转型升级而催生，以劳动者、劳动资料、劳动对象及其优化组合的跃升为基本内涵。当前，宁波正聚焦高质量发展这一首要任务，以发展新质生产力为重要着力点，加快推进城市数智化、新能源化、国际化转型，对人才与人力资源提出了更高的要求。推动人才与人力资源贯通，就是贯通两者管理的体制机制、政策体系、资源力量，推动劳动者、劳动资料、劳动对象优化组合和更新跃升，提高人才与人力资源跟宁波经济社会发展，特别是产业发展需求的匹配程度，为宁波经济社会高质量发展提供坚强的人才保障和智力支持。

三、探索实践

近年来，宁波深入贯彻落实习近平总书记考察浙江重要讲话精神和给祖籍宁波的香港企业家重要回信精神，聚焦高质量发展，推进共同富裕先行示范，加快推进城市数智化、新能源化、国际化转型，高度重视人才建设和人力资源开发，2024 年集聚新来甬大学生 35.31 万人，新增技能人才 8.1 万人，完成技能人才培训 35.3 万人，初步走出了一条人才与人力资源贯通发展之路。

一是优化体制机制。由宁波市人力社保局局长同时担任市委人才办常务副主任，推动人才与人力资源发展思路联动调研、工作统筹谋划、任务一体推进。组建宁波人才发展集团，推动政府侧、市场侧人才与人力资源招引、投资、培训、服务等功能整合贯通。建设启用宁波人才大脑和人力资源综合服务平台，规范数据标签体系，归集用人单位数据 142 万条、人才数据 272 万条、简历 110 多万份。

二是一体招才引智。深化引才招工联动机制，推动“招才”“招工”一体组织、协同推进，建好用好重庆、安徽、江西、湖北等重点地区人才招引和劳务对接站点，优化招聘组织模式和对接方式，2024 年组织各类引才招工活动

1749 场次。统筹挖掘市场主体人才与人力资源岗位需求，扩大数字化系统应用和服务覆盖，建设一体化线上平台，全面汇集全市用人主体的人才需求和用工需求，链接企业 44.9 万家、各类岗位需求 457.6 万个。

三是联动培养提升。探索完善人才与人力资源成长渠道、发展通道，大力实施“三名提升”“三跨融合”领军拔尖人才培养新模式，超过 3800 名专业技术人员纳入领军拔尖人才培养工程。推动中职与本科一体化培养，累计开展 9 个试点，1100 人实现初中与大学贯通培养。推进“一人一技”终身职业技能培训体系建设，构建技能人才“百地千坊”培训网络，持续扩大“青年夜校”“甬匠工坊”等培训覆盖，近 3 年共有 35.62 万名普通劳动者通过职业培训、技能竞赛等方式，成长为技能人才，超过 18.6 万人获得高级工以上职业资格（技能等级）证书，成为高技能人才，进入人才序列。

四是贯通使用激励。调动发挥用人单位人才评价主体作用，创新探索人才评价新模式。积极推进专业技术职称评审和技能等级认定“放权”，赋予“大优强”等重点企业人才市场化评价权、重大人才工程项目举荐权，一大批工作实绩好、创新能力强、拥有一技之长的人力资源突破以往“学历”“论文”“英语”等限制，获得人才评价。探索技术技能人才“H”型职业发展新路径，率先在省内开展“一评双证”试点，96 人通过一次评价同时取得职称证书和技能等级证书，迈出技能人才与专技人才成长贯通的重要一步。

五是做优服务保障。围绕优化人才与人力资源贯通发展生态，针对人才构造“五优无忧”服务体系；针对各类专家，出台专家管理服务办法，依托人才码服务 130 余万人次；针对青年群体实施“宁波亲家园”行动，打造一站式人才综合服务中心；针对户外劳动者布局建设“甬爱 E 家”劳动者服务驿站，服务辐射 100 余万人；针对灵活就业人员，全国首创灵活就业专属普惠保障“灵活保”，为 41 万人提供保障；针对稳定就业外来务工人员，加大住房保障供给，延伸覆盖至环卫工人等，初步构建了从“顶尖人才”到“一线工人”有效覆盖的服务载体平台。

2020—2024 年宁波市主要人才及人力资源情况、技术技能人才总量情况见图 2、图 3。

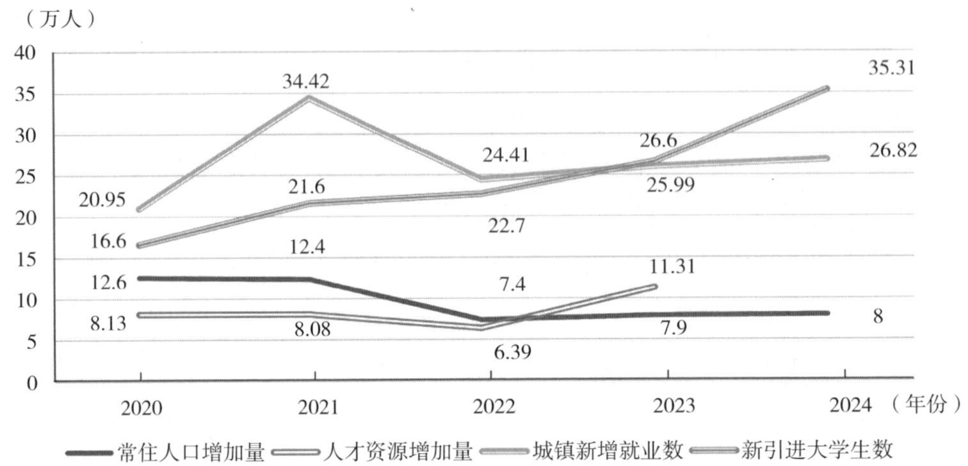

图 2　2020—2024 年宁波市主要人才及人力资源情况

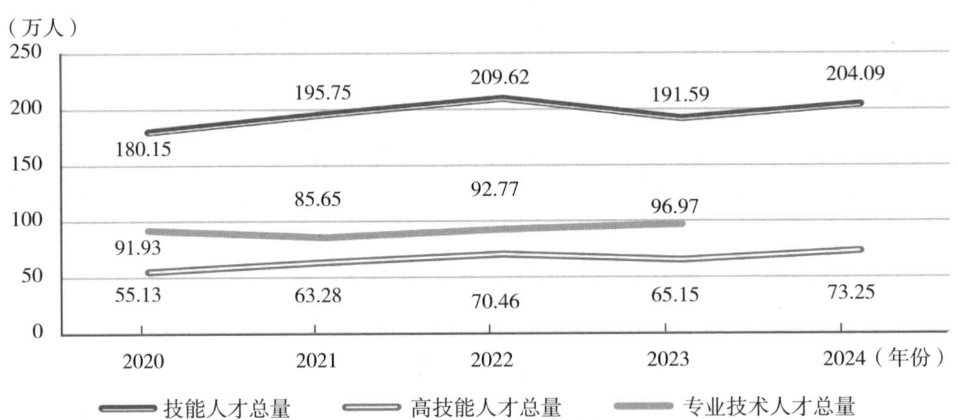

图 3　2020—2024 年宁波技术技能人才总量情况

为深化调研，面向人力资源管理者、普通劳动者、毕业年度高校（技工学校）学生开展了专项问卷调查，共收到有效问卷 3597 份。受访对象分布情况见图 4。通过梳理分析，发现有 57.42% 的用人单位选择“单位组织培训”为员工培养的主要渠道，46.36% 的普通劳动者、62.49% 的毕业年度高校（技工院校）学生有进一步提升自己的需求，高度重视人才、渴望成长成才已成为全市的普遍共识；66.91% 的用人单位认为“只要有胜任工作的能力”都可以称为“人才”，77.69% 的用人单位主要依据“综合实绩”给予员工晋升、激励，63.99% 的用人单位招录员工时更看重“主要工作经历”和“实际工作能力”，53.95% 的受访普通劳动者表示“目前工作中，晋升职位或提高待遇的主要依据是综合实绩”，注重实绩、不拘一格是人才评价使用的主要方式；79.07%的用人单位、78.01%的普通劳动者、77.22%的毕业年度高校（技工院校）学生认为现有的职业技能等级与专业技术职称融通机制实施效果“很好”或“还可以”，其中学历为大专、硕士和博士研究生的普通劳动者及高职院校毕业生的认可度超过80%，务实的用人导向、贯通的成长通道符合实际、广受好评；75.91%的用人单位认为宁波市整体工作环境对人力资源吸引力“很强”或“较强”，说明宁波推动人才与人力资源贯通的探索有成效、受欢迎。

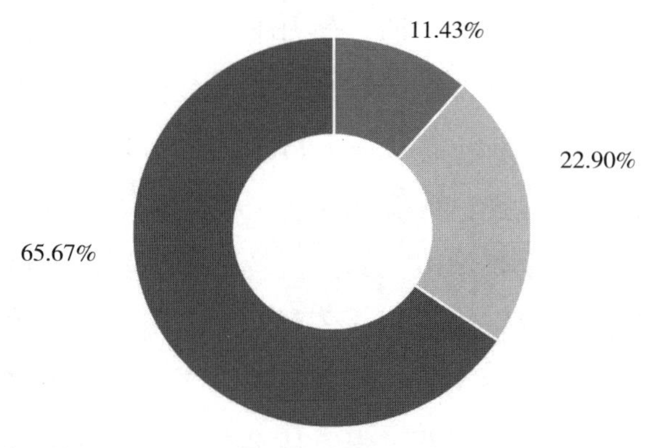

图 4 问卷调查受访对象分布情况

不同类型用人单位员工晋升（激励）的主要依据分布情况见图5。

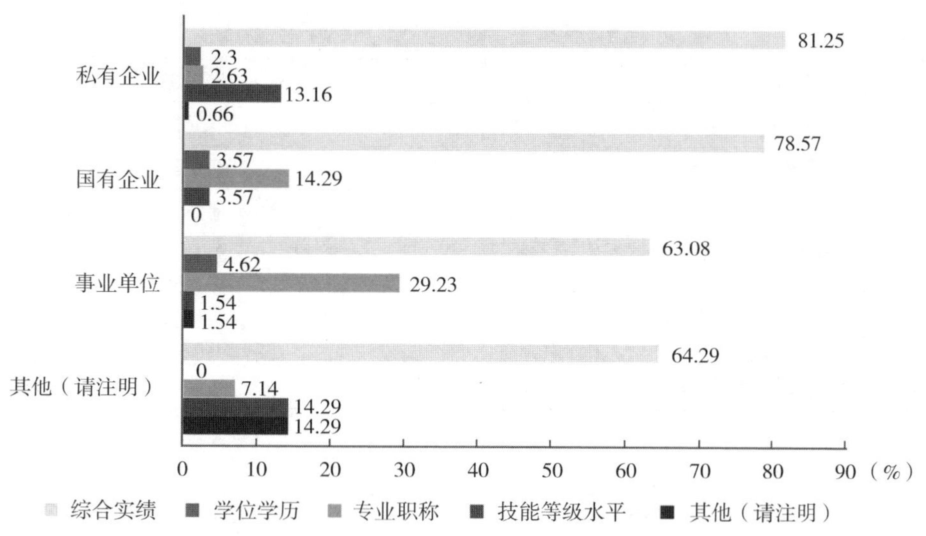

图 5 不同类型用人单位员工晋升（激励）的主要依据分布情况

调研显示，实际工作中还存在一些难点堵点：一是认识理解和系统谋划还显不足。系统的思维、发展的眼光、一体的谋划还显不足，同频共振的观念认识还未形成，全面整体的贯通框架尚未构建，联动推进的工作机制尚未形成，统筹协同的力量资源尚未整合。二是贯通培养力量还比较薄弱。调查问卷显示，37.71% 的用人单位认为目前宁波人才培养渠道不多，30.17% 的认为培养的针对性不够。作为技能人才培养重要阵地的宁波技师学院的教师和在校生规模与青岛、厦门等同类学校差距较大。社会培训活动大都以通识类教育、兴趣类培训为主，层次不高、差异不足、合力不够。三是评价体系还不够科学全面。目前学历评价、职称评价、技能等级评价等，对象仍然以传统行业、产业领域人才为主，对新产业、新业态从业人员的评价尚未建立。基于创新能力、质量、实效、贡献的评价方式、评价标准还未完全建立。问卷调查也反映出，宁波人才评价认定的问题主要集中在方式比较单一、标准维度过少、覆盖不够广泛等方面。四是基础支撑有待夯实。各平台之间由于建设单位不同、数据字段区别较大，现有涉及人才与人力资源数据尚未实现数据贯通和有效归集。人力资源服务等专业机构的支撑仍然不强，从事猎头、测评、培训、管理咨询等能够推动人力资源能级提升、高效配置的高端业态机构仅占 12%。人才培养、人才评价认定方面主要问题的问卷调查情况见表 3、表 4。

表 3　　人才培养方面主要问题的问卷调查情况

选项	小计	比例（%）
培养渠道不多	155	37.71
培养针对性不够	124	30.17
政府政策支持不足	66	16.06
培养能力不强	36	8.76
培养方式不科学	10	2.43
其他（请注明）	20	4.87
本题有效填写人次	411	

表 4　人才评价认定方面主要问题的问卷调查情况（多选）

选项	小计	比例（%）
评价方式比较单一	1397	59.14
评价标准维度过少	1202	50.89
评价覆盖不够广泛	1133	47.97
其他（请注明）	51	2.16
本题有效填写人次	2362	

四、对策举措

综上分析，推动人才与人力资源贯通发展，在理论研究、现实意义、实际需求、具体工作上都有一定的实践价值，需要科学谋划工作思路、设定发展目标、细化具体举措。

（一）总体思路

坚持以习近平新时代中国特色社会主义思想为指导，全面贯彻落实党的二十大和二十届二中、三中全会精神和习近平总书记关于人才与人力资源的重要论述精神，突出人在中国式现代化中的核心主体地位，以“大人才观”广开育才、引才、聚才、识才、用才、护才之路，全面迭代人才与人力资源贯通的体制机制、政策制度、方法路径、保障服务，加快构建“引、育、用、留”统筹协同、一体联动的人才与人力资源发展新格局，奋力建设世界重要人才中心和创新高地战略支点城市、高质量充分就业城市，实现“人人努力成才、个个皆可成才，人人尽展其才、个个人生精彩”，为推动宁波中国式现代化市域先行提供坚实支撑。

（二）主要目标

力争通过三年努力，到 2027 年实现“两跃升两突破”。即规模结构实现新跃升，基本形成与高质量发展相适应、城市能级相匹配的现代化人才与人力资源队伍，全市人才资源总量达到 280 万人、人力资源总量超过 640 万人，每年新引进大学生 40 万人以上，技能人才占从业人员、高技能人才占技能人才比重均超过 37%。效能作用实现新跃升。各类人才创造活力竞相迸发、聪明才智充分涌流，对经济社会发展支撑作用更加显著，人才计划入选者创办企业累计超过 700 家，人力资源服务业产值突破 2000 亿元，人才创新创业累计带动就业超过 100 万人。工作协同力取得新突破。实现人才与人力资源体制机制、政策体系迭代升级，人才集聚和人力资源开发统筹推进，率先探索政府、企业、高校、机构、协会多方联动的培养开发机制，率先构建以社保数据为支撑的数智化治理体系，率先打造以人力资源大市场为依托的资源整合平台。生态吸引力取得新突破。构建形成更大范围、更加精准、更有品质的人才与人力资源服务保障体系，“通则＋专项＋定制”人才与人力资源政策体系更加健全，“奔甬而来，甬上乐业，我才甬现”“宁波五优，人才无忧”等品牌更加响亮。

（三）重点任务

一是构建推动人才与人力资源贯通的工作体制。牢固树立“大人才观”，统筹推进人才队伍建设和人力资源开发，推动形成人才与人力资源贯通发展的工作新格局。谋划建立统一的发展规划。结合“十五五”规划编制，强化人才与人力资源贯通发展的顶层设计，以人才发展体制机制改革和人力资源领域改革为牵引，明确总体思路、发展目标、重点任务和政策举措。推动设立常态化协调议事机制。健全完善人才与人力资源贯通的领导体制、运行机制和协调机制，宁波市委人才办、市人力社保局召集相关部门定期召开相关主题议事会议，强化部门间常态化会商，形成统筹一体、快速响应的工作格局。建立以社保为基础的大数据底座。围绕高质量构建人才与人力资源数据基础，推进宁波人才大脑与社保、就业数据库融合衔接，逐步打造形成高效、协同、开放的数据基座，不断加强人才与人力资源全流程业务衔接，加快实现全量数据的全面共享、实时交互，探索推动政策精准推送、服务一键直达。

二是健全推动人才与人力资源贯通的政策体系。聚焦人才与人力资源贯通的卡点堵点问题，进一步丰富宁波人才与人力资源政策内涵，形成更加完备、精准、高效的政策体系。构建一体化政策体系。迭代“通则＋专项＋定制”政策体系，结合新一轮人才政策制定、宁波市职业技能培训条例修订，统筹人才、就业、民政、公安、教育、住建、财税等支持措施，以强整合、补短板、重实效为重点，持续提升人才与人力资源政策精准度和有效性。出台重点领域专项政策。聚焦“361”现代化产业体系和经济社会发展重点领域，以甬江人才工程为牵引，迭代升级引进类、全面实施培养类，创新优化人才遴选发现、接续支持和自主培养机制。在重点领域制定一批人才与人力资源专项政策，把定制政策从大平台拓展到有潜力的平台、从大企业拓展到具备卡脖子、填空白实力的高成长企业，促进产业链创新链人才链政策链贯通融合。

三是拓宽人才与人力资源引进流动渠道。聚焦发展需求、人岗相适、人尽其才，加快构建人才与人力资源一体化招引、多元化流动渠道，加强资源配置和效能发挥。构建全领域招引机制。构建覆盖全国、辐射全球的人才与人力资源招引路径网、作战图，统筹布局全国人才招引联络站点，深化开展百校来甬和千企赴外双向对接，办好“毕洽会”“人才日”“高洽会”三大市级综合性引才活动和十大行业专场招聘特色引才活动。深化与对口地区、人力资源密集省市合作，优化引才与招工联动机制，推动区域间人力资源优势互补。加大博士后工作站建站、博士后招引力度，高质量举办博士后“双百”供需对接会，持续打响宁波博士后工作品牌。搭建多元化流动渠道。加快打造“一网全贯通、要素全融合、服务全链条、监管全覆盖”的人力资源大市场，优化就业创业服务，提升引才用工效率。做优高层次人才编制池，面向高技能人才推出事业编制岗位，支持高校院所和企业设置“产业教授”“科技副总”“技术高管”等创新岗位，打通高校、科研院所和企业人才交流通道。以建设省级零工市场为牵引，提质建设“四型五字”零工市场、零工驿站，强化灵活就业人员保障和服务。建强市场化引才力量。引导鼓励人力资源服务机构围绕新技术、新形势创新变革，推动行业向价值链高端延伸，加快构建市场化人才与人力资源贯通机制，重点支持机构依托优势产业、重点企业深耕特色专业赛道，打造特色化专业化人力资源服务园区，三年引育30家聚焦主业、专注专业、成长性好、创新性强的专精特新人力资源服务机构，为产业发展集聚强大人力资源，为更好地推动人才与人力资源贯通发展提供专业支撑。

四是搭建人才与人力资源培育成长阶梯。以壮大人才队伍、提升人力资源素养为主攻方向，在培养提升上凝聚合力、持续用力、提高效率。建强互融互通的培训阵地。统筹推进创新型人才“前沿讲堂”、高素养劳动者“工匠学堂”“百地千坊”技能培训共同体等建设，建立“理论＋实践”“通识＋专业”“共性＋个性”教学体系，完善学员互派、资源互通、阵地互享、交流互动工作机制，打造各方联动、线上线下融合多层次多类型全覆盖的人才与人力资源培训阵地。实施系统集成的培养工程。聚焦“361”现代化产业体系和经济社会发展重点领域，系统实施甬江人才工程（培养类），统筹设立教育、科技、医疗卫生等10个领域培养专项，对入选的高层次人才和高素养劳动者在平台、项目、资金等方面提供全方位保障，推动更多人力资源向上成长、人才更好发挥作用价值，着力形成培养一批人才、带动一个群体、推动行业产业发展的格局。强化多维赋能的培育举措。全面实施战略人才引育、“一人一技”终身职业技能培训、产业工人“一贯通两跃升”等专项行动，深化人才自主培养升级奖励、青年科技人才项目扶持、企业职工学历提升学费补贴、国际行业资格证书持证奖励等支持举措，积极推广宁海“四方联动”“海天工厂”“行业（企业）订单班”等产教融合育人模式，切实提升人才与人力资源贯通培养质效。

五是优化人才与人力资源评价认定机制。坚持“破四唯”和“立新标”并举，以壮大队伍、激发活力为主攻方向，加快形成导向明确、精准科学、规范有序、竞争择优的人才评价体系。健全完善行业人才评价办法。进一步完善宁波人才分类目录，探索建立通用综合认定和行业分类认定相结合的评价模式，推广卫健系统行业人才评价的经验做法，鼓励指导教育、制造、金融、农业农村等行业，积极构建符合各自行业发展特点、体现人才成长规律的评价指标和评价方式。扩大用人主体自主评价范围。坚持“谁用人、谁评价”，授予龙头企业、各类新型研发机构、符合条件的民营企业开展人才自主认定、职称自主评价，推动“大优强”“单项冠军”“专精特新”企业技能等级认定提级扩面，深化实施“新八级工”制度，加快扩大职业技能等级自主评价覆盖面。用好用活人才认定评价新模式。深化职技融通机制，扩大“一评双证”模式应用，引导企业建立管理、专技、技能序列纵向畅通、横向贯通的“H”型人才发展通道。围绕宁波主导产业、优势产业、新兴产业，积极参与新职业（工种）等级评价标准制定。出台职业技能竞赛管理办法，积极承办国家级、省级技能大赛，每年举办市级技能竞赛200场以上。

六是健全人才与人力资源保障服务矩阵。聚焦人才与人力资源发展需求，做深做实综合服务品牌，持续优化发展生态。完善服务体系。加快导入创新创业服务资源，提升专业化人才服务队伍效能，发展壮大科技服务、金融保险、高端猎头、法务咨询、财务会计等市场力量。健全完善“关键小事”协调解决机制，加大教育、医疗、住房等公共服务供给，拓展人才与人力资源服务覆盖面和可及性，提升人才与人力资源的获得感幸福感归属感。建强服务平台。探索构建以人才大脑为数据底座，政策、服务、管理一体集成，全领域、全周期、全覆盖保障的人才线上服务平台。系统打造宁波人才综合服务中心、“甬爱E家”等市县联动服务阵地体系。浓厚爱才氛围。以实效为导向务实开展人才活动，健全完善以人才日、人才科技周为双主线，以重要节日、重点节气为串联的全年活动体系，持续开展杰出人才、宁波工匠等先进典型选树工作，进一步强化创新实干奋进导向、营造尊才爱才敬才氛围。

张瑞丽　陈　勇　王明荣　叶新良　闫绍永

加强制造业人才自主培养研究

习近平总书记指出，制造业高质量发展是我国经济高质量发展的重中之重。中国制造看浙江，浙江制造看宁波，制造业由大转强，人才是关键，如何走出一条以高水平人才引领支撑制造业高质量发展之路，宁波使命在肩、责无旁贷。本研究立足宁波、着眼浙江、放眼全球，深入探究制造业人才培养的重要意义、经验做法、问题挑战，对全面提高制造业人才自主培养质量提出对策建议。

一、制造业人才自主培养的重要意义

加强制造业人才自主培养，是扛起建设全球先进制造业基地新使命的题中之义。浙江承担建设全球先进制造业基地的重要使命，实现制造业自主可控、安全可靠，构建以先进制造为支撑的现代化产业体系，关键在于提高人才供给自主可控能力，培养造就堪当大任的制造业优秀人才。

这是抢抓全球产业链重构新机遇的关键之举。面对全球产业链升级和重构，浙江产业链要加快转变全球产业链分工地位，实现从中低端向中高端迈进，关键在于化“人口红利”为“人才红利”，持续壮大产业人才队伍基本盘。

这是应对全球人才竞争新挑战的必由之路。全球人才竞争愈演愈烈，浙江人才工作面临外部引进“壁垒高企”，美西方国家禁止前沿领域专业录用中国学生，不择手段阻止创新人才和资源流向中国；内部培养“人口缩减”，常住人口增速下滑，2021—2023 年全省 0 ～ 15 岁、16 ～ 59 岁常住人口占比分别下降 0.7 个百分点和 1.7 个百分点。要转变内外部双重叠加冲击局势，关键在于建立“自主培养为主导、引进培养相互促进”的工作格局，避免过度依赖外部引进人才可能带来的不确定性和风险。

这是增强制造业发展新动能的现实之需。自主培养人才与本土制造业紧密相连，对制造业文化和运作模式更有认同感，能够敏锐洞悉市场趋势、及时响应企业需求、快速优化技术工艺，有助于提升产业链供应链韧性，形成具有浙江辨识度的制造业竞争优势。

二、制造业人才自主培养的经验做法——以宁波为例

宁波坚持工业立市、制造强市，聚焦制造业部署人才链，构建“3×3×3”制造业人才自主培养模式，发挥集成培养“乘数效应”，以高水平制造业人才支撑宁波制造业高质量发展。

（一）发挥“三个贯通”牵引作用，制造业人才自主培养体系更有合力

树立“一盘棋”思维，聚焦人才自主培养“关键环节”，推动规划贯通、体系贯通、目标贯通。一是把产业培育与人才培养贯通起来。坚持产业导向、以用为本，出台制造业高质量发展“十四五”规划，聚焦“361”现代化产业体系发展，精准布局产业人才培养谱系，首批发布 9000 余个产业紧缺人才需求，聚力提升制造业与人才队伍的匹配度。二是把政府引导与企业主导贯通起来。坚定人才自主培养自信，突出“政府引导、企业主导”，集成政策激励、机制改革、选优树先等一揽子举措，持续激发企业育才内生动力，企业自主培养国家级、省级人才共 165 人。三是把管理人才与技术人才贯通起来。健全制造业人才谱系，推动以技能人才为主体的塔基更实，以卓越工程师、经营管理人才为主体的塔身更强，以战略科学家、创新型人才为主体的塔尖更高，全市规上制造业企业人才超过 159 万人，人才结构呈现均衡发展的良好态势。

（二）发挥“三个融合”主体作用，制造业人才自主培养模式更有活力

打破培养主体壁垒，健全人才培养融合机制，聚力推进人才自主培养。一是校企社融合。统筹推进学校、企业、社会“产教融合”办学模式，如创立阳明工研院，实行“链主企业＋民营孵化器”模式，打造科技型企业家培育创新联合体；宁波工程学院联合研究院成立机器人学院，构建“政产学研资用”多元协同模式，打造复合型工程创新人才培养模式，有力推动自主培养人才反哺本地制造业企业。二是训育评融合。打造培训、育才、评价“全链融合”协同模式，建立市级公共实训中心 22 家，优化“以赛促培”育才机制，推动职业院校、实训中心专业紧密对接先进制造业和现代服务业。三是职技政融合。强化职业规划、技能提升、政治引领“价值融合”培养模式，实施“一人一技”培训行动，设立杰出人才、宁波工匠等绩效专项，聚力培养心怀“国之大者”的制造业人才，如宁波鄞州区构建“五色共融”培育体系，突出党建铸魂、薪火接力、纾难解困、靶向培塑、光彩借力，加快新生代企业家政治事业“双传承”。

（三）发挥“三个赋能”支撑作用，制造业人才自主培养路径更有助力

打好人才自主培养组合拳，通过集聚资源、集成举措，走出一条支撑有力的人才自主培养之路。一是强化政策赋能。构建“通则＋专项＋定制”人才政策体系，针对制造业特定领域、特定人才，出台实施人才赋能企业高质量发展、制造业人才提升行动、人才自主培养升级奖励等政策举措，新谋划企业人才支持政策 8 条、甬江人才工程（培养类）遴选办法、金融支持人才创业创新 11 条，助力 411 人次成长为省级以上人才。二是强化平台赋能。举全市之力建设甬江科创区，统筹推进高校平台、院所平台、企业平台建设，重点培育产业技术研究院 30 家、省级以上博士后站点 374 个，打造首批校企共建卓越工程师学院、产业工程师学院、现场工程师学院共 10 家，形成人才自主培养共同体，集聚制造业研发人员逾万名，如宁波高端装备海外工程师协同创新中心，打造“资源共享、人才共享、技术共享”卓越工程师引育生态，已集聚工程师 300 余人、服务企业 750 家次、破解技术难题 264 个。三是强化改革赋能。探

索建立“科技副总”“产业教授”制度，支持高校院所人才、企业产业人才的双向奔赴、双向成就，聚力攻关制造业核心技术。创新设立“宁波未来之星”奖学金，与清华大学等7家国家卓越工程师学院建设单位，建立长期人才培养合作，提前锁定、专项激励优秀大学生，借力培养契合产业导向的优秀制造业人才。深化人才评价改革，授权3家企业实施区域性行业性高级职称评审、1070家企业开展技能等级自主评价，如吉利汽车四年助力684人获高级工程师资格，有效发挥工程领域社会化评价示范作用。

三、制造业人才自主培养的问题挑战

近年来，“先进性、世界级”成为浙江制造业鲜明标识。但是，也要看到，省内多地制造业人才后继乏力，自主培养面临共性挑战。

（一）需求大、供给小，自主培养信念不够坚定

各地政府“重引轻培”，人才工作重心放在“做大增量”，财政资金、资源要素、优待服务更多向“外部引进”倾斜，对“自主培养、做优存量”的力度减半、效果减半。省内高校生源“留浙难”，2023年全省高考前1000名和前10000名的留浙率分别只有5.8%和21.9%，自主培养缺少源头活水。职业教育文化认同感低，伴随优质普通高中分配生比例提升，全省职业教育生源数量和质量或出现“双下降”现象，自主培养难度加大。

（二）要求新、专业老，自主培养体系不够健全

学科建设跟不上需求迭代，以宁波重点发展的新材料产业为例，仅宁波工程学院和浙大宁波理工学院开设了3个相关专业。专业实力跟不上企业预期，全省8所高校52个学科获得A类评级，85%在浙江大学、96%在杭州，杭州以外缺少一流学科。实际成效跟不上培养初衷，一些校企合作融合度不够，与“学生共招、课程共建、师资共聘”的目标存在较大差距。

（三）成本高、风险大，自主培养动力不够强劲

相较引才环节，育才周期更长，需要企业、高校、市场等培养主体花费更多的时间成本，如宁波石化建安支持职工范丽锋从产业工人成长为浙江工匠，

企业投入了16年的培养心血。育才成本更高，企业倾向通过一次性支付猎头服务费用引进成熟可用人才；市场倾向开办服务业培训，如宁海县共有职业培训项目137项，制造业项目占比仅有16.1%；高校倾向扩招“稳预期、快就业”的专业规模，在新兴产业领域不愿试、不敢试。育才风险更大，用人单位对职工周期性流动有顾虑，如宁波专精特新企业设立的博士后工作站，出站后留在本企业仅为30%，自主培养积极性受到影响。

（四）竞争强、劣势显，自主培养能级不够硬核

制造业发展水平，一定程度上反映一个国家、地区的制造业人才水平。从国际国内看，我国在全球制造强国发展指数排行榜中仅排第4，位于美国、德国、日本之后，被美国182.06拉开了57.42的差距。从省内省外看，2023年浙江省3家企业上榜全国制造业综合实力50强，排名最高的青山控股仅列第14位；浙江规上工业营收列全国第4，宁波、杭州、嘉兴分列城市第7、第12和第17；在制造业“单项冠军”和专精特新“小巨人”企业数量排名上均有退步。以上数据显示，浙江制造业受到国内外多方冲击，亟待通过提升人才自主培养能级，加快塑造制造业比较优势。

四、制造业人才自主培养的对策建议

加快浙江制造业人才自主培养，是一项系统工程，需要积极回应“为谁培养人、培养什么人、怎样培养人”的时代之问。

（一）聚焦“为谁培养人”，牢牢把握制造业人才自主培养的“三个原则”

制造业人才自主培养，关乎产业链供应链安全，必须提高站位、凝聚共识，围绕“为党育人、为国育才”使命，形成全省“一盘棋”。一是坚持政治引领。加强党对人才工作的全面领导，把人才自主培养与政治引领吸纳贯通起来，强化人才政治识别和政治体检，加大制造业人才“两代表一委员”推选比例，真正为党培养政治可靠的制造业优秀人才。二是坚持价值引领。树牢“人才强国、人才强企”理念，强化制造业人才爱国主义教育，常态开展人才国情研修班，鼓励创新型人才、企业家、劳动者心怀“国之大者”、坚持“四

个面向”，把个人理想与国家理想统一起来，立志为制造强国、制造强省奋斗终身。三是坚持事业引领。树牢产业导向、以用为本，编制制造业核心技术需求浙江指引，引导学校、企业、市场、个人等各方培养主体，培养产业适配人才，搭建广阔事业舞台，千方百计成就人才。

（二）聚焦“培养什么人”，靶向瞄准制造业人才自主培养的“三类群体”

浙江制造业门类齐全、人才需求多元，必须树牢系统观念，强化高端引领，聚力培育能挑大梁、能打硬仗制造业人才队伍。一是着力培养战略科学家。战略科学家是国家战略人才力量中的“关键少数”，是具有颠覆性技术、决定战略走向的科学帅才。浙江加快制造业人才自主培养，要把战略科学家作为制造业战略型人才来抓，走出一条从人才强、科技强到产业强、经济强的自主创新之路。二是着力培养科技型企业家。科技型企业家源于经营管理人才，是企业高质量发展的“当家人”，是具备高水平科学素养、杰出创新创业能力的复合型人才。加快制造业人才自主培养，要把科技型企业家作为引领型人才来抓，着力加强新生代企业家创新意识、人才意识，加快打通前沿科技成果转化为现实生产力并创造商业价值的“最后一公里”。三是着力培养卓越工程师。卓越工程师是国家战略人才力量的重要组成部分，是突出技术创新能力、善于解决复杂工程问题的工程师队伍。浙江加快制造业人才自主培养，要把卓越工程师作为核心骨干来抓，构建具有浙江特色的卓越工程师自主培养体系。

（三）聚焦“怎样培养人”，创新实施制造业人才自主培养的“十项机制”

加快制造业人才自主培养，必须向改革要动力、向创新要活力，构建形成浙江制造业人才自主培养的“四梁八柱”。一是创新教育科技人才体制机制一体发展改革。强化顶层设计，把制造业人才自主培养作为教育科技人才体制机制一体改革的切入点，加快打破系统壁垒、数据壁垒、部门壁垒，推动组织领导、工作力量、政策规划、资源配置、考核评价等全方位融合，形成人才自主培养的最大合力。二是创新多元培养主体激励机制。聚焦“学校、企业、市场”三类培养主体力量，分层分类应对主体培养乏力。针对院校学科设置错位问题，统筹布局院校学科对接区域产业配比，鼓励院校立足优势领域做大做强。针对企业育才动力缺失问题，强化人才自主培养成效与亩均效益评价、政策资金兑现、资源配置、荣誉激励等全面挂钩，充分激发企业内生动力。针对市场培训机构服务匹配不高问题，实施腾笼换鸟行动，支持有条件的市场主体做大做强，规范制造业培训项目的市场准入、课程把关，探索推出星级评定制度。三是创新战略科学家培养机制。坚持长远眼光、战略眼光，超前布局制造业前沿领域的战略科学家培养专项，建立自下而上举荐、大数据挖掘分析、“揭榜挂帅”遴选等发现机制，有效识别高层次复合型人才。强化入库人才“一人一策”稳定支持，实施“大师引领＋青年科技人才”成长赋能计划，积极创造国际化深造学习机会，加快形成战略科学家培养梯队。四是创新科技型企业家培养机制。发挥高校院所科学家、链主企业两个主体作用，一方面，鼓励高校院所科学家下沉一线，加速高科技产品从实验室到产业化，助力制造业企业实现转型升级和动能转换。另一方面，以链主企业为主导，构建科技型企业家培养共同体，深化科技创新与产业创新深度融合，带动创新型人才、经营管理人才向科技型企业家转型。五是创新卓越工程师培养机制。调动高校、企业两个积极性，深化工程硕博士培养改革，依托省内省外国家卓越工程师学院，给予有条件的制造业企业更多的联培指标，实行校内、校外双导师制，破解人才培养与工程实践脱节问题。鼓励各地聚焦集成电路、新能源、人工智能等产业领域，建立区域化卓越工程师协同创新中心，以攻关项目为牵引，推动人才共享、技术共研、成果共享，带动培养一批本土工程师。鼓励各地实施卓越工程师培养专项，聚焦特色领域储备一批成长潜力大的工程师。六是创新建立科技副总、产业教授机制。加强企业主导的产学研深度融合，遴选优秀教师和科研人员到企业担任“科技副总”，企业产业人才到高校院所担任“产业教授”。鼓励派出单位在职称评定、职务晋升时，将“科技副总”服务经历视同省级科研项目业绩、个人基层工作经历；将“产业教授”聘用期内在院校取得成果作为其在原单位职称评审、岗位聘用、考核奖励、评先树优等的重要依据。支持“科技副总”“产业教授”发现凝练提出技术研发需求，对考核优秀的“科技副总”“产业教授”在申报项目时可开辟单列指标“绿色通道”。七是创新重点人才工程贯通培养机制。统筹推进“人才引进”与“人才培养”，建立健全重点人才工程贯通培养机制，外部引进人才扶持期满后，同步纳入自主培养序列，由科技、经信等部门提供接力培养、协同培养，助力引进人才扎根区域产业、持续成长成才。八是创新人才评价与薪酬挂钩机制。深化人才市场化评价，支持龙头企业、行业协会学会组建区域性、行业性特色职称评审委员会，试点开展行业性职称自主评审。探索先进制造业紧缺人才分级分类评定办法，全面推广“新八级工”，政企联动推广省级以上创新平台自主评价创新高级职称，推进“以技提薪、以技增收”在自主评价企业全覆盖。建立健全大优强、单项冠军、专精特新等企业举荐人才制度，优先给予科技项目、人才项目等定向支持。九是创新全省人才共享机制。深化人才领域数字化改革，加快建设浙江“制造业人才大脑”，摸清人才底数、厘清培养能力、汇总真实需求、统筹人才政策，贯通全省“人才之家”服务体系，扩大设区市人才互认、人才共享覆盖面。推动省内人才有序流动，适度放松科研经费使用管理，明确企事业单位兼职取薪、项目取酬的管理办法，扩大省级创新资源开放共享。鼓励引导省内行业协会、链主企业建立人才共享机制，聚焦数字化应用、安全环保、管理测评等特定领域，提供技术服务支撑。十是创新人才贡献奖励机制。持续迭代人才自主培养激励政策，推动普惠政策跃迁升级、特定政策提质扩面。建立以创新价值、能力、贡献为导向的人才奖励机制，对省内重点发展产业、重点培育企业（平台、科研机构）的在职人才，根据实际工资薪金，按档次给予薪资奖励，助力企业留住管用、实用、好用人才。大力发扬科学家精神、劳动精神、工匠精神，开展制造业人才自主培养典型案例、科技型企业家、卓越工程师等选树活动，努力创造可复制、可推广的浙江方案。

宁波市委组织部

卓越工程师培养体系建设调查

工程师是推动工程科技造福人类、创造未来的重要力量，是国家战略人才力量的重要组成部分。中共中央总书记、国家主席、中央军委主席习近平在“国家工程师奖”首次评选表彰之际作出重要指示，面向未来要进一步加大工程技术人才自主培养力度。党的二十届三中全会决定中也强调，加快建设国家战略人才力量，着力培养造就战略科学家、一流科技领军人才和创新团队，着力培养造就卓越工程师、大国工匠、高技能人才，提高各类人才素质。浙江省把发展经济的着力点放在实体经济上，大力推进“315”科技创新体系建设工程和培育“415X”先进制造业集群，卓越的工程技术人才必将在培育发展新动能、塑造新优势上发挥重要作用。宁波市也在《关于加快普通高等学校高质量发展的若干意见》中提出“建立卓越工程师培养体系”，并以卓越工程学院和产业学院的建设为基础，推进一流应用型大学建设。本研究旨在为教育科技人才体制机制一体改革提供政策设计内容，为高校的卓越工程师学院和现代产业学院建设提供参考。

一、调研目标与内容

一是通过调研进一步推进卓越工程学院建设。结合浙江省“315”科技创新体系及“415X”先进制造业集群，以及宁波特色的“510”科技创新体系和“361”现代化产业体系，调研教育、经信、人社等政府部门和相关行业协会、企业、高校，进一步明晰新型工业化对高层次技术人才（卓越工程师）的需求，分析相关领域的技术优势和需求紧迫程度，提出设置卓越工程师学院的主要领域。调研高校优势，分析在甬高校的办学特色和领域服务优势，向有关高校提出建设卓越工程师学院或产业学院的工作建议。

二是通过调研推进卓越工程师学院建设的机制设计。分析研究国家卓越工程师培养计划和卓越工程师学院设置的目的和要求，对国内外工程教育的优秀范例进行研究分析，提出高水平技术人才培养的模式，供相关高校参考。对新工科改革进行研究，建立产学研人才培养的多方合作机制，并建议政府有关部门出台相关激励政策。

三是通过调研推进宁波卓越工程师学院建设的进一步落地。调研龙头企业和高校的合作机制，提出工程师实践基地的合作机制、扶持政策的政策建议，推动相关学院建设落地。调研高端工程技术人才如工程类专业硕士、专业博士的培养模式与机制，供有关高校参考。

二、调研总体情况

（一）国际卓越工程教育的最新发展

国际工程教育是全球大国之间综合实力竞争的重要领域，体现出教育界和工业界的综合实力。近 30 年来，工程教育界在持续推进工程教育改革，旨在培养卓越工程师，为本国工业发展提供持续发展动力。国际工程教育界对工程师培养一直进行着变革。

国际工程联盟于 2013 年制定了《国际工程联盟毕业生素质和专业能力标准》，包括国际工科计划协议（华盛顿协议）、工程技术计划（悉尼协议）和工程技术计划（都柏林协议）。世界工程组织联合会为了解决各国工程教育质量差异性过大的问题，制定了《世界工程组织联合会 2030 计划》，提出了包括教学方法、技术使用和毕业生成果等方面的标准。我国是上述组织的成员单位，参与了协议制定与实施。

美国工程教育协会于 1955 年发布《格林特报告》（*Grinter Report*），预示着美国工程教育由技术范式向科学范式转变。报告提出美国工程教育将坚固的科学基础作为工程教育的根基，并特别重视科学学习与训练，其结果深刻影响了美国高校的人才培养模式，即工程教育表现出明显的科学化倾向，并最终导致了工程技术人才的结构性失衡。美国工程教育界在 20 世纪八九十年代进行了反思，如 1994 年美国工程教育协会发布了《面对变化世界的工程教育》报告，1995 年美国科学基金会发布了《重建工程教育——聚焦变革》，1996 年该基金会又发布了《塑造未来——透视科学、数学、工程和技术的本科教育》报告，其内容主要是针对工程教育进行广泛的结构和文化改革。1997 年欧林基金会建立了一所具有颠覆性和革命性的工科院校——欧林工学院，它体现了工程教育与产业的深度融合，代表美国工程教育界的新工科教育改革方向。2016 年，美国麻省理工学院（MIT）推动新工程教育转型计划（NEET），基于学校强大的基础研究水平而关注的新机器与新系统，体现了卓越工程师培养面向学科交叉和高度复杂化系统，并支持可持续发展。计划提出了四大基本原则：一是多学科基础上的构建新机器和系统，二是基于职业准备的制造与发现，三是探究式和合作式教育，四是以新工程教育转型的思维方式学习。其中，围绕以新工程教育转型的思维方式学习，又提出了主动学习、制作、发现、人际交往能力、个人技能和态度、创造性思维、系统思维、批判性和元认知思维、分析思维、计算思维、实验技能、人文素养等 12 项原则。

新工科改革在全球工程教育界可谓方兴未艾。如荷兰代尔夫特理工大学非常关注数字化转型，他们提出了“快速、持续的变化是工程教育的新常态”和面向“工业 4.0 工程”教育转型，未来十年培养的工程角色是“专家 2.0”、系统工程师、前端创新者、情境工程师等。同时也提出了大学与产业界合作，工科学生应该边做边学，体验真正的研究、工程和设计，大学应该通过技术变革和创新来塑造行业。

（二）我国卓越工程师教育发展概况

1. 国家卓越工程师培养计划

为落实《国家中长期教育改革和发展规划纲要（2010—2020）》，教育部从 2010 年起组织实施了卓越工程师人才培养计划。共有 208 所院校参与卓越工程师教育培养计划，其中浙江大学、浙江工业大学、宁波工程学院、浙江科技大学等 4 所高校被列为首批培养计划单位。中国工程院组织专家对卓越人才培养计划的实施结果进行了评估，评估认为：一是人才培养模式改革创新取得突破，推进了与培养卓越人才相适应的教师队伍建设、毕业生整体质量获得行业认可；二是实施卓越计划对提升我国竞争力发挥巨大的关键性作用，其部署必要、目标明确、下达及时，具有深远的战略意义和实践意义。

在此基础上，2018 年，《教育部、工业和信息化部、中国工程院关于加快建设发展新工科实施卓越工程师教育培养计划 2.0 的意见》，其目标是建设一批新型高水平理工科大学、产业学院和未来技术学院。并于 2021 年组织实施了首批现代产业学院和未来技术学院，其中现代产业学院为 50 所，浙江省共有 2 所，分别是浙江工业大学数字化制造现代产业学院和宁波工程学院杭州湾汽车学院；未来产业学院 12 所，建设单位均为 985 高水平大学。2022 年，《教育部办公厅、国务院国资委办公厅关于支持部分高校和中央企业试点共建国家卓越工程师学院的通知》，旨在深化工程硕博士产教融合培养体系改革，培养具有我国培养特色的卓越工程师。截至 2024 年底，共有 32 所高校参与。

2. 省市创新

地方政府在卓越工程师需求和培养过程中起到重要的推进作用，福建省和深圳市已经做出了有益的尝试。如福建省建设卓越工程师学院的主要目的是强化校地联动、校企互动，增进高校与一流企业的交流合作，着力培养学生实践能力。立足重点领域，深化专业学位研究生教育改革，试点建设一批省级卓越工程师学院。截至 2024 年底，福建省已建设产教融合研究生联合培养基地 45 个，高校与龙头企业共建现代产业学院 34 个，试点推进未来技术学院、一流网络安全学院等专业特色学院建设，重构教学内容、重塑课程体系，不断提高人才自主培养质量。

又如，深圳市组建了深圳市卓越工程师协同创新中心。深圳市卓越工程师协同创新中心由深圳市工业和信息化局牵头，中国科学院深圳先进技术研究院发起，协同在深重点高校、科研院所、行业机构、龙头企业等优势资源共同组建。协同创新中心围绕深圳“20 + 8”产业集群发展需求，以技术应用与服务推广为主攻方向，探索创新机制，通过政府搭台、企业牵引，建设一批焦点技术中心，集聚、培养、选拔卓越工程师人才，为深圳产业高质量发展提供强有力的人才保障。

（三）卓越工程师学院培养体系典型案例

1. 高水平大学卓越工程师学院培养体系

（1）重庆大学卓越工程师学院

重庆大学卓越工程师学院是首批国家卓越工程师学院。2020 年，重庆大学与香港科技大学李泽湘教授团队共建了“明月科创实验班”，2023 年重庆市政府又新划拨 260 亩土地、投入 10 亿元资金给重庆大学在“明月科创实验班”的基础上创建“重庆卓越工程师学院”。该学院定位为新工科教育改革的“试验田”。通过项目制教学模式形成由专业学位硕士研究生为主，本科生和专业学位博士研究生为辅助的多元化多层次培养体系，围绕国家战略和重庆市地方经济发展需求，培养现代制造业急需的“高精尖缺”产品研发工程师、系统工程师等高层次工程和技术人才。该学院主要聚焦“智能化＋新能源”的产业发展方向，建立了本硕博一体化的卓越工程师培养体系，并且围绕卓越工程师培养建立了一个新校区作为改革试验区。它采用项目驱动的人才培养模式，重构了人才培养方案，围绕智能汽车、智能制造与产品创新三大方向，努力为国家创新驱动发展战略和重庆智能网联汽车产业发展提供源源不断的卓越工程师人才资源。

该学院在办学模式方面有三大特点，一是政府深度参与卓越工程师学院建设，具有很强的产业引导性；二是李泽湘教授团队参与产业引导与科技公司孵化，有利于创新创业型人才的培养与成长；三是学院独立运行，具有很强的改革示范性。具体来说，一是设立理事会，决定学院办学的大政方针和重大事项，办学方向和成效评估。理事会由重庆市政府、重庆大学、两江新区管委会、产业界代表等构成。二是由两江新区负责高等工程师学院校区建设、实验室资产采购和管理、校区后勤保障等工作。三是学院作为重庆大学实体二级学院，负责组建师资团队，学生选拔和管理，课程体系设计与持续更新，培养过程管理，实验室运行管理等与教学密切相关的工作。四是两江新区依托明月湖国际智能产业基地成立明月湖中央研究院有限公司，负责工程师学院的实验室规划，产业资源对接，拓展教学、研发合作项目资源和企业赞助，设立学生奖学金，根据研究项目实施情况，部分经费由明月湖中央研究院划拨重庆大学，采用横向科研合同的方式进行管理。

（2）哈尔滨工业大学卓越工程师学院

哈尔滨工业大学卓越工程师学院的建设和发展立足新时代国家急需的具有突出技术创新能力和善于解决复杂工程问题的人才培养需要，以培养科学家型工程总师为目标，突出责任担当、技术创新、解决复杂工程问题、占领科技制高点等人才培养素质的核心内涵，以强化研究生的工程创新实践教育为牵引，打通硕博士研究生的跨学科跨学院培养壁垒、提升专业学位研究生的就业质量，促进优质校企合作，开创高水平产教融合人才培养新局面，形成卓越的专业学位研究生教育新体系。素有“工程师的摇篮”美誉的哈尔滨工业大学，聚焦培养“钻研真问题、塑造真规格、锤炼真功夫”的新时代卓越工程师，以国家急需高层次人才培养专项等为抓手，布局储能技术、集成电路、人工智能、双碳、航空发动机和燃气轮机、商用大飞机等专项人才培养。

（3）西北工业大学国家卓越工程师学院

西北工业大学国家卓越工程师学院面向国家重大战略需求，聚焦解决“卡脖子”问题，发挥学校“三航”（航空、航天、航海）特色，实施“产学研用＋国防”的定制化育人模式，实现校企共同招生、共同培养、共同选题、共享成果和师资互通、课程打通、平台融通、政策畅通的“四共”“四通”机制，培养爱党报国、敬业奉献、具有突出技术创新能力、善于解决复杂工程问题、国际视野宽阔、矢志扎根国防科技工程实践和生产一线的卓越工程师，打造国防科技未来总师培养的“工大样板间”。学院目前重点围绕兵器科学与技术、“两机”、航天动力、新材料、新一代通信技术、人工智能、网络安全、关键软件、先进试验与测试等九大领域，联合理事会单位开展研究生培养与关键核心技术攻关，充分发挥企业在卓越工程师培养中的“出题者”“监考官”“阅卷人”作用，采用一校对多企的共建模式，打造“行业国师团队”，构建一支专兼结合的高水平工程教育创新师资队伍，加强研究生技术应用创新和工程专业实践训练，建设“全链条设计、全要素配置、全过程培养”的校企联合培养实体，推动产教融合的培养模式创新，培养造就一批铸国之重器、担时代大任的卓越工程师。

2. 应用型高校的卓越工程师学院培养体系

宁波工程学院于 2023 年成立卓越工程师学院，围绕突破工程师培养关键环节、保障区域内各产业的人才供给、打造具有宁波特色的教育品牌等三大目标，培养与宁波“361”现代化产业体系契合的卓越工程师。其重点人才培养领域为机器人、智能汽车、智能建造、智能制造、智能交通、智能物联、智能装备、智能化工等相关产业。培养模式有三类：一是机器人学院所推行的创新创业培养模式；二是由国家级现代产业学院——杭州湾汽车学院所采用的双元制班校企合作办学模式；三是跨学院多学科融合、多专业交叉创新人才培养模式。

（1）宁波工程学院机器人学院

2010 年，宁波工程学院入选教育部首批“卓越工程师教育培养计划”高校，积极推进“新工科”教育改革，进行了多年的卓越工程师培养探索。学校于 2018 年与李泽湘教授团队领衔的宁波智能技术研究院共建机器人学院，培养以掌握硬科技为主、紧密服务宁波智能制造产业集群的高水平工程技术人才。

历经 6 年实践，机器人学院探索形成了“创新项目引领、创业企业孵化、拔尖人才培养”三维融合的卓越工程师培养模式。一是实行理事会领导下的院长负责制。理事会成员由政府、宁波工程学院、宁波智能技术学院和企业组成，通过对松山湖“政产学研资用”机器人协同创新生态体系的复刻，积极推动拔尖创业人才培养的新工科教学改革。学院现有机器人工程、机械设计制造及其自动化、电气工程及其自动化、人工智能、工业设计共 5 个本科专业，在校生 432 名，已累计培养三届毕业生共 233 名。二是确立了“用硬科技做出新产品”的卓越工程师培养目标。该培养方案实现了跨学科的广度，使学生掌握扎实的学科基础和专业技能，在创新、实践、合作等方面有较强的综合能力。三是设计了“创新为导向、创业为动力”的培养路径。坚持将创新创业教育融入人才培养全过程，培养过程注重引导学生始终带着“创新的眼光”和“敏锐的洞察力”去突破传统思维的束缚，走自主创新之路；将创业作为强大的动力源泉，推荐优秀学生加入科创训练营，让学生能够将创新的想法转化为实际的创业项目。四是产业和企业工程师深度参与人才培养。学校精心选拔具有企业工程师背景、学科基础和创新能力的师资，同时聘请 50 余名企业工程师担任兼职教师，共同组建“专业＋基础”跨学科的师资队伍，开展新工科教学改革。

从培养效果上看，毕业生在跨学科融合、创新能力、团队协作能力以及解决复杂工程问题能力等方面有较大提升，毕业生除了开办科技公司创业和继续读研深造外，大部分在舜宇、公牛、方太、乐歌等本地行业头部企业从事产品设计与技术工作。该培养模式使学校在人才链、创新链、产业链联通和形成“政产学研用金”协同创新生态体系方向积累了初步经验，为基于“新工科”教育改革的卓越工程师培养提供了宝贵经验。

（2）宁波工程学院杭州湾汽车学院

杭州湾汽车学院创建于 2014 年，是全国首批国家级现代产业学院，整体落户宁波前湾新区，与汽车产业园区紧密融合。学院充分发挥产业集聚区优势，在政产学研四位一体的战略推动下，实现学院建设与产业需求的紧密对接。学院采用由前湾新区政府、宁波市教育局、上汽大众、吉利集团和学校组成的联合办学理事会管理模式，实践政、产、学、研“四方协同”，校园、研究园、产业园“三园融合”的现代产业学院办学之路。

2023 年，杭州湾汽车学院通过与吉利汽车集团开展全方位的深入合作，实施了新一轮的卓越工程师培养模式改革。一是实施“4 合 1”数字化汽车产业卓越工程师“双元制”联合培养，一半时间在吉利汽车研究院培养，毕业生百分百就业，起始月薪 1 万元以上；二是与吉利汽车研究院联合引进 50 名博士，引进博士既是学院师资又是吉利工程师；三是联合共建国家级研究平台 —— 国家级工程研究中心“国家新能源汽车智能制造实验室”，主要开展平台建设、人才聚集、科技成果转化、企业引进及孵化等方面的合作；四是学院聘任 30 位吉利高级人才为学院人才培养的兼职教授。

通过实践，杭州湾汽车学院在办学体制机制创新和工程技术人才培养改革方面积累了一定的经验。一是创新了办学体制机制，建成政产学研（新区管委会、整车和零部件企业、宁波工程学院、吉利—沃尔沃中国设计及试验中心）共建共管的“四位协同”、校园—产业园—研发园（杭州湾汽车学院、新区国际汽车产业园、杭州湾汽车研究院）深度融合的国内一流的汽车产业学院，已成为现代产业学院机制体制创新的示范；二是创新了汽车产业工程技术人才培养模式，通过实现人才共育、过程共管、成果共享、责任共担的紧密型合作办学体制机制，形成产业链、师资链、信息链、成果转化链、就业链相互链接，促进了合作单位实现互利双赢、共同发展；三是搭建了汽车产业技术创新和公共服务高端平台，通过共建技术创新和公共服务平台，解决新能源汽车关键技术难题，为政府提供决策咨询、人员培训、专题调研等服务，为企业提供技术研发、产品检测、信息咨询等服务，指导企业创建国家、省、市级研发中心和工程技术中心。

在这些改革探索带动下，杭州湾汽车学院在学科发展和人才培养方面取得了一定的成绩。成为全国首批国家级现代产业学院，获批机械专业硕士学位点，是浙江省汽车产业产教融合联盟、省现代产业学院联盟等多个省市级联盟的理事长单位和秘书长单位。学生的实践动手能力和创新能力得到强化，在机械创新设计大赛、工程训练综合能力竞赛大学生国际创新大赛等比赛中获得不少荣誉。毕业生有一半以上在宁波就业创业，其中近四分之一在产业集聚区就业。学校成为吉利汽车集团的技术供应商，合作研究成果获得多项省市科技奖，多位双方共同引进的人才纳入国家和省市引才育才计划。

（四）卓越工程师学院的产学合作需求

课题组对宁波重点制造类企业进行了工程技术类人才需求与培养规格等方面的调研，包括吉利集团、均胜集团等汽车整车企业和重要零部件企业，宁波石化区、博威合金材料绿色化工与新材料类企业（集聚区）、舜宇光学、奥克斯、乐歌、海天塑机、得力集团等智能制造类企业，以及东方日升等新能源类企业。

受全球经济形势与外部环境的影响，这些重点制造业企业招聘岗位的总数出现两极分化，与国内消费业相关的得力集团等人才有所下降，而与出口上升相关的奥克斯、海天、乐歌等企业的人才需求上升。得力集团从 2022 年校招近900人锐减至2024年的160多人，公牛集团从2023年校招360人减至2024年的230人；同期，舜宇光学从2022年校招1100名增加到2024年的1300名，奥克斯集团从2022年校招700名增加到2024年的1000人，海天塑机从2022年校招480人增加到2024年的600人以上。同时，这些企业的招聘要求在不断提高，“985”“211”“双一流”高校的学历已成为基本门槛，而且高薪就业岗位普遍要硕士研究生。随着外地高校大量毕业生涌入宁波就业，一方面是宁波重点企业对人才的挑选余地增加，另一方面对在甬高校来说面临着发展压力，必须培养出高质量的毕业生以提升就业竞争力，即工程教育改革迫在眉睫。

从国内外的著名企业的人力资源发展来看，自主研发力量强的企业对高层次人才特别是工程技术人才的继续保持旺盛需求。如苹果公司和微软公司近10年内，员工数量分别从9.7万人、12.8万人分别增加到16.4万人和22.8万人。随着国内新能源汽车行业的兴起，相关领域的人才处于激增阶段，特别是研发类和技术服务类人才，如吉利集团的员工总数超过14万人，其中设计、研发人员超过3万人，特别是它的研发总部设在宁波，对高层次技术人才的需要一直处于旺盛阶段。电动汽车的头部企业比亚迪的员工已经达到90万人，其中技术研发人员近11万人，2023年公布的数据为博士1587人、硕士2.37万人。

此外，工程技术人才吸收量大的主要集中在产品制造的两端，即产品开发端（含市场调研）和技术服务端，而生产端由于数字化技术或智能技术的广泛应用，人才需求量已大幅减少。所以，提升宁波制造业的自主创新能力对工程人才需求极为重要，两者应为互促互进关系。

三、存在问题

（一）卓越工程师培养能力供给不足

卓越工程师培养的总体供给能力不足，特别是在新质生产力相关领域。从浙江和宁波的工科教育分析来看，主要表现在三个方面。一是高校的工科人才培养自给率明显不足。本科人才录取名额50%左右由省内高校提供，远低于管理及人文类 60％～ 70% 的自给率。工程技术类人才培养成本高，民办高校几乎不设置或很少设置除信息类外的工科专业，工科院校办学成本高导致办学经费紧张局面更为突出。二是适合浙江制造类企业的工程技术人才缺口大。从企业的需求反映来看，龙头制造类企业普遍反映是找不到特别适合新兴产业的工科毕业生，特别是像新能源汽车、智能技术、机器人、元宇宙、未来网络等新兴行业和未来产业的毕业生尤其难招到。三是产业迭代加快，现代制造业对工程师的要求提升，特别在学科交叉、实践动手能力、创新能力方面的要求提高。如新能源汽车领域的汽车软件人才、机器人领域的智能技术人才、信息技术领域的网络安全人才等特别紧缺。

（二）卓越工程师培养体系配套政策措施不充分

教育部实施了“卓越计划培养 2.0”版本，主要针对的是部属院校。该项计划目前在浙江和宁波均未实施，也未给予相应的配套支持政策，最新出台的卓越工程师学院和产业工程师学院方案中，未出台配套政策，缺乏调动发改、经信、人社等相关主管部门参与卓越人才项目的配套政策，很多校外单位和相关部门不主动、不积极。卓越工程师培养体系的实际工作中，主要是高校唱主角，一头热现象比较严重，工作中缺乏有效的交流平台，人才培养的有效经验和办法难以推广和应用。

其中，经费不足问题已经成为突出瓶颈。据高校反映，卓越工程师培养成本明显高于普通专业的人才培养，目前仅按生均拨款的方式导致经费严重不足，对“卓越计划”相关实践教学和教学改革的持续投入无法得到充分保障，对参与卓越工程师培养的教师和企业工程师没有得到相应报酬。同时，现有政策无法持续地调动企业参与基地建设和教师参与教学改革的积极性，影响了卓越工程师培养的质量，迫切需要建立就业质量及对产业的支撑程度来有效配置政府的有效资源投入。

（三）行业部门和企业参与机制不够健全

校企合作是卓越工程师培养的重要特征与基本保障，是人才培养过程中的重中之重，是该计划实施过程中的难点。通过调研发现，目前行业部门和企业参与机制还不健全，行业有关部门没有针对该项培养设计专门的优惠激励政策和机制，企业和工程师缺少有效的合作动力。在校企联合培养与师资建设方面，对企业或行业教师的遴选聘任、授课地点、授课形式、授课时长、授课内容、评价考核等还没有具体化、规范化和制度化。

（四）具有行业实践经验的高水平师资严重短缺

师资队伍建设能否满足需要，关乎卓越人才的培养质量。建设复合型、应用型、国际型师资队伍是卓越人才培养的重中之重。但是经费、人才引进等机制限制，导致参与卓越计划的企事业单位和相关部门积极性有限。宁波已经出台的“科技副总”和“产业教授”政策对产学研合作和导师队伍建设有一定的促进作用，但具体实施效果还有待观察。

四、政策建议

（一）对政府主管部门的建议

一是加强宏观指导，完善政策支持。教育主管部门在实施卓越工程师培养时，应给出一系列优先支持政策，包括重点学科、一流专业和课程、生均经费等。建议教育部门联合发改、经信、人社、科技等相关主管部门，出台配套政策，充分调动行业参与卓越工程人才项目的积极性和主动性。同时，加快推进对高校分赛道政策与考核方式的制定。建议在学科评价、项目申报、人才分类等方面给予不同类型的本科高校相应政策，深入推进教育评价改革“破五唯”。

二是加大经费投入，保障卓越工程师培养持续进行。为确保卓越计划的顺利进行，建议在政府层面制定相应的资金投入办法，建立以政府为主导、主校为主体、行业与企业积极参与，各方共同投入资金的保障体系。一方面，加大对工科院校的支持力度，加强对工程类、工科学科交叉类博士硕士学位点的培养，提升高校培养人才和科技服务的能级与水平。另一方面，应提高工科专业的拨款系数，平衡高校的培养成本，鼓励高校办新型工科交叉学科专业，注重高水平的卓越工程师培养。允许适度提高相关专业的学费标准。

三是建立长效机制，调动行业企业的积极性。行业积极性是实现卓越工程人才实践能力培养的关键，企业的积极性不高，教学实践环节就难以完成。政府既要通过政策和规定使得合作教育成为企业的义务和社会责任，又要制定优惠和补偿的激励政策，如税收减免、优先支持、职称晋升、教学补贴等。对于参加卓越计划的高校，政府要通过制定专项拨款政策、建立成本分担机制、设立校企合作项目、挑选企业建设实践教育基地等方式鼓励高校开展校企合作，协助高校建立校外实践基地。

四是加强教师队伍建设，发挥教师主导作用。高度重视教师队伍的建设，既要激励和鼓励本校专职教师挂职，也要从行业引进高端人才，主管部门指导高校出台满足卓越工程人才计划要求的教师考核与评价标准，建立相应的聘任制度和薪酬政策，充分发挥教师在人才培养中的作用。对企业参加高校的卓越工程师培养的企业工程师，政府部门通过一定的机制给予津贴或奖励。

（二）对高校的建议

一是新工科改革找准赛道，培养出卓越工程人才。新工科改革必须要找准赛道，努力培养各类卓越工程人才。在甬高校应紧密围绕“361”现代化产业体系发展需求，聚焦拔尖创业人才和创新人才的培养，将教学与研究深度融入产业发展，为地方经济发展提供强有力的人才支撑和智力保障，形成互为支撑、共同进步的良性循环，充分发挥地方高校在跃升新质生产力中的重要作用，彰显地方高校新工科改革的使命担当。

二是卓越工程师培养须注重多学科交叉融合。新工科改革必须努力推动“学科交叉、专业融合”。打破传统的学院、学科和专业界限，鼓励不同学科的教师和学生之间开展广泛而深入的交流与合作。通过“以项目制为牵引、以问题为导向”，整合多学科的知识和方法，构建跨学科的课程模块，搭建产学研合作平台，促进创新思维的碰撞，为解决复杂的现实工程问题提供全新的思路和方案，成为拔尖创业人才培养的关键举措。

三是卓越工程师培养须创新人才评价制度。新工科改革必须要“破五唯”，努力创新人才评价制度和体系。学校应赋予卓越工程师培养的相关学院和部门充分自主权，对教师的评价不再局限于科研成果的堆砌，而是综合考量其社会影响力、地方服务贡献度以及促进学生全面发展的成效等方面；对学生的评价则侧重于考核他们解决实际问题的思维能力和水平。多元化的评价标准与差异化的激励机制，不但激发了教师与学生的内在潜能，更是打破“五唯”的有力手段。

四是卓越工程师培养须引入多方资源。新工科改革必须引入多方资源，努力形成政学产研企联动局面。政府的资金支持与资源保障、学校内部管理机制的优化与制度创新、产业界的深度参与与及时反馈、企业的资源投入与师资支持不仅奠定了改革的坚实基础，也为新工科发展提供了源源不断的动力。只有通过政府、学校、产业、科研机构和企业的全方位、多层次协同合作，形成优势互补、协同创新的联动局面，应用型大学新工科改革才能取得实质性突破，才能培养出真正的卓越工程师。

五是优化课程体系，突出培养特色。高校要找准适合本校的人才培养定位，充分发挥地方产业和行业优势，注重工程教育改革创新，通过多学科交叉和产教融合确定自身的培养方案。在课程体系建设上，要形成面向数字革命和新兴科技的教育课程体系。在注重课程体系的价值性、系统性和多样性的前提下，可以采用灵活多样的模块化或“平台＋模块”的课程结构。在课程教学上应注重实践能力培养，让学生在做中学，实现从“教”到“学”的转变。

宁波工程学院　邵千钧

加强顶尖人才培养与梯队建设研究

国家及城市的高质量发展、高效能治理和高水平创新离不开顶尖人才的智力支撑。吸引并留住顶尖人才，需要具备完善的人才发展机制和资源环境。近年来，宁波市通过实施顶尖人才科技项目计划和培养工程等一系列支持政策和服务保障，在顶尖人才及其梯队建设上取得阶段性成果。本研究以宁波市顶尖人才发展战略需求为导向，梳理国内外经验，分析发达国家和先进城市在顶尖人才培养及梯队建设方面的政策经验，剖析宁波在顶尖人才培养和梯队建设方面的主要短板与挑战，提出针对性对策建议，旨在进一步集聚顶尖人才，更好地发挥顶尖人才作用，为推动宁波实施创新驱动发展战略、提升科技创新能力和核心竞争力提供决策参考。

一、全球视野下的顶尖人才发展战略及培育经验解析

顶尖人才作为知识经济时代的核心战略资源，其界定标准因领域而异，通常是指在本领域取得卓越成就并具有国际影响力的人才，如诺贝尔奖获得者、国家最高科技奖得主、科学院和工程院院士等，以及在社会贡献、行业公认度、国际影响力等方面相当于上述层次的其他顶尖人才。基于对美、德、英等多国政策文本的解析，顶尖人才群体作为科技创新体系的塔尖结构，其集聚度直接影响国家原始创新能力和国际竞争力。综合多国实践经验，顶尖人才大致有以下五方面培育举措。

（一）国家重大战略牵引

发达国家将顶尖人才培养深度融入国家创新体系核心架构，通过立法保障、学科聚焦和评估改革构建系统性制度框架。英国颁布《卓越与机遇——面向 21 世纪的科学与创新》白皮书建立跨部门协同机制，德国推行大学卓越计划重塑高等教育竞争格局，美国依托《美国竞争法》强化 STEM（科学 Science、技术 Technology、工程 Engineering、数学 Mathematics 四门学科英文首字母的缩写）领域战略投入。典型实践包括新加坡通过国家科技发展五年规划明确科研创新投入，美国在重点学科实施顶尖人才均衡布局战略，日本创新性建立以成果转化为核心的科研评估体系，多维政策合力形成顶尖人才发展生态。

（二）专项计划行动赋能

国际经验表明顶尖人才培育需专项计划支撑，各国设立专项计划和奖项，以吸引和激励顶尖人才。例如，德国洪堡基金会以百万欧元级科研奖项激励创新突破，新加坡通过国立研究基金会的科研项目精准锁定学科领军者。国内实践中，武汉设立 3 亿元人才专项基金、广州推出千万级顶尖人才奖励，深圳构建多层次动态调整支持体系。共性机制创新方面，主要是锚定重点领域实施攻坚计划，建立长周期资助模式，强化柔性管理激发效能，形成政策靶向性与管理灵活性的有机统一，以此增强对顶尖人才的吸引力和扶持力度。

（三）人才服务生态构建

全球人才竞争加速推动服务能级迭代升级，核心城市通过构建全要素服务矩阵形成差异化竞争优势，提升人才工作生活条件，为顶尖人才提供全方位服务保障。例如，上海打造长三角科技资源共享平台与定向教育医疗资源供给体系，深圳首创人才集团专业化运营模式并建设人才主题公共服务空间。共性经验表明，顶尖人才服务需立足住房保障、子女教育、医疗健康等基础需求，强化科研配套与人文关怀系统集成，通过公共服务精准供给与市场化运作有机结合，构建具有全球竞争力的人才发展生态圈。

（四）分类认定精准培育

建立科学化人才分类认定体系是精准培育的核心基础，国内外先进城市普遍采用分层分类政策框架，典型实践包括构建多层级认定标准与差异化培养方案。例如，杭州、宁波修订并发布《高层次人才分类目录》，将高层次人才分为不同层次，纵向按能级分层匹配资源投入强度，横向按领域分类设计专项培养路径，通过动态评估与闭环管理实现人才成长全周期精准赋能。

（五）平台聚创发展协同

全球创新范式加速向平台化演进，构建开放协同的高端人才培养及聚创平台成为激活人才效能、促进顶尖人才和团队协同发展的关键路径。例如，上海强调培养“科学家中的企业家”，将顶尖人才集聚于国家级研究中心或创新平台，借助大型项目和科研平台的支撑，培养创新性强的团队型人才，推动科技跨越式发展；提倡形成“人才链”，在培养顶尖人才的过程中同步构建人才团队和梯队，提高科研成果转化效率。

二、宁波顶尖人才培养与人才梯队建设现状分析

宁波市已构建了涵盖顶尖人才、特优人才、领军人才、拔尖人才和高级人才的多层次人才认定体系，并出台专项政策强化顶尖人才引育保障。

（一）发展基础

引育政策方面，对符合要求的全职创新创业顶尖人才，或本市自主培养的顶尖人才，可享受累计最高 300 万元安家补助。对获得顶尖人才科技项目支持的全职创新创业或本市自主培养顶尖人才，可享受累计最高 800 万元安家补助。自 2011 年开展甬江引才工程（原“3315 计划”）以来，已累计遴选支持超 2400 个高层次人才项目。

服务保障方面，已建立常态化的联系机制，市县领导直接与顶尖人才联系，提供全方位全周期服务。全职在宁波工作的中国“两院”院士还可享受每月 2 万元的生活津贴，医疗保障和健康体检等服务，同时享受出行、健身和旅游等便利。家属也可获得相应的生活补贴和社会保险，子女可享受优质教育资源。

项目支撑方面，宁波市顶尖科技人才项目全职类项目的技术领域布局紧扣国家战略导向与地方产业升级需求，形成了“核心领域引领、新兴领域突破、基础与应用协同”的多层次发展格局。材料科学与先进制造领域占据核心地位，聚焦新材料研发与智能制造升级，为打造“全球智造创新之都”提供核心技术支撑。信息技术、能源与环境领域作为战略重点同步推进，人口与健康、生物医药等民生相关领域强化应用支撑，物理学等基础学科领域筑牢创新根基。同时设立“顶尖人才科技项目”的资助流程和评审评估机制。入选宁波顶尖人才科技项目的团队可获得高达1亿元的综合资助，用于团队和科研平台建设。截至2025年5月，宁波市顶尖人才科技项目全职类项目已立项31项，支持引进了一批新材料、集成电路、高端装备、新能源、生物医药等领域的顶尖人才，培育了近400名高级以上层次人才（包括特优人才35人，领军人才46人），获得国家级项目200项以上。

（二）存在短板

一是政策闭环尚未健全，全流程管理机制待完善。政策的出台和实施细则需更清晰和优化，亟须建立包括全流程管理服务机制、全市人才服务协调机制等，以便更好地整合资源和实现协同发展。动态化的政策效果追踪体系待健全。对“顶尖人才科技项目”等重点工程的投入产出比、产业带动效应等核心指标，尚未形成科学量化的评估模型。

二是协同发展亟须强化，“城才产”匹配度有待提升。宁波市顶尖人才政策力度较大，培养效果虽已达预期目标，但在协同发展方面，存在高教支撑薄弱、平台能级局限、产才融合不足等多种局限，相关政策难以更大范围地提升效果，在引才育才结构上也受到一定制约，还需细化疏通引才渠道，建立更为有效灵活的培育实施路径，以进一步提升效果，发挥顶尖人才多方面的作用。

三是梯队培育还需升级，人才结构待规模化突破。从人才梯队看，顶尖人才占比较小，年龄结构偏大，培养面还需更广泛。如以《关于加强人才自主培养实施领军拔尖人才培养项目的意见》为例，目前遴选培养的人才主要在研究院所、全市企事业单位和驻甬部省属单位中开展，针对企业人才及出站博士后等青年人才的选拔培养力度稍显不足，需要更好地支持顶尖人才的协同创新，拓展人才推荐渠道。顶尖人才及其梯队之间的合作模式目前主要是点对点，缺乏规模性集群式合作，需更好更充分地发挥顶尖人才团队的平台作用。

宁波高层次人才金字塔结构见图 1。宁波市高层次人才年龄结构见图 2。

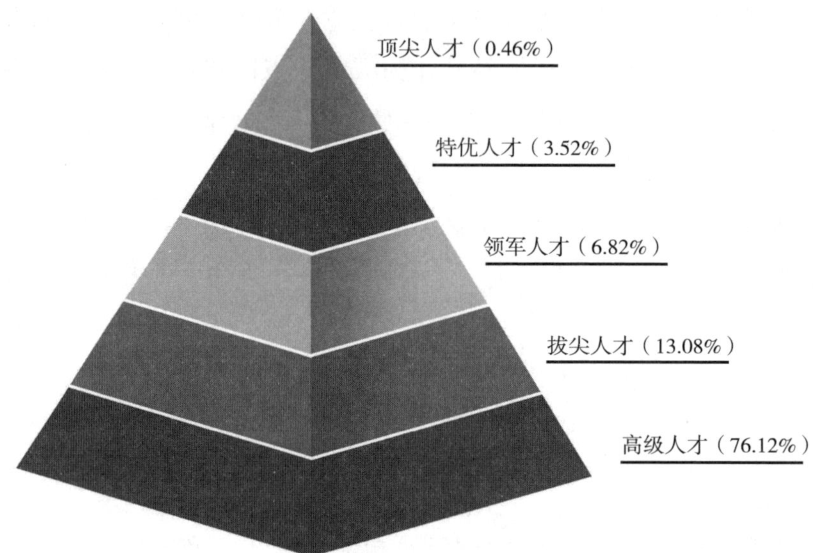

图 1 宁波高层次人才金字塔结构

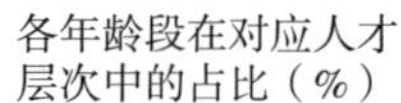

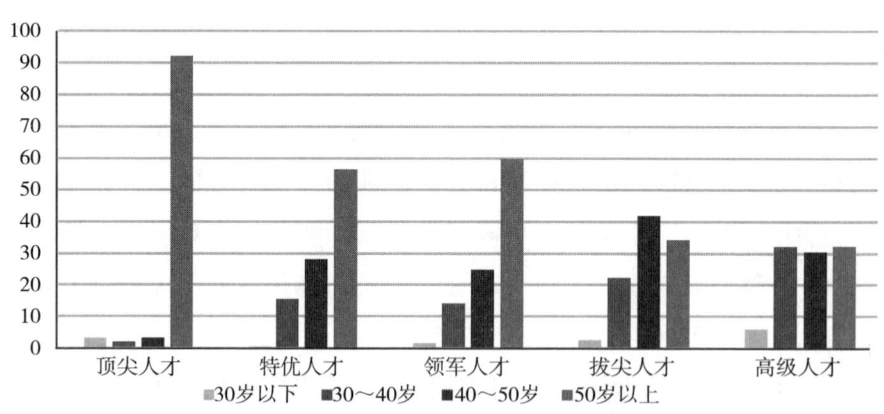

图 2 宁波市高层次人才年龄结构

四是生态打造仍需深远，人才服务需多维精细化。宁波市在引才环境方面配套人才平台、企业服务等多种措施，已形成人才服务联盟等政务化服务体系，但在顶尖人才及其梯队的建设和培养上亟须长远谋划，需考虑更广范围、更长周期、更深层次的人才培养因素和相关环境的建设。例如，需建立国际化人才服务体系，打造一站式服务平台，建立双语乃至多语种政务系统或是服务队伍，反馈解决“浙里办”外国人才无法扫脸认证、社保卡应用无国际语言页面等亟待解决的细节问题。在人才环境改善的过程中，则需要考虑整个顶尖人才团队结构的合理性，注重并有效激励顶尖人才团队中的青年和基础研究人才，将顶尖人才及其团队更长期有效地留甬，使其在甬安居乐业，创业创新。让顶尖人才对所在企业或平台产生和谐积极的化学反应，使其团队及平台所培育的新一代人才形成“顶尖人才引领创新突破、青年人才蓄积发展势能、城市生态实现聚变增值”的共生格局，以实现“来得了、待得住、用得好、流得动”的方针，系统性提升人才对宁波的归属感与价值认同。

三、加强宁波顶尖人才培养与梯队建设对策

顶尖人才培育工作具有长期性、系统性和持续性的特点，必须加强对顶尖人才成长和发展规律的深刻理解，着力提升人才工作和配套政策的协调性、实效性。

一是聚焦战略领域精准引才。围绕宁波科技创新体系、重点产业集群及创新主体发展需求，构建靶向引才机制。重点面向海外知名高校、顶尖科研机构及世界一流科技企业，精准引进讲席教授、首席科学家等顶尖人才，形成战略领域人才集聚效应。

二是构建全要素支撑体系。建立顶尖人才领衔创新平台的专项支持机制，对其牵头建设的国家级、省级、市级创新平台给予梯度经费补助和直接认定的倾斜支持。实施人才团队配套计划，探索“核心人才＋创新团队”引进模式，对顶尖人才组建的研发团队给予成员专项培养计划。构建科技金融支持体系，对顶尖人才项目孵化的科技企业或科技团队，符合条件的由政府投资基金、国资国企基金提供资本助力，形成“项目孵化—成果转化—企业成长”的全周期金融保障。

三是健全政策协同机制。推进政策体系迭代优化，建立顶尖人才政策动态评估机制，聚焦政策清晰度、执行透明度、实施精准度，系统梳理整合现有人

才计划，探索建立集成式服务模式。全周期管理服务覆盖人才引进、培养、使用、激励的全流程服务体系，依托数字化平台精简纸质材料报送，加强成果产出持续监测，提升管理服务效率，实现人才政策实施效果。

四是优化区域协同发展格局。在区域协调机制上进行多角度优化，促进资源整合和协同发展。建议建立更紧密的合作机制，加强区域之间的信息共享和合作，推动全市各地区共同推动顶尖人才培养与梯队建设。推动科创资源、产业平台、服务要素跨区域流动共享。强化市、区（县、市）两级政策衔接，定期发布区域人才需求图谱和资源供给清单，形成“全市一盘棋”的顶尖人才培养与梯队建设推进格局。探索与长三角核心城市建立顶尖人才联合培养、项目共担、成果共享机制，打造区域人才发展共同体。

五是构建分层培养机制。培养模式创新升级，对接宁波高等教育资源与产业创新需求，探索“高校＋科研机构＋龙头企业”的产学研协同育才模式，建立“基础研究—应用开发—成果转化”全链条培养体系。优化人才培养结构，扩大青年科技人才、企业研发人才培养覆盖面。加大对企业技术骨干、出站博士后等青年群体的选拔培养力度，建立“导师制＋项目制＋资助制”培养模式，拓展市场化推荐、学术共同体举荐等多元化选拔渠道，构建金字塔形人才梯队。

六是营造可持续发展生态。开展本土人才培育工程，建立本土顶尖人才培育序列，实施长期稳定支持计划，重点关注基础研究领域青年人才和科研团队后备力量，提供科研经费、学术交流、职业发展等全方位支持。构建城市认同感培育体系，打造顶尖人才专属服务包，在住房保障、子女教育、医疗健康等方面提供定制化服务。定期举办“宁波人才日”等品牌活动，强化人才与城市发展的价值共鸣，提升人才归属感和城市黏性。

四、结语

宁波在顶尖人才培养与人才梯队建设方面已经取得了显著进展。对照“加快建设世界重要人才中心和创新高地战略支点城市，奋力打造高水平人才首选地、创新策源地、产业集聚地”的目标，宁波仍需继续加大政策支持和投入力度，加强高等教育及科研资源的建设，同时重视青年人才和企业人才等多层面人才资源的引进与培养，优化人才年龄与学历结构。通过全面优化人才发展政策、完善协同机制以及改善人才服务环境，构建高标准的人才制度体系。唯有坚持系统化推进与持续投入，方能有效增强顶尖人才的集聚效应与培养效率，为推进创新驱动发展战略和构建现代化都市提供坚实的人才支持。

宁波市科技信息与发展战略研究院

李　丛　周晓可　朱昱颖　周　怡　林馨儿

完善青年科技人才发现、选拔、培养机制研究

以“人、机、资源智能互联”为特征的新一轮科技革命对人才战略提出了更高要求，特别是基础科学和高精尖技术领域的青年科技人才成为决定国家竞争优势的关键。习近平总书记多次强调创新在国家发展中的核心地位，并特别指出青年科技人才是国家战略人才力量的关键。党的二十届三中全会明确要求，完善青年创新人才发现、选拔、培养机制，更好保障青年科技人员待遇。2018年以来，宁波市全面实施创新驱动发展战略，聚焦打造人才发展“一城三地”，构建“政策＋平台＋服务”全链条人才发展生态，吸引青年科技人才“奔甬而来”，为建设现代化滨海大都市提供坚实的人才支撑。

一、青年科技人才的特征与成长规律

（一）青年科技人才的内涵与特征

青年科技人才是国家战略科技力量的重要储备，承担着实现高水平科技自立自强、建设科技强国和人才强国的历史使命。根据中共中央办公厅和国务院办公厅印发的《关于进一步加强青年科技人才培养和使用的若干措施》（简称《若干措施》）及相关政策文件，青年科技人才通常指年龄在40岁以下，从事科学研究、技术开发、成果转化等工作，具有较强创新能力和专业素养的科技工作者。当代的青年科技人才往往呈现“三高”特征。一是高学历。

当代青年科技人才经历和享受了中国改革开放的红利，接受了系统的学历教育，普遍具有高学历。这为他们开展科学研究打下了良好的知识基础和积累。根据《2023 浙江科技人才发展指数》，青年科技人才中硕士及以上学历占比达 65%，其中基础研究领域博士占比超 70%；应用技术领域硕士占比 55%，博士多集中于高校和研发机构。其中不乏具有出国留学经历的人才，他们视野开阔，对相关领域科技前沿有着较高的认识和把握。二是高集聚。受经济发展影响，科技创新往往出现在资源高度集中的城市，由此带来的是科技人才的高度集中。浙江省约 45% 的科技人才集聚在杭州和宁波两地。三是高需求。当代青年科技人才普遍具有较高的物质需求和自我实现的精神需求。他们喜欢到大城市寻求更好的工作机会、更高的生活待遇，同时对自我实现的追求也更高。广东省的一项调研显示，86.2% 的青年科技人才希望在工作中能够发挥自己的创造力和创新力，74.8% 愿意并有能力在科研任务中“挑大梁”“当主角”。

（二）青年科技人才的成长规律

兰氏人才成长曲线（Dr. Lan’s Talent Growth Curve）被认为是描述人才成长生命周期的理论模型，它是一种描述个体在不同阶段中成长速度和变化趋势的数学模型，通常呈现为“S”型曲线。该理论关注个体在整个职业生涯中的成长、变化和职业发展路径，从长期视角将人才职业发展周期划分为职业彷徨期、初步成长期、定向变质期、职业稳定期、二次质变期和职业衰退期六个阶段。这一理论同样适用于青年科技人才成长规律，科技人才在初期往往会经历方向选择与彷徨，甚至研发失败的经历，需要有强大的外部支持来激励和支撑他们坚持下去。根据《若干措施》、国家重点研发计划等对青年科技人才的支持重点，基本科研业务费重点支持 35 岁以下青年科技人才开展自主研究，即偏重职业早期支持。对青年科技人才早期的重点支持是发现和培育创新潜能的重要手段。人才成长曲线见图 1。

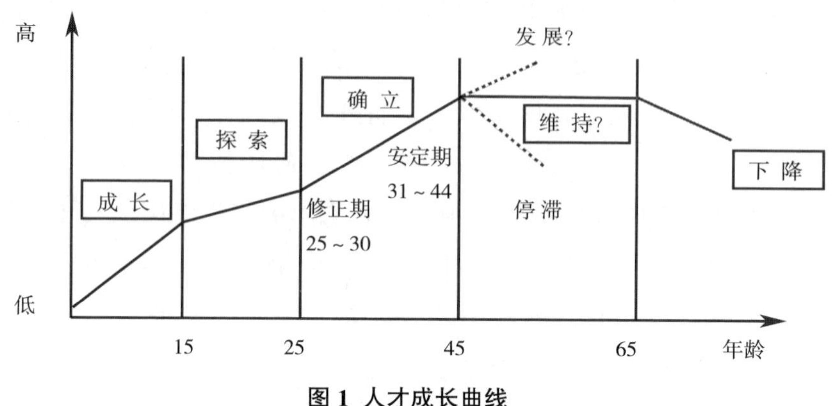

图 1 人才成长曲线

二、宁波青年科技人才队伍建设现状

2018 年以来，宁波全面实施创新驱动发展战略，高起点推进国家自主创新示范区建设，出台《关于加快推进开放揽才的若干意见》《关于宁波市集聚全球青年才俊打造青年友好城的实施意见》等政策文件，叠加甬江引才、甬江人才工程等，逐渐形成青年科技人才的"强磁场"和"圆梦之地"。2024 年万名就业人员中研发（R&D）人员数量达 269 人年，科技创新领域三大科创高地高层次人才比例达 68.8%，青年科技创新人才逐渐成长为宁波创新驱动的中坚力量。

（一）"引定结合"的人才发现机制

发现机制的核心在于"如何找到人才"。旨在识别潜在人才，避免"遗珠"之憾。宁波市坚持政策引导与企业自主认定相结合的人才发现机制，在实践中涌现出"以策引才""以资引才""以绩定才""以荐定才""以赛定才"等做法。

一是以策引才。自 2020 年起，宁波在甬江人才工程中专门设立了青年人才专项，为青年科技人才提供资金支持、项目孵化、住房补贴等优惠政策，对于博士后、全职博士后研究人员等青年科技人才，提供最高 60 万元的在站生活补贴和出站留甬补贴。

二是以资引才。宁波在全国首创"资本引才"模式，通过择优资助已获民间资本投资的创业团队的方式，推动人才项目加快集聚发展。迭代升级的宁波市人才发展基金总规模为100亿元，围绕加快打造“361”现代化产业体系部署。基金分别与农银国际、交银投资、康君资本3家合作机构签约成立目标总规模60亿元的行业子基金，覆盖智能制造、新材料、生物医药等领域。通过“母基金直投＋子基金市场化投资”的模式，发挥资本的引领撬动作用，引导人才集聚。

三是以绩定才。以绩定才是注重考察青年人才的科研成果和实际贡献来评定人才能级。如宁波永新光学股份有限公司的研究院镜头中心主任，因其领衔的“高性能激光雷达核心光学部组件的关键技术研究”项目获得电子信息专家组的认可，而获得了宁波市首批50万元的青年科技领军人才项目经费资助。

四是以荐定才。允许符合条件的企业自主认定人才级别，甬江实验室自主认定的人才将直接享受宁波市级相应的人才政策，包括但不限于资金支持、项目扶持、住房保障等。通过自主认定和推荐，甬江实验室聚集了一大批青年科技工作者，他们在各自的领域内脱颖而出，成为科技创新的中坚力量。

五是以赛定才。以赛为媒，通过举办“AI宁波”人工智能赋能产业大赛等发现潜力人才。根据宁波产业特点，设置了智能技术、智能制造、智能终端、智慧城市四大赛道，通过科技赛事把项目和人才吸引到宁波。2023年市科技局推荐的“以赛引才，培育中国—中东欧国家开放创新生态主阵地”入选宁波市“一号开放工程”最佳实践案例。

此外，产业研究院联合引才也是宁波发现青年科技人才的重要途径。宁波工业互联网研究院、中科院宁波材料所等平台与海外高校合作，通过“双聘制”引才、企业全球化“飞地”引才、柔性引才等方式吸引全球青年科技人才。如2023年宁波智能制造产业研究院与德国亚琛工业大学联合引进3名青年科学家，共享中德两地实验室资源。

（二）“按需遴选”的竞争性选拔机制

选拔机制的核心问题是“谁合适”。重在按需选才，精准匹配岗位需求，择优选用，实现人才资源的优化配置。近年来，宁波市在科技专项“揭榜挂帅”、青年科技领军人才专项选拔等方面做出了积极探索，通过动态竞争性遴选机制，择优选用科技突破最匹配人才。

一是“揭榜挂帅”选拔机制。“揭榜挂帅”是在国家创新驱动发展战略和深化科技体制改革的大背景下推出的人才选拔机制，其目的在于通过公开征集、竞争择优的方式，吸引和集聚国内外优秀人才和创新团队，攻克一批制约产业发展的关键核心技术，推动科技成果转移转化，加速产业升级和经济发展。宁波自 2020 年开始实施“科技创新 2025”重大专项“揭榜挂帅”机制，精准围绕需求“寻榜”、聚焦痛点“发榜”，全球引才。“揭榜挂帅”机制实施当年，就围绕先进材料、智能器件、机器人与高端装备等十大重点领域梳理出 240 项关键核心技术需求，累计吸引 800 多个团队成功“揭榜”，撬动全社会约 100 亿元资金投向科技创新领域。

二是青年人才工程专项选拔机制。宁波自 2023 年开始实施青年科技创新领军人才专项，主要针对 35 岁以下青年科技人才设立“科技创新”专项，每年投入超 2 亿元，支持青年主导的“卡脖子”技术攻关。科技专项不看出身，通过公平性的竞争性方式，激发了青年科技创新人才的创新活力和热情。

三是人才云图精准捕捉的供求匹配机制。2022 年，宁波市委人才办会同相关部门创新打造首个全球科技人才云图，云图基于海内外近 400 万家机构、超 3000 万名科研人才、近 6 亿项科研成果等海量数据，搭建全球科技人才画像系统，深度剖析全球人才分布流动趋势，形成全球引才导航图，为宁波加快建设世界重要人才中心和创新高地战略支点城市提供重要支撑。在需求端，聚焦紧缺人才，做到“一屏感知”；在供给端，聚焦全球引才，做到“一图导航”；在服务端，聚焦定制引才，做到“一键匹配”。

此外，区级青年科技人才选拔计划同样体现出聚焦主导“产业需求”公开遴选的特征。如鄞州区“万有鄞力”计划重点支持数字经济、智能制造领域海外青年人才，对入选的海外青年创业项目给予最高 500 万元资助，并提供免费办公场地。北仑区“港城精英”计划，则聚焦海洋经济、绿色能源领域，设立海外青年人才“快速通道”，简化评审流程，3 个月内完成从申报到资金拨付。

（三）围绕行业需求的多元人才培养机制

培养机制的核心的问题是“如何让其变得更好”。宁波市通过构建高等教育学位培养、企业实验室培养、新型研发机构培养、委托培养、政府专项培养等多维度、多层次的青年科技人才培养体系，为青年科技人才提供了广阔的发展空间和良好的成长环境。

一是产教融合的学位培养机制。宁波市依托地方高校，持续增设与新兴产业紧密相关的硕士、博士学位点，如智能制造、大数据、新材料等前沿领域的硕博点，为青年学子提供宽广的学术视野和深入的科研训练。宁波大学 2021 年新增“材料科学与工程”一级学科博士点，聚焦磁性材料、海洋新材料方向，累计培养青年博士人才 300 余人。宁波诺丁汉大学 2022 年设立“智能制造工程”硕士点，联合吉利汽车、均胜电子定向培养智能网联汽车领域人才。

二是企业实验室培养机制。企业实验室与博士后工作站是宁波青年科技人才培养的重要平台。均胜电子 2018 年获批国家级博士后工作站，聚焦智能驾驶领域，累计引进青年博士后 23 人，研发车规级芯片获发明专利 56 项，2023 年产值超 50 亿元。海天集团国家级企业技术中心设立了“精密成型实验室”，青年工程师主导研发的 8000 吨超大型注塑机打破国外垄断，2021 年获国家技术发明二等奖。

三是新型研发机构培养项目。甬江实验室与浙江大学、哈尔滨工业大学设立联合培养博士生项目，聚焦新材料、先进制造领域，青年科研人员占比 70%，2023 年孵化企业 15 家，一大批青年科技工作者脱颖而出。宁波 23 家省级新型研发机构也是宁波青年科技人才培养的重要平台。宁波工业互联网研究院，孵化出“工链云”平台，平台集聚的研发人员中青年占比 80%，服务了 2000 余家制造企业设备互联。北京航空航天大学宁波创新研究院与北航流动站联合培养博士后 50 余名，其中 21 人获副研究员职称，3 人依托北航“职称代评”机制破格晋升。

四是委托培养与开放合作机制。宁波市积极探索与国际知名高校、科研机构及企业的合作，通过委托培养、联合培养等方式，拓宽青年科技人才的国际视野。如宁波市与上海交通大学合作建设“人工智能学院”，定向培养青年工程师，参与上海航天八院宁波分院卫星部件研发项目；还与德国亚琛工业大学合作建设“中德智能制造学院”，为青年科技人才提供了国际化的教育和科研环境。宁波诺丁汉大学与英国诺丁汉大学联合设立“碳中和双学位项目”，选派青年科研人员赴英国参与欧盟氢能项目，累计发表 SCI 论文 40 篇。

五是政府专项培养机制。宁波市高度重视青年科技人才的培养，推出了一系列专项支持计划，如“青年科技领军人才计划”“海外工程师引进计划”等，通过提供科研经费、团队建设、职业发展等全方位支持，为青年科技人才铺设快速成长通道。自 2023 年起实施的“青年科技领军人才计划”，旨在五年内培养不少于 100 名青年科技领军人才，每位入选者将获得最高可达数百万元的科研经费支持。甬江人才工程面向 40 岁以下青年人才，最高给予 500 万元项目资助，2023 年入选青年人才中，集成电路、新材料领域占比 60%。

三、宁波青年科技人才队伍建设面临的难点堵点

（一）主动发现机制仍有短板，路径依赖明显

一是评价体系路径依赖明显，“偏才”“怪才”发现不足。虽然破“五唯”已成基本共识，但是由于缺乏能更好替代“五唯”的人才评价体系，多数评选仍以论文、专利、职称等传统指标为主。如 2023 年“甬江人才工程”入选者中，90% 拥有海外学历或头部企业经历。二是发现渠道单一，人才类型相似。依赖创新大赛、高层次人才洽谈会等传统场景，缺乏对企业创新团队、高校实验室等潜在人才的早期追踪。三是早期识别机制缺失，“潜力股”难发现。现有人才发现机制多聚焦于已具备成果的人才，如学历、科技奖项等，忽视对硕士生、初创团队、跨学科交叉领域“潜力股”的扶持。

（二）人才选拔平台能级有限，品牌影响力不高

一是人才选拔平台影响力较弱。宁波尚无类似杭州“之江实验室”、合肥“量子信息科学国家实验室”的国家级战略平台，2023 年国家重点研发计划青年科学家项目宁波牵头数量仅占全国 1.2%，杭州则达到 4.5%。根据《2023 中国科技赛事影响力报告》，深圳通过“国际青年科技领袖峰会”年均吸引全球 TOP100 高校青年科学家超 500 人，宁波同类活动参与人数不足其 1/10。

二是人才选拔赛事活动辨识度较低。“奇思甬动”中国（宁波）创业创新大赛、“科创甬江”科技创新大赛等相似名称的比赛众多，但持久性不够，辨识度不高。宁波自主举办的“科创甬江”创业大赛国际参赛团队难觅踪迹，而苏州“金鸡湖创业大赛”海外项目占比超50%，且与红杉资本等顶级机构深度绑定。

（三）人才培养平台能级不足，人才发展支撑力偏弱

一是传统学位培养平台能力偏弱。根据浙江省教育厅《2023年学位点统计》，宁波高校一级学科博士点仅为杭州的31%，且集中在材料、机械等传统领域，人工智能、量子信息等新兴学科布局滞后。企业博士后工作站年均产出专利数7.4项/站，杭州则达到58项/站。二是新型研发平台尚在培育期。之江实验室虽是省级实验室，但已被纳入国家实验室体系，苏州也有国家级实验室，甬江实验室离国家级实验室尚有较高难度。甬江实验室青年科研人员占比超70%，但技术转化较低，人才培养成效尚未完全显现。三是人才培养工程影响力不足。甬江人才工程虽升级政策，但未形成类似深圳“孔雀计划”、杭州“西湖英才计划”的全国辨识度。根据主流媒体报道量统计数，宁波人才政策网络声量仅为杭州的32%、深圳的26%。

（四）成长生态存在硬约束，体制机制突破不足

一是科技硬实力约束青年技术攻关。宁波缺少大科学装置、国家实验室等战略科技力量，国家工程研究中心仅有2家，杭州、苏州分别有15家和9家。半导体、生物医药、高端船舶制造等领域关键设备进口依赖度高，制约青年人才技术攻关。二是考核软环境打乱青年科技人才成长节奏。与深圳、合肥等城市相比，宁波对科技创新失败率容忍度有待提升，如半导体行业青年人才普遍面临“3年考核达标”压力，而半导体、生物医药等领域研发周期普遍需5～8年，导致为考核达标而选择低风险跟踪式创新等短期行为。三是体制机制创新滞后于青年发展需求。科研经费跨境使用、数据跨境流动等改革试点未落地，而上海自贸区已实现研发数据“白名单”出境。另外，宁波在青年科技人才培养方面的政策制定和执行过程中，可能存在过于僵化、不够灵活的问题。这导致政策难以充分适应青年科技人才的需求和发展趋势。

四、青年科技人才队伍建设的他山之石

（一）多阶段挖掘“潜力股”的人才发现机制

一是高潜力人才的早期识别。德国实行从中学贯穿大学的“天才教育网络”。在中学阶段，巴登—符腾堡州设置了“天才班”，10 年级学生可提前选修大学课程；大学阶段，慕尼黑工业大学“少年研究员计划”招募 14 ～ 18 岁学生，参与前沿实验室项目。英国国家资优青年学院在 9 岁、13 岁和 18 岁三个阶段设立超常生国际水平测试，以发现和选拔具有超常才能的学生。法国《高潜力学生入学指南》规定，从幼儿园起对有拔尖创新潜质的学生进行日常鉴别，并为其提供专门的教育资源和培养方案。

二是“偏才”发现和挖掘机制。国内山东潍坊一中设置了“特殊才能招生”，自 2010 年起每年招收 30 名“偏才怪才”，考核侧重“特殊才能的独创性”，以探索具有特殊才能的少年英才。

（二）精准定位 + 持续发力的人才选拔机制

一是精准围绕城市定位打造人才活动品牌。合肥通过“科大硅谷”打造全球科创枢纽，聚焦量子科技，培育未来量子科技人才。在选拔性平台方面，聚焦机器人与人工智能竞赛，通过合肥市青少年人工智能创新实践大赛、机器人世界杯等赛事，激发青少年科创热情。2024 年合肥少年团队问鼎机器人世界杯冠军。苏州“金鸡湖比赛项目”则通过体育 IP 运营激活城市创新创业生态，培育出清锋科技、晶泰科技等独角兽企业。

二是持续发力营造人才品牌长期影响力。合肥、苏州、深圳等坚持在同一平台持续发力，打造有影响力的人才品牌。如深圳“孔雀计划”始于 2010 年，是深圳市政府为落实国家人才战略、推动高端人才集聚而推出的引进计划，未曾改过人才计划初衷与名称，截至 2024 年，累计引进海外高层次团队超 200 个、高层次人才超 5000 名，带动数万名高端人才扎根深圳，为华为、腾讯、大疆等龙头企业注入源源不断的活力与动力。

（三）高能级平台赋能的人才培养机制

一是聚焦新兴交叉学科的博士学位点培养。在我国将人工智能列为战略性新兴产业背景下，国务院学位委员会鼓励高校自主审核博士点，华南理工大学整合计算机、自动化等优势学科，突破传统学科分类，探索AI与材料、生物等融合，申报“试点交叉学科（9901）”。经学科团队申报、同行专家论证、校学位委员会审议，最终于2023年获教育部批准“人工智能”一级学科博士点。首届招收博士生30人，生源涵盖清华、浙大等高校，以及华为、腾讯等企业骨干。

二是国家级实验室赋能青年人才培养。深圳、合肥、苏州都拥有国家级实验室，均通过国家级科研平台赋能产业、培育人才，形成“基础研究—技术创新—产业转化”全链条生态。深圳通过“国家级实验室＋省实验室”联动布局生物医药与数字健康，合肥以公共安全领域国家队支撑城市安全产业发展，苏州则依托放射医学国家重点实验室强化生物医药创新，集聚和培养了大批青年科学家。

三是“超级”新型研发机构赋能青年人才培养。深圳、苏州、合肥“超级”新型研发机构能级高，人才培养成效显著。深圳清华大学研究院是全国首家新型研发机构，成立于1996年，聚焦人工智能、半导体、生物医药等领域，孵化企业超1500家，培育出联影医疗等独角兽企业。清华大学合肥公共安全研究院设有国家级博士后工作站，汇聚公共安全领域顶尖人才。国家第三代半导体技术创新中心（苏州）聚焦第三代半导体材料、芯片制造，孵化企业超50家，吸引投资超百亿元，成效明显。

（四）软硬实力双提升，优化人才发展环境

一是大科学装置与国家实验室建设“硬核赋能”。杭州依托浙江大学建设“超重力离心模拟与实验装置”，吸引头部企业共建实验室。之江实验室等省级实验室硬核赋能青年科技人才培养。以DeepSeek为代表的“杭州六小龙”等科技型企业发展背后均有之江实验室的支持。

二是长周期容忍机制为青年科技人才发展护航。合肥为量子团队提供“5

年静默期”，前 3 年免考核，研发周期适配与失败宽容等扶持政策。深圳推行“科研学分银行”，将工艺改进纳入职称评定。

三是人才管理体制机制创新。杭州通过“数据开放共享”推动智慧城市与产业创新，在保障安全前提下，向青年团队开放港口物流、智能制造等场景数据，支持算法训练与场景验证。山西省在基础研究计划项目中试点项目经费使用“包干制”，赋予了杰出青年培育项目、优秀青年培育项目等多种类型科研项目负责人更大经费支配权，从而减轻了青年科技人才的经费管理负担。

五、高水平建设宁波青年科技人才队伍的对策建议

（一）变“被动发现”为“主动猎才”，构建多维立体化人才发现网络

一是“偏才”专项申报通道。在传统人才计划之外，设置科技“偏才”专项申报通道，对符合某领域科技研发的顶尖成果拥有人，设置专项申报、评选通道，吸引科技特长人才注意力，减少“遗珠”之憾。二是畅通社会化荐才网络。提高企业参与度，推行“企业 CTO 举荐直通车”，链主企业可推荐技术骨干直接入选市级人才计划，破除学历、论文限制。三是实施“数据+场景”精准猎才计划。建设“宁波青年科技人才数字地图”，整合专利、项目、竞赛等数据，通过 AI 算法识别高潜力人才，如科技特长生、未发表论文但拥有高价值专利的工程师等。四是建立“海外人才大使”机制。聘请宁波籍国际顶尖科学家担任引才顾问，按推荐人才成效给予奖励。

（二）变“零星筛选”为“聚焦选拔”，提升人才甄选品牌影响力

一是持续做大科创甬江科技创新大赛品牌影响力。聚焦智能汽车、新材料、人工智能、生物医药等宁波优势领域，吸引国际团队参赛，优胜项目直接落地，并将大赛固定化、常态化，扩大人才选拔品牌影响力。二是持续提升甬江实验室平台能级。与宁波银行、宁波金投等机构合作设立科创金融联盟，开发“知识产权证券化”等金融产品，为实验室建设提供长期资金支持。参考

中国科学院合肥科学岛的大科学装置集群模式，建设大科学装置，推动极端条件综合研究装置落地，如超高温、超低温、高压环境模拟平台等，支撑前沿材料合成与性能测试，让高能级平台成为引进国际顶尖团队和高潜力科创人才的底座。

（三）变“散装政策”为“整装生态”，构建融合型人才培养体系

一是提升传统学位培养平台能力。依托宁波产业特色优势和战略性新兴产业规划，聚焦新兴交叉学科突破新增博士点，优先布局智能制造、海洋经济、新材料等领域博士点。例如，宁波大学可联合甬江实验室共建“海洋新材料与高端装备”博士点，对接“361”现代化产业体系需求。二是提升高校与新型研发平台人才联合培养能力。打造产业需求导向型联合实验室，借鉴深圳“华为—高校联合实验室”模式，由宁波龙头企业与高校共建“需求嵌入式实验室”，企业派驻工艺工程师常驻实验室，全程参与研发，企业投入设置最低比例，政府按 1∶1 配套。三是持续做强“甬江人才工程”培养计划。固定人才培养名称，调研入选人才职业发展需求，举办针对性的培养活动，如“甬江人才峰会”，邀请诺贝尔奖得主、院士级专家对话，形成年度 IP。加大人才培养成效宣传，实现质量跃升与品牌突围，为宁波城市建设提供核心人才支撑。

（四）变“短期考核”为“长期护航”，建立宽容失败的长周期支持机制

一是设置重点领域静默期制度。根据青年科技人才成长规律，进行全周期性支持。对半导体、生物医药等领域青年人才项目，实行“3＋2”静默期，即前 3 年免于考核、后 2 年按技术里程碑验收，替代传统年度论文专利指标。二是实行动态资助调整机制。可借鉴德国马普学会“阶段解锁”模式，初期拨付 50% 经费用于自由探索，里程碑达标后追加 30%，产业化阶段再拨付 20%。对因技术路线失败但过程合规的项目，允许结余经费转入新项目。三是设计人才流动“安全网”。借鉴西安光机所允许科研人员保留编制创业 3 年，

失败可返回原岗的做法，对静默期内未达标人才，提供“学术休整期”，一年内保留职称待遇或“产业转化通道”，根据个人意愿优先推荐至对口企业任职。四是系统性减轻非科研负担。实行行政事务“代偿机制”，强制推行“科研财务助理”制度，每 5 个科研团队配置 1 名专职助理，承担报销、采购等事务，减少填表时间。

浙大宁波理工学院　李雪艳

“大人才观”视角下优化人才服务体系赋能新生代企业家队伍路径研究

“大人才观”视角下，企业家既是人才，又是为创新型人才和高素养劳动者提供施展本领的平台，在推动科技创新、促进产业转型等领域具有不可替代的作用。在宁波，民营经济发达，贡献了全市66%的GDP、85%的就业岗位、95%以上的上市公司和高新技术企业，所以锻造好企业家队伍更加重要和迫切。本课题聚焦当前新生代企业家队伍建设情况，考察各类人才政策举措与新生代企业家创新创业现实需要的匹配程度，探索完善市、县、乡三级贯通的赋能服务体系，以打造一支能担当、能闯关、能包容、能坚守、能出新的高水平新生代企业家队伍，充分释放科技创新活力和新质生产力发展动能，持续锻强敢闯蓝海、制胜未来的战略人才力量。

一、宁波市人才服务体系概况

（一）企业家多级贯通式工作机制

坚持党管人才原则，市、县、乡三级全面建立由党政主要领导担任领导小组正副组长的人才工作体系，明确领导小组及办公室议事规则，建强专职人才工作队伍，将行业领域人才队伍建设等职责纳入职能部门“三定”方案，形成横向到边、纵向到底、精准有效的工作推进机制。建立健全“1＋4”全生命周期督考体系，组建“部门＋属地”专项工作专班，常态开展重点人才工作推进例会，市县乡一体推进人才工作考核评价，充分激活三级主体人才服务责任意识。依托宁波人才大脑，全面推进人才工作数字化转型，搭建完善上下一体、部门协作、全链条覆盖、制治智贯通的人才治理体系。迭代升级新生代企业家人才库，以“组团服务＋认领服务＋属地服务”模式，对已认定人才、新入选人才及后备人才实行分类闭环服务，帮助新生代企业家链接科技、法律、财务、审计、知识产权等各方面资源，实现新生代企业家服务机制一体化、长效化。

（二）多轮驱动式引育体系

围绕人才链延链强链补链的重要环节，系统重塑“通则＋定制＋专项”人才政策体系，迭代实施甬江人才工程，创新推行“揭榜挂帅·全球引才”出题遴选机制。聚焦服务“361”现代化产业体系建设，着眼全球先进制造业基地建设和未来产业、现代服务业发展，加码扶持创业人才项目上市上榜上规的后道政策举措，为人才企业提供从初创期、成长期到发展壮大期的全周期支持，同时稳步提升 40 周岁以下青年领衔项目的支持比例，有效衔接人才政策与科技政策、产业政策，不断增强新生代企业家引育的精准性、有效性。支持区（县、市）、开发区出台配套政策，并结合人才工作和产业发展实际，实行适度特色化、差异化政策，形成“全市面上政策＋地区特色政策”互为补充、有序衔接、高效兑现的政策链条。以慈溪市为例，该市为甬江人才工程入选项目提供 1∶1 配套资金支持，并围绕“青年与人才友好城”建设目标，优化实施新一轮上林人才培养项目，重视在慈创业创新的高层次人才、新生代企业家等群体的选拔，其中，第一、第二层次企业人才入选比例原则上不低于 40%。

（三）丰富多点覆盖式要素供给

一是聚焦“人才＋资本”，打通新生代企业家融资“堵点”。定期举办“才金荟”人才企业融资专场对接会等活动，集成推广研发贷、创业贷、智慧贷等专属产品，创新“政银担”模式，开发定向支持青年人才的微担通——惠通 1 号（人才保），实施新生代企业上市梯次培养计划，提供“一企一策”专项金融服务，为新生代企业家提供更加专业多元的创投联动、产融对接和资本规划等综合服务。

二是聚焦“人才＋管理”，化解新生代企业家经营“难点”。整合三级资源渠道，建立健全市县乡重点企业人才工作联系机制，按期选聘助创专员、法务专员、财务专员，定向服务全市重点人才企业。面向新生代企业家、企业人力资源负责人等群体举办HR赋能学堂，实施新老企业家师徒结对制度，聘请一批成功企业家担任人才创业导师，以"一对一"或"多对一"方式为新生代企业家传授丰富管理经验。

三是聚焦"人才+生活"，增添新生代企业家生活"亮点"。修订出台专家服务管理办法，围绕新生代企业家健康医疗、子女入学、安居落户等"关键小事"需求，由市、县、乡三级分层分类提供系列配套服务，全链升级线上线下保障体系。打响"甬相约"品牌，定期组织沙龙论坛、"才·富"对接和走访慰问等活动，切实增强新生代企业家的归属感和获得感，持续营造尊才爱才的良好氛围。

（四）多跨协同式服务平台

一是拓宽联谊交流平台。广泛吸纳新生代企业家加入市、县两级创二代联谊会、海外高层次人才联谊会、海外留学归国人士创业发展促进会等多元化社团组织，组建地方特色性行业协会，如慈溪电商Xin联盟等，健全协会组织互融互促运行机制，支持举办甬商联谊交流活动，帮助新生代企业家拓展"朋友圈""创业圈""生活圈"。

二是完善政企沟通平台。深化市、县、乡三级党委联系服务专家制度，如慈溪创建市级四套班子成员与新生代企业家结对联系机制；用好"亲清直通车·政企恳谈会""阿拉甬商有话讲"等平台载体，邀请政府部门负责人担任"政策导师"，在政策制定、跟踪落实、纾困解难等全过程实现动态协调沟通，及时帮助新生代企业家解决问题诉求。

三是搭建校企合作平台。创新企业人才聘任评价机制，在部分规上企业探索实施校企高层次人才"双聘"试点，支持企业和高校互聘"科技副总""产业教授"，促进院校企人才流通共享。主动对接院校资源，引进培育高能级创新平台，如慈溪与武汉科技大学、浙江工业大学等共建合作基地、创新中心等，为新生代企业提供强大的研发支撑和人才保障。

四是筑强教育培训平台。建立联合赋能新模式，实施"甬学争优、赋能争先"系列行动，创设民营经济人士"四明学堂"，为青年企业家提供多维度充电赋能。各区（县、市）深化实践探索、加快探路破题，如慈溪实体化运作前湾创业创新学院，迭代完善“四名工程”，即走名城、访名校、观名企、会名家，定期组织新生代企业家赴外专题考察访学，开展菜单化、个性化主题培训，不断拓宽新生代企业家的认知视野。

二、新生代企业家满意度分析——以慈溪市为例

慈溪拥有全宁波最多的市场主体，截至 2024 年底累计培育国家级专精特新“小巨人”企业 51 家、国家高新技术企业 995 家、浙江省科技型中小企业 3054 家，均居宁波前列。新生代企业中，亿元以上企业超 120 家，上市企业 9 家，慈溪百强企业占比超 70%，高新技术企业由新生代掌舵的比例约为 60%。课题组选取了慈溪齐安科技、瑞堂塑料、卡帝亚电器等三家具有典型性的由新生代企业家负责管理运营的企业，对企业负责人张扬、温原、沈泽进行了访谈调研，结果显示，新生代企业家对市、县、乡三级人才服务体系整体满意，认为现有体系上下协调有序、支撑作用明显，但在服务机制、服务精准度及灵活性等方面还可以进一步提升。访谈对象情况见表 1。

表 1　访谈对象情况

访谈对象	职务	企业名称	主要成就
张扬	副总经理	浙江齐安科技有限公司	入选2020年慈溪市级人才项目及2021年宁波市级人才项目核心成员之一，长期从事信息安全产品研发和创新服务，带领齐安科技获评国家级专精特新“小巨人”企业、宁波市专精特新中小企业、慈溪市科技独角兽企业等
温原	总经理	浙江瑞堂塑料科技有限公司	2016年入选慈溪市级人才项目，长期从事滚塑功能高分子粉末的研发、生产和销售，带领瑞堂科技获评国家级专精特新“小巨人”企业、宁波市企业工程（技术）中心、中国塑协滚塑专委会理事会委员单位
沈泽	总经理 总工程师	宁波卡帝亚电器有限公司	慈溪海创会会员，自2017年起逐渐从父辈手中全面接手公司生产经营业务，2022年入选甬江人才工程创业个人项目，带领卡帝亚相继获得“国家高新技术企业”“慈溪市百强企业”等称号，成为浙江制造双“品字标”单位

一是政策落地保障到位。三位受访新生代企业家均为宁波、慈溪市级人才项目入选者，与各级人才条线及相关职能部门有不同程度的互动。在镇一级属地服务上，三位受访者均表示在遇到“关键小事”时以求助属地镇街有关科室为主，认为“属地服务非常好，在人才与科技项目申报指导、土地报批政策解读等方面发挥了重要作用”。在慈溪市一级，人才部门负责承办人才活动、解读上级政策、制定本级政策、外拓发展资源等事宜，与新生代企业家的交往较为密切，张扬提到，“人才办针对我司不同发展阶段，提供企业诊断及相应政策支持”。宁波市一级统筹制定人才政策，协调各类人才服务资源，和受访对象的直接接触相对较少，但新生代企业如齐安科技也曾受邀参加宁波人才科技周等大型活动，享受助创专员、宁波人才院机关事业养老保险待遇等由宁波市一级组织支撑的服务。

二是沟通渠道畅通有效。三位受访企业家对于政企沟通现状均持积极肯定态度，沈泽表示，“慈溪营商环境较优，政府能为成长期企业在资源申请等方面给予支持”。张扬表示，“虽然公司在市场竞争中遇到过各种麻烦，但宁波对人才的关注度很高，人才企业可以直接和政府部门进行对话，为企业节省了大量经营管理成本。如 2022 年初，公司原有办公面积无法满足经营需求，人才部门在了解情况后迅速响应，为我司配备了符合经营需要的办公场地”。温原回忆，“在一次由市委人才办召集的人才座谈会上，我提出应当为人才配备专业的法律支持，帮助人才企业规避风险、合规运行，这一建议后来落实情况很好，专门成立了一个法务小组”。

三是活动举办成效明显。在面向新生代企业家举办的活动方面，三位企业家均表示参加过“类型丰富”的人才活动，包括宁波市委人才办指导的“甬相约”系列、慈溪海创会等社团组织的生活服务类活动，以及外出访学、专家讲座、“才・富”对接等创新创业支撑类活动，且社团之间、部门之间资源共享也做得比较好，沈泽提到，“社团之间有时会打通资源，联办活动”。张扬指出，“虽然我目前不是任何协会的会员，但慈溪市委人才办会与统战部门共享人才企业名单，因此协会活动邀请面会扩大至非会员人才企业”。受访企业家对创新创业支撑类活动的认可度和参与度较高，如张扬和沈泽今年均参加了为期 4 天的慈溪市新生代企业家创新发展厦门专题培训班，并表示此类活动既能帮助新生代企业家拓展知识眼界、明确发展方向、坚定发展信心，又能增进企业家之间的交流互动，拓宽以才引才渠道。

四是创业创新支撑有力。金融支持方面，除人才项目入选获得的奖补资金外，新生代企业家可以通过人才部门牵线对接金融机构，如温原提起他曾在创业初期面临贷款困难，直到入选“上林英才”，在人才部门帮助下拿到了华夏银行“头一笔贷款”，才化解了融资危机，“有了政府背书，其他银行也陆续向我司开放贷款”。同时，人才企业头衔也能增强企业融资信誉度，如张扬谈到，“齐安科技在甬江人才项目的加持下，在 B 轮融资中直接拿到了宁波通商基金的资金支持，这在当时企业尚未拿到国家电网资格牌照的背景下是‘大胆且有魄力的’”。在企业经营管理上，卡帝亚和齐安科技均获得了助创专员支持，张扬表示，“设置助创专员对于作为‘技术专家、管理小白’的创业人才具有很大帮助，为企业提供了包括咨询解答、牵线对接等多方面支持”。在科技创新上，政府积极推进校地企合作，为增强企业科创能力提供了更多机遇，如慈溪与武汉科技大学共建技术转移与人才引育合作基地，达成项目合作 13 个。温原表示，“目前瑞堂科技与武科大的合作正在顺利进行中，相关负责人每周都会与武汉科技大学责任教授开展线上交流、共谋项目进展。”另外，沈泽提到，“在多次‘请进来、走出去’活动撮合下，卡帝亚也与浙江工业大学、宁波大学科技学院等院校建立长期合作，成立了联合研发中心、小家电新电商学院等创新平台”。

五是服务赋能仍有提升空间。相较于科技创新型人才相对独立的成长路径，新生代企业家需要的不仅是对其个体成长的支持，更是对企业发展所需的支持、对核心团队组建的支持。当前服务供给内容以创业创新支持为主，与新生代企业发展实际需求仍存在一定程度的脱节。校企合作平台方面，虽然在政府的牵线搭桥下不少企业已经与高校建立产学研合作，但是相对于企业旺盛的创新需求，校企合作范围、模式等仍有内外挖潜空间。同时，校企合作或面临研发投入无理想成果产出等潜在风险，缺乏相应的风险应对手段。在人力资源服务平台方面，受限于制造业企业规模和知名度不足、人才招聘宣传力度不够、信息流通量受阻、平台服务逆向选择等因素，多数企业与求职人员存在双向信息不对称，实际招聘过程困难重重。在其他现代生产性服务业平台方面，受访企业家普遍认为相对于杭州、上海等大型城市，当地专业生产性服务平台的数量和质量还有提升空间，与宁波发达的制造业体系不相匹配。

三、进一步优化人才服务体系的对策建议

突出需求导向、问题导向，从创机制、强队伍、扩平台等维度不断优化人才服务体系，促进新生代企业家创新创业活力释放，更好发挥企业科技创新主体作用。

一是优化新生代企业家引育服务机制。坚持人才驱动创新发展，迭代完善"通则＋定制＋专项"人才政策体系，统筹用好人才发展集团等专业化力量，为新生代企业家创新创业提供多维度、全周期、精细化的支持服务，营造"鼓励创新、宽容失败"的良好氛围，为新生代企业家解缚增能。贯通高端人才引育服务体系与新生代企业家引育服务体系，拓宽甬江人才工程等政策支持覆盖面，强化政策引导人才项目（团队）建设作用，加大新生代企业核心团队建设的帮扶力度，给予项目成员更多支持与关注。指导人才企业制定战略性生涯规划，建立现代化管理制度，采取透明化管理手段，不断增强企业发展韧性。

二是建强市、县、乡三级专业化服务队伍。完善三级畅通的组织领导体系、工作推进体系和考核评价体系，提高各级部门联动合力和资源调度能力，加强各级人才服务队伍企业服务能力建设，定期组织人才服务专员培训交流，促进各类服务资源上下贯通，提升服务队伍专业性。增加财务、法务、助创专员选拔中专业背景相关考量，提升专员与结对企业发展所需的匹配程度，以精准回应解决企业诉求。拓展市场化、社会化服务力量，定期邀请行业专家为人才企业提供咨询诊断服务，帮助打通创新创业堵点难点，多渠道促进企业稳步成长。

三是推进各类服务平台建设扩面提质。围绕科技创新和产业创新深度融合，市、县两级联动打造高能级科创平台，乡镇一级加大属地重点企业需求排摸力度，共同探索"企业出题、平台解题、产业转化"的创新发展路径。扩容

重点高校与优质企业名录，更大范围支持其互聘“产业教授”“科技副总”，共建工程师协同创新中心、卓越工程师实践基地等，推动科技成果向现实生产力转化。加强人力资源服务、知识产权服务、工业设计、检测检验等生产性服务业机构的招引培育力度，依托双创大赛、双招双引等活动，逐步汇集优秀行业机构，形成支持制造业良性发展的浓厚氛围，让广大人才竞相奔腾、创新成果不断涌现。

慈溪市委组织部

周宇锡　胡登科　陈　侃　胡博爱

黄远鑫　王紫伊　俞　涛

建强国资国企“三支队伍”研究

2024年农历新年伊始，省、市委相继召开会议，明确提出打造高素质干部队伍、高水平创新型人才和企业家队伍、高素养劳动者队伍要求。加强人才队伍建设，是国有企业做强、做优、做大的基础，宁波各级国企必须有行动、出成效，因时制宜、因企制宜创新人才开发举措，合力推动宁波国企成为各类人才脱颖而出之地、向往集聚之地、担当拼搏之地、价值实现之地、自我超越之地、情怀激扬之地，为国有企业改革深化提升建设一流企业提供人才强支撑和全市深化“四链融合”加快发展新质生产力探新路。

一、宁波市属国企“三支队伍”建设实践探索

近年来，宁波市属国企围绕打造核心竞争力，实现高质量发展，积极探索建强“三支队伍”。

（一）围绕实干担当和结构优化着力提升干部素质

干部队伍是国企发展的中坚力量，在整个国企员工队伍中发挥“领头雁”的作用。市属国企通过政治思想教育、改革干部使用制度、选拔培养年轻干部等方式激励干部担当作为和优化干部队伍结构，着力提升干部素质。

一是加强政治思想教育。政治思想素质是干部最基本的灵魂，拥有坚定正确的政治思想是国企管理工作的根本。市属国企高度重视干部政治思想教育，创新方式方法，通过内部培训或外送党校培养等方式加强干部政治立场和政绩

观教育，推动干部队伍坚定拥护“两个确立”、坚决做到“两个维护”，引领干部队伍紧跟总书记、奋进新征程、建功新时代。如，通商控股集团以“通商学堂”为主品牌，搭建党建铸魂、人才强基、赋能聚力、技能提升、知识共享等五个系列培训平台，为干部培根铸魂。

二是改革干部使用制度。激励国企干部担当作为、干事创业，关键在改革、在创新，核心是制度创新。市属国企积极推进干部制度改革，包括推进职业经理人制度，市场化选聘、契约化管理，干部竞聘上岗、能上能下、不胜任退出等制度，打破干部“铁交椅”，激励干部实干担当。交投集团大力推动干部市场化选聘和竞争上岗，各级管理人员竞争上岗率达 90% 以上，末等调整和不胜任退出率达 3.16%；宁兴集团打破集团内部因行业板块限制的人才交流壁垒，加大党委管理干部横向交流力度，科学配置干部人才资源。

三是加强年轻干部培养。年轻干部是企业的未来。选拔培养年轻干部，是加强领导班子和干部队伍建设的一项基础性工程，是关系企业可持续发展的重大战略任务。市属国企创新方式方法加强年轻干部培养，优化干部队伍结构。如开投集团为年轻干部量身定制“低职高挂”模式，通过对市重大项目、关键部门、重要岗位进行历练，还先后安排各级管理人员 100 余人次赴阿里巴巴、海天制造等先进企业学习；城投集团推行人才风帆计划，分层分类建立英领、英才、菁英三级人才库，以 2 ～ 3 年为一个培养周期，保证周期内人才晋升率 15% 以上，且每年保持 10% 左右的强制淘汰率。

（二）围绕创新创造和做大总量着力培育人才

创新之道，唯在得人。人才是国企发展的关键力量，深刻影响企业核心竞争力提升、原创技术策源地的打造和新质生产力的培育等。市属国企通过完善市场化经营机制、打造高能级创新平台和高水平人才引进政策等方式培育人才，做大人才总量，激励人才创新创造。

一是完善市场化经营机制。市场化经营机制是通过市场竞争配置资源的方式，能够充分发挥价值规律的作用，真正体现稀缺资源的价值属性。创新人才是社会稀缺资源，通过市场化机制实现他们的最大价值。各市属国企不断加快完善市场化经营机制，提高对人才物质需要和精神需要满足程度，激发其工作强大内生动力。如通商集团全面建立起市场化绩效考核机制，形成一岗多级、绩效联动的宽带岗级体系；轨交集团搭建管理序列、职能序列、专家技术序列“三通道”，形成纵向有阶梯、横向可贯通的“H”型人才发展路径。

二是打造高能级创新平台。高能级创新平台是人才创新创造的基础条件和施展才华的重要舞台。各市属国企主动联合在甬央企省企、高校、科研院所和科技型民企，协同建设创新中心、工程研究中心、企业技术中心、博士后工作站等高能级平台，筑巢引凤，为人才的创新创造提供重要保障。如交投集团通过博士后工作站、省级企业技术中心、市级企业工程（技术）中心等高能级创新平台积极引进高水平人才。

三是健全全链条政策体系。人才是第一资源，尤其是高水平人才对企业尤为重要，我国许多地方、许多企业都制定优惠政策吸引人才。各市属国企深刻认识到人才在企业发展中的特殊作用，健全人才引用育留的全链条政策体系，全力打造国企人才集聚高地。如人才集团强化与国投人力、CGL（上海德筑）等知名企业和猎头机构的合作，聘请“海外高层次人才（项目）引荐官”，主动与中国驻外领馆教育处、欧美同学会、国外华人学者等进行对接。

（三）围绕责任能力和关心关爱着力锻造劳动者大军

劳动者素养是企业高质量发展的基石。全球已经进入技术加速迭代的时代，锻造大批具备扎实的专业技能、良好的思维能力以及较高的创新能力的新型劳动者对企业发展至关重要。市属国企通过优化劳动者培养方式和实施关心关爱活动，着力锻造知识型、技能型、创新型劳动者大军，为建设一流企业提供基础支撑。

一是优化劳动者培养方式。劳动者的技能水平和奉献精神是劳动者素养的核心内容，影响劳动者工作效率和效果。各市属国企建立以企业需求为导向的产教融合、工学一体培养模式，大力提升劳动者勤学钻研的本事，激发奋斗拼搏的激情，开拓敬业奉献的境界。如开投集团以实习为切入点，探索校企沟通新机制，与南昌航空大学、宁波诺丁汉大学、浙江旅游职业学院等建立实习就业一体化基地。

二是营造拴心留人的氛围。良好的工作生活环境是劳动者安心工作的基础，实践证明，环境好，则劳动者聚、事业兴。市属国企全力营造拴心留人的氛围，打造劳动者集聚的强磁场，使企业成为劳动者圆梦之地、幸福港湾。如农商集团建立“红店小二点赞榜”常态化宣传推广集团内部优秀人物、先进事迹；各企业大多提供健康体检、节假日福利、生日福利、工作餐保障、健身房，定期举办多彩的职工文体活动，提升员工幸福感。

二、宁波市属国企“三支队伍”建设成效

截至 2024 年 8 月底，宁波市国资委监管的 12 家企业共有干部队伍 2559 人，在编员工 34212 人，硕士及以上学历、列入宁波市分类人才目录人员以及具有副高及以上专业技术职称人才等高水平人才 3486 人。其中，干部队伍包括集团本部相当于科级及以上人员、二级子公司的中层及以上人员和三级子公司的领导班子，高水平人才包括硕士及以上学历人员、宁波市高层次人才、高级专业技术职务人员，劳动者包括签订正式劳动合同的全部在编人员。

（一）干部队伍现状

市属国企共有干部 2559 人，平均年龄 43.95 岁，其中，中共党员 2071 名，占比 80.93%；本科以上学历共 1708 人，占比 66.74%；高级专业技术职务 840 人，占比 32.83%。从层级来看，集团本部中层人员及二级子公司领导班子成员共 683 人，平均年龄 47 岁，其中，中共党员 637 名，占比 93.27%；本科以上学历共 534 人，占比 78.18%；高级专业技术职务 363 人，占比 53.15%。集团本部相当于科级人员、二级子公司中层人员以及三级子公司的领导班子成员共 1847 人，平均年龄 42.81 岁，其中，中共党员 1434 名，占比 77.64%；本科以上学历共 1174 人，占比 63.56%；高级专业技术职务 477 人，占比 25.83%。

（二）高水平人才现状

市属国企共有硕士及以上学历、列入宁波市分类人才目录人员以及具有副高及以上专业技术职称等高水平人才 3486 人，平均年龄 38.45 岁，其中，中共党员 2181 名，占比 62.56%；具有硕士学位 1551 人，占比 44.49%；具有博士

学位 30 人，占比 0.86%；副高专业技术职务 1612 人，占比 46.24%；正高专业技术职务 112 人，占比 3.21%；宁波市高级人才 260 人、拔尖人才 41 人、领军人才 9 人、特优人才 1 人，顶尖人才没有实现零的突破。

（三）劳动者素养现状

市属国企在编员工 34212 人，其中，技能人才共 10188 人，占从业人员的比重 29.78%；高技能人才共 2104 人，占技能人才的比重为 20.65%。从学历看，本科学历 9533 人，占比 27.86%；研究生学历 1009 人，占比 2.95%。从职业技能情况看，初级工 4874 人，占比 47.84%；中级工 3210 人，占比 31.51%；高级工 1261 人，占比 12.38%；技师 645 人，占比 6.33%；高级技师 198 人，占比 1.94%；特级技师 0 人。获各类职业资格证书共 10414 人次。获得各级“工匠”荣誉共 97 人。宁波市属国企具有职业技能等级证书人数占比见图 1。

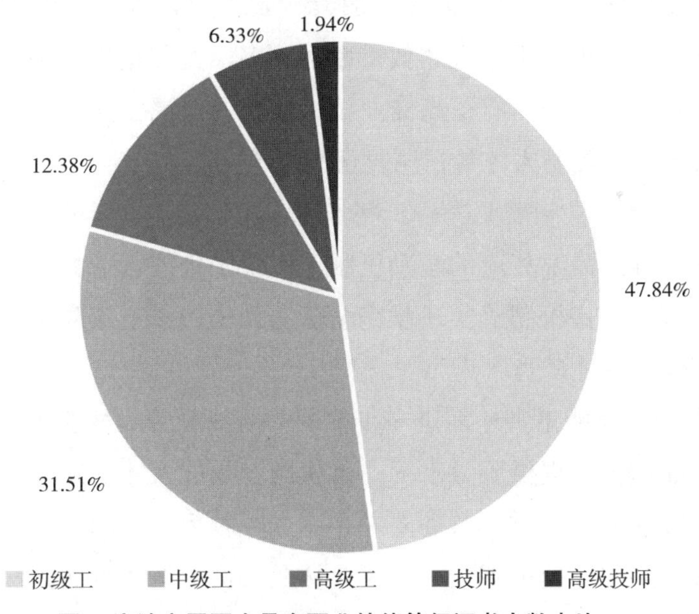

图 1 宁波市属国企具有职业技能等级证书人数占比

三、宁波市属国企“三支队伍”建设存在的不足

市属国企“三支队伍”方面建设取得了较好成绩，但从调研看，仍存在一些难点与不足。

一是干部队伍年龄结构还需进一步优化。企业干部老中青搭配，保持合理的年龄结构，既能保障企业发展审慎稳妥，又能使企业充满战斗力和蓬勃活力，这对企业可持续发展至关重要。但目前，市属国企年轻干部数量不足是一个普遍存在的问题，现有干部平均年龄接近 44 岁；集团中层干部中“85 后”为 104 人，其中，“85 后”中层正职只有 9 人、“90 后”中层副职仅有 7 人。

二是干部成长通道还需进一步多元。拓展干部成长通道是激发干部工作动力的重要方式之一。虽然市属国企积极探索“H”型管理技术成长双通道、内部人才市场等，但目前干部成长还是以管理岗位通道为主，以本集团成长发展为主，受制于职位数量限制，许多干部向上发展受阻。人才的专业技术职务和企业管理岗位职务“互通”还需进一步深化细化。

三是人才引进力度需要进一步加大。人才的数量和质量是企业创新驱动发展的基础。目前市属国企人才数量还不够多，尤其是高水平人才数量非常紧缺。具有博士学位，或具有正高专业技术职务，或属宁波市高层次人才中特优级别和顶尖人才等类型人才数量明显偏少。

四是人才激励机制需要进一步完善。人才创新创造具有较强的正外部性和较高的不确定性，需要相应的激励机制。但基于价值创造的收入分配体系还没完全形成，容错纠错机制落实还没完全落实到位，影响着高水平人才的引进和创新人才工作的内生动力。

五是劳动者技能培训还需进一步统筹。劳动者劳动技能水平高低直接影响企业生产产品质量和提供服务水平。市属国企技能人才占从业人才的比重和高技能人才占技能人才比重与市委要求相比差距较大。劳动者技能培训考试统筹度不高，存在某些职业类别单一、企业从业人员数量较少而无法参加职业技能资格培训和考试的情况。各级工匠大师数量少，缺乏品牌化培养思路。

六是劳动者技能生态还需进一步优化。抓住劳动者，就抓住了社会发展的金钥匙。不论是干部队伍的规划，还是企业经营、品牌创新等，最终都要靠千千万万的劳动者大军去实施。但当前部分企业还未真正形成“大人才观”，还存在把人才与学历、职称等同情况，对劳动者重视还不够，技能良好生态还没完全形成。人才补助政策更偏向高学历和专业技术人才，对高素养劳动者补贴力度较小。

四、国内先进企业加强“三支队伍”建设的实践经验

人才是强企之本、创新之源、发展之基。引进一批人才，有时就能盘活一家企业，甚至撬动一个产业。这已经在很多企业身上得到了验证。

（一）典型案例

深圳市创新投资集团有限公司，按照项目投资总额的1%进行跟投，人均跟投金额不低于10万元，投资收益的10%作为绩效奖金发放项目团队，投资失败的项目由团队赔偿投资本金的2%。有效地提升了团队的积极性主动性，降低了投资风险。如潍柴动力股份有限公司，提出“人才工作是第一工程”，坚持“全球引才、搭建平台、激励创新、重视培养”，公司为员工设计职业生涯的上升通道，每位员工都有多种渠道的晋升途径，每个岗位做得好，都有可能成为大国工匠，有很多工位都是以员工的名字命名，提升了员工的归属感和荣誉感。广州产业投资控股集团有限公司，推动中层干部年轻化，任职满一年即可获得提拔机会。对未达考核要求的人员进行转岗、降级甚至退出处理，转岗后直接降薪10%。项目跟投强度为税前收入的35%。建立母基金管理运作容错机制，在勤勉尽责的前提下，对已履行规定程序作出决策的投资，不因投资亏损追究主管部门、决策机构、执行机构、基金管理人等相关人员的责任。例如，四川发展（控股）公司，推行竞争上岗，打破干部在本部门和直接出资企业之间流动的“玻璃墙”，搬掉阻碍管理人员能上能下的“铁交椅”，搭建优秀人才得到充分展示的“竞赛场”；建立淘汰机制，突出岗位选择“柔性”，突出考核管理“刚性”，建立人岗不匹配、业绩不达标员工淘汰解聘机制；实施契约管理，以企业经济效益和发展质量为核心，对出资企业加大业绩类指标考核，建立年度与周期相结合的综合考核评价体系。

（二）经验启示

从上述这些企业加强“三支队伍”建设案例中可以获得如下启示。

一是要打破干部使用“铁交椅”。激励国企干部实干担当，就必须把干部

位置与经营业绩紧密挂钩，落实能上能下机制，打破“铁交椅”，增强干部危机感、责任感和使命感。

二是要加大年轻干部培养选拔力度。企业发展要唯才是举，为各类人才成长搭建“立交桥”，鼓励多元发展。选拔干部要从重票数、重学历、重资历转向重品行、重能力、重业绩。

三是要加大力度引进高水平人才。要把高水平人才引进作为公司“一号工程”，创新招引人才的政策，立足全球视野，广揽人才。

四是要加强人才正向激励。充分运用项目跟投、超额利润分享等政策工具，健全鼓励创新的容错纠错机制。

五是要增强技能人才荣誉感。积极推进技能成才技能报国，建设知识型、技能型、创新型国企劳动者大军，激励广大劳动者弘扬工匠精神，勤奋作为，创新发展，营造劳动光荣的社会风尚和精益求精的敬业风气。

五、一体建强宁波国资国企“三支队伍”的若干建议

“三支队伍”突出目标导向和问题导向，大力实施“三大工程”，迭代升级干部人才政策，一体建强全市国资国企高素质干部队伍、高水平创新型人才队伍、高素养劳动者队伍。

（一）实施“精锐锻造工程”，建强高素质国资国企干部队伍

贯彻落实国企好干部“二十字”标准，即“对党忠诚、勇于创新、治企有方、兴企有为、清正廉洁”，深化“国企篇章”理论溯源成果，强化“重要指示批示精神”闭环落实，推动国资国企忠诚践行“两个维护”，把准功能定位担当示范。加快锻造“五强型”领导班子队伍、“复合型”一把手队伍、“实干型”经营管理队伍、“潜力型”年轻干部队伍，推动实现国资国企干部队伍专业素养不断提升、结构更加合理。健全培训培养、市场化激励、关心关爱机制，打造国资国企强担当、重担当、促担当良好环境。

一是聚焦“治企有方”精准选配干部。国企党委要围绕子企业功能定位、发展阶段、主责主业，按照企业党组织、董事会、经理层职责分工，“一企一策”科学合理选配领导班子成员，大力选拔使用懂经营、会管理、善决策，有

宏观视野、战略思维、专业能力的干部。突出补短板锻长板，有序推进子企业党组织换届，及时优化领导班子年龄结构、专业结构、治理结构等。加强外部董事队伍建设，探索推进外部董事与外派财务监督专员两支队伍有机融合、有序衔接。

二是聚焦“后继有人”选拔年轻干部。拓宽选拔渠道，通过内部竞聘、公开招聘、公开遴选、外部交流、人才引进等多种方式，广泛吸纳优秀年轻人才。打破隐性台阶，用当其时、用其所长，精准识别、大胆使用政治过硬、敢于担当、锐意改革、实绩突出、清正廉洁的优秀年轻干部。完善新入职应届毕业生转正定级政策，表现优秀的可适当提高职位等级，为培养年轻干部奠定基础。鼓励选派“管培生成长计划”入库人员到三级企业经理层任职，进行压担锻炼。表现优秀的年轻职级干部，符合资格条件的，可直接提任上一级领导职务。国企党委要注重年轻干部的梯次配备，加强对各级子企业年轻干部配备情况的动态监测。

三是聚焦“一池春水”推进能上能下。坚持教育先行，引导广大干部树立科学选人用人观念，形成正确选人用人思想共识，正确看待进退留转，大力营造干部能上能下的环境氛围。区分不同层级、不同领域、不同岗位的职务特点，坚持定性与定量相结合，分类设定干部“下”的认定标准。大力推进管理人员末等调整和不胜任退出，严格运用绩效考核结果，刚性实施业绩考核不合格退出机制，探索实施绩效考核强制分布和末位淘汰制。

四是聚焦“活力涌动”强化考核激励。强化市场化考核激励，推进经理层成员任期制和契约化管理提质扩面，突出高质量发展导向并聚焦分管业务精准设置考核指标，注重“少而精、可量化、易操作”，做到“一岗一策”。强化刚性考核兑现，探索通过企业实绩分解、明确指标责任、岗位目标责任分析等方式，精准甄别干部个人实绩，形成一人一张成绩单。推进中长期激励提质扩面，加强中长期激励企业库动态管理，实施全过程指导与监督。落实“三个区分开来”的要求，按照容错免责有关规定，推进企业细化制定尽职合规免责事项清单，加大容错纠错工作力度。

（二）实施“聚英培优工程”，建强国企高水平创新型人才队伍

围绕国资国企战略布局，加大科技领军人才引育力度，加强青年科技人才队伍建设，培养壮大工程师队伍。提高人才自主培养质量，对重点人才“一人一策”建立培养方案，畅通人才成长发展通道，改进人才评价发现机制。树立一流人才一流待遇、一流贡献一流回报导向，强化薪酬分配价值导向，推进多元化中长期激励，健全容错纠错和人才服务保障机制，激发人才持续创新的激情与动力。

一是聚焦“战略布局”加强人才引进。落实国家、省、市人才计划，实行科技创新特殊配套支持政策，赋予战略性人才引进“一人一策”自主权，加快引育科技领军人才、高层次复合型人才。探索市场化引才新机制，充分发挥第三方专业人力资源服务机构在人才引进、评价、服务、创投等方面的重要作用。探索打通高等院校、科研院所和企业人才的双向交流通道，鼓励企业与高等院校、科研院所、参股企业、民营企业等开展“长租短借”、人才柔性流转试点。

二是聚焦“夯基培优”加强人才培育。加强人才梯队建设，建立科技领军人才、青年科技人才递进式培养链条，因才施策建立个性化培养体系，以用人单位为主体对重点和紧缺人才实施“一人一策”培养。优化完善青年人才培育体系、评价机制、激励手段、科技生态，支持青年科技人才挑大梁、担重任。鼓励企业把工程师终身培养纳入企业发展总体规划和年度计划，建立完善全周期、全链条、闭环式工程师培养机制。

三是聚焦“价值创造”加强人才激励。加大科技创新工资分配支持，对“科改企业”及其他科技创新任务重的企业实施更加灵活高效的工资总额管理方式，对承担市级以上重大科研项目或关键核心技术重大攻关技术，且现有工资总额难以满足激励需要的有关企业，可实施工资总额专项支持。坚持当期激励与中长期激励相结合，用足用好中长期激励“政策包”。支持有成熟改革基础的企业，提出人才激励、成果转化、团队培育等有突破性的试点项目，在人才引育、使用、评价、服务、激励等方面探索可复制可推广的经验做法。

四是聚焦“开放包容”营造优质人才生态。建立健全体现信任的人才使用机制，坚持向用人主体授权、为人才松绑，赋予科研人员更大的技术路线决定权、经费支配权、资源调度权，鼓励高层次科技人才“揭榜挂帅”。深化人才评价改革，积极构建以能力、质量、实绩、贡献为标准的人才评价体系，坚持“破四唯”和“立新标”并举，分类构建符合科研活动特点、体现人才成长规律的评价指标和评价方式，建立科学合理、各有侧重的人才评价标准。探索建立市属国企科研活动失败免责案例库，采用案例研究的方式，“一事一议”研究对科研项目失败时的处理措施。

（三）实施“匠才成长工程”，建强国企高素养劳动者队伍

围绕高素养劳动者“五个有”标准，匹配国有企业产业结构，构建先进制造业技能人才、数字高技能人才、服务业技能人才、现代“新农人”等“一人一技”技能培育体系。深化产教协同共育，推进资源要素互通共享，立足岗位练兵推动价值共创，组织开展国企劳模工匠交流分享，实现互学共促。推进技能人才评价机制建设，建立“增技增收”技能创富体系，构建关爱技能人才体系，营造尊重劳动、崇技尚能的良好氛围。

一是聚焦“量质双升”引育专项技能人才。围绕智能制造、高端装备、新能源等产业优势，加强先进制造业技能人才引育。紧扣数字经济创新提质“一号工程”，大力引育供应链管理、碳排放管理、数字交易等数字化职业人才，提升数字高技能人才吸引力。深化校企合作模式，紧扣民生民计，加强文化旅游、交通运输燃气水务等服务业技能人才引育，加强社会化、职业化等技能培训。

二是聚焦“提质扩容”建强技能培训体系。加强技能人才需求预测和调研，引导培训资源向重点布局产业、紧缺技能领域集聚，动态完善与产业发展相适应的培训规划和年度计划。鼓励企业联合高校、职业（技工）院校创建产教融合基地、公共实训基地等平台，创新产业工人订单式培养等模式，开展职工学历教育和职业技能提升培训。组织开展“岗位练兵”“技术比武”“技能竞赛”等活动，以赛促干培养技能人才队伍。鼓励市、县两级国有人力资源服务机构发挥自身优势，提供专业化、定制化技能提升培训。

三是聚焦“多元贯通”优化技能评价机制。深化技能人才评价制度改革，支持国企申报实施“新八级工”职业技能等级制度，参与推进“一评双证”人才评价工作，培养兼具专业技术能力和技能技术水平的复合型实用人才。支持有条件的国企协同职业院校、行业协会等机构，加强面向新职业、新技能的职业标准和评价规范开发，引领行业标准迭代升级。深化完善管理、技术、技能序列纵向畅通、横向贯通的职业发展通道，对解决重大工艺技术难题和重大质量问题、技术创新成果获得重要奖项的高技能人才，可跨档晋升职业技能等级。

四是聚焦“增技增收”强化技能价值激励。一体贯通推动“职工增技、企业增效、职工增收”，健全完善基于岗位价值、能力素质和业绩贡献的技能要素参与分配制度，推动企业在工资分配上适当向技能人才倾斜，可结合实际对作出突出贡献的优秀高技能人才实行特岗特酬，体现多劳多得、技高者多得的价值分配导向。探索开展高技能人才中长期激励机制，鼓励符合条件的企业运用股权激励、技术创新成果入股等政策，探索实行协议工资、项目工资、年薪制、专项特殊奖励、岗位分红等激励办法。强化全员绩效考核管理，依法稳妥推进员工“能进能出”。

宁波市国资委 蒋文钟

国际人才助力企业国际化经营对策研究

国际人才紧缺是当前宁波企业国际化发展的重要瓶颈。如何深入贯彻落实习近平总书记关于人才工作的重要论述，积极推进人才双向开放，既要引进全球顶尖人才为宁波所用，也要开辟更多渠道让宁波人才“走出去”，是眼下人才工作的一项重要任务。课题组通过对宁波20强跨国标杆企业和高成长跨国企业进行系统的问卷调研和实地访谈，归纳总结宁波国际人才开发新思路，为宁波实施更开放人才政策、建设更具有国际吸引力和竞争力的人才制度体系，提出具备可操作性、能落地的政策建议。

一、宁波本土跨国企业的人才现状

近年来，宁波企业加快了国际化布局的速度和广度。为了加速与海外市场接轨，聘用具有专业能力、管理经验的国际人才，已经逐步成为企业的核心人才策略之一。

从人才类别看，目前企业引入的国际人才以海外留学归国和在国内完成国际高等教育的青年人才为主，其次是具有海外或者跨国企业工作经验的中外专家，小部分企业聘用在华外籍留学生。按学历划分，七成企业首选具备硕士和本科学历的国际人才，三成企业优先考虑具有博士学位的国际人才。按岗位类别划分，主要集中在市场开拓、技术研发、经营管理等三个领域。按国际化发展阶段划分，国际化程度较高的企业，除了聘请海归和本土国际人才，也会积极录用当地外籍人才和在华外籍留学生；国际化初始阶段的企业，更倾向聘用国际经验丰富的中国籍人才开展海外业务，小部分企业完成在华留学生的本地招聘和培训后，再派往其母国或邻近国家工作。聘用各类国际人才的企业占比见图 1 。

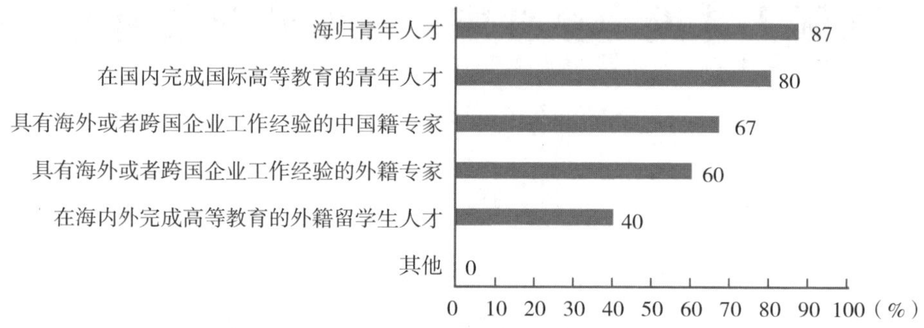

图 1 聘用各类国际人才的企业占比

从需求变化趋势看，呈现三大特点。一是对专业人才需求越来越大。尤其需要具有全球视野、跨文化沟通能力和实务经验的市场开拓类人才、具有较高专业素养和创新精神的技术研发人才以及在多领域运营经验丰富的全球型经营管理人才。企业计划吸纳更多海归青年人才和中外合作办学毕业生，来进行海外市场开发和业务拓展；加大引入具有海外或者跨国企业工作经验的中外专家，强化跨国管理经营。受签证和文化差异等限制，在华外籍留学生的需求量相对较小。二是更倾向引进欧美发达国家人才。超过六成的被调企业对北美和西欧国家人才需求大，四成企业意向引进东南亚国家人才，近三成企业对中东欧人才有需求。以威迅集团为代表的国际化高度发展阶段企业，对发达国家和新兴发展中国家的人才需求较高。三是对小语种人才的需求越来越突出。近七成被调企业计划引入德语人才，其次是日语、韩语、法语和西班牙语人才。国际化业务比重高的企业，如乐歌股份，对各类小语种人才需求更显著，超三成的被调企业计划聘用通晓中文的外籍留学生人才。未来引进外籍人才来源国意向的企业占比见图 2。

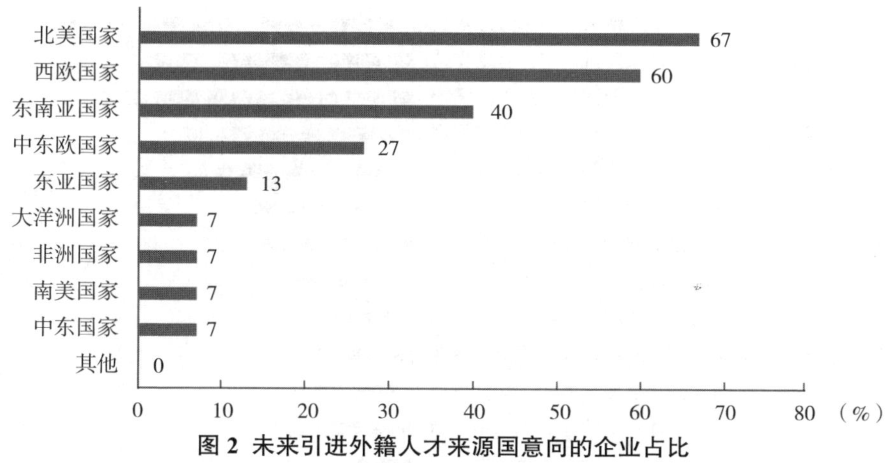

图 2 未来引进外籍人才来源国意向的企业占比

二、宁波本土跨国企业人才开发的难点及原因

超过七成的被调企业表示，国际人才引留难度较大，主要有四个方面原因。

（一）国际人才储备不足

宁波本地高校较少，本土国际人才储量不足，导致企业需要依靠外部引才扩充国际人才库。超过七成的被调企业表示缺乏精准的核心国际人才数据，比如人才所在国际地区、技术能力、海外经验和职业意向，企业难以精准定位到与企业需求匹配的人才。人才储备的不足和信息资源的缺乏，已经成为宁波企业国际引才的瓶颈。宁波跨国企业国际人才引留的主要瓶颈见图 3 。

（二）国际人才政策推广程度不高

六成被调企业反映，在个人或者企业层面，都没有享受过相关人才政策。

在个人层面，不足两成的企业人才参与过政府组织的专业培训，或享受过其他配套服务（如医疗保障、国际人才公寓）。部分企业反映，当前配套政策对国际人才深层次需求的关注不够，未能妥善解决国际人才来甬后出现的“文化水土不服”、发展空间受限等问题，降低了国际人才留甬长期发展的意愿。个人层面享受人才政策情况见图 4。

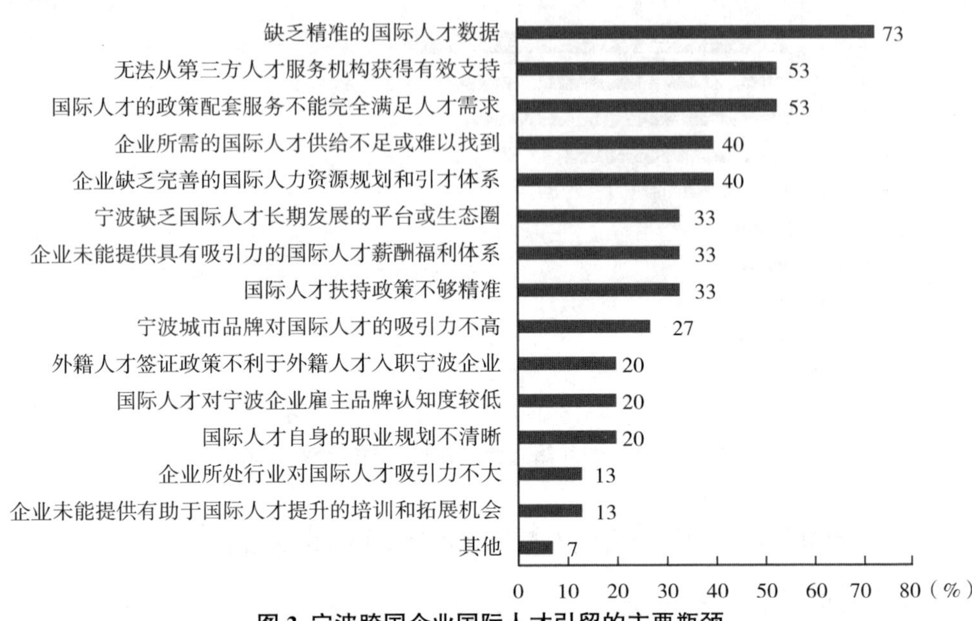

图 3 宁波跨国企业国际人才引留的主要瓶颈

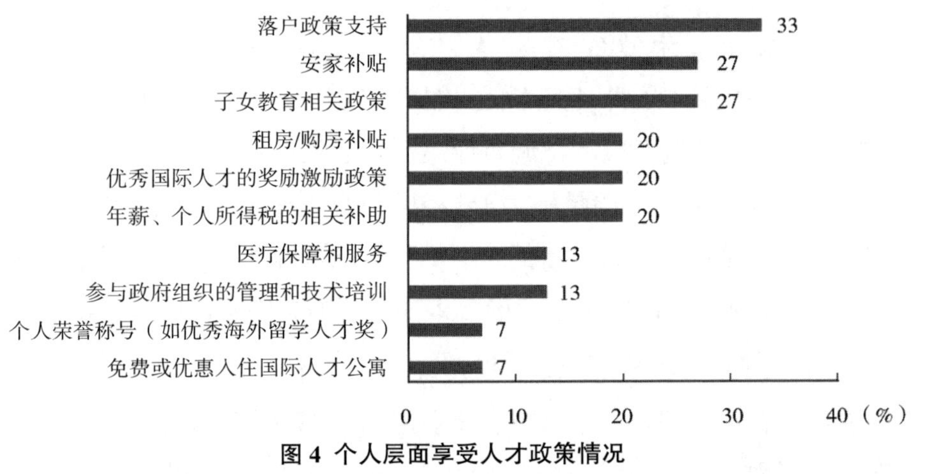

图 4 个人层面享受人才政策情况

在企业层面，仅有两成企业获得过签证服务支持，但涉外工作签证耗时偏长，导致企业不能按时派出本土人才，国际业务进度受到一定程度的影响。此外，国际人才开发方面取得卓越成效的企业，较少获得政府方面的奖励和表彰，示范带动效应不够明显。企业层面享受人才政策情况见图 5。

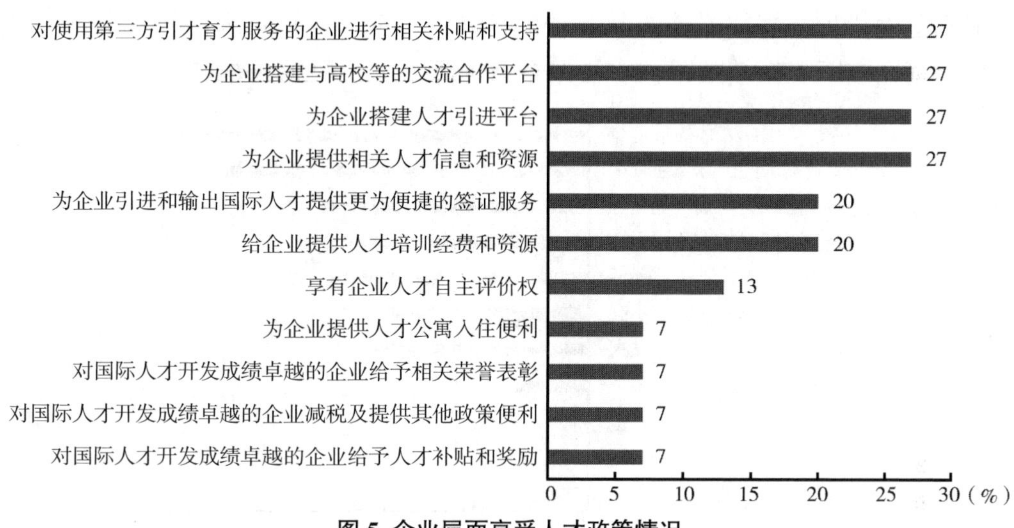

图 5 企业层面享受人才政策情况

（三）国际人才开发机制不够完善

一是引才渠道比较单一。超过半数的宁波跨国企业使用线上招聘、国际人才接洽会、员工内推等常规模式引才，较难对接到能力强、经验丰富但人才市场活跃度低的优质人才。由于可对接到的海外高校、院所资源和渠道有限，启动海外校园招聘、校企联合培养和柔性引才的难度较大。被调企业国际人才引进模式见图 6。

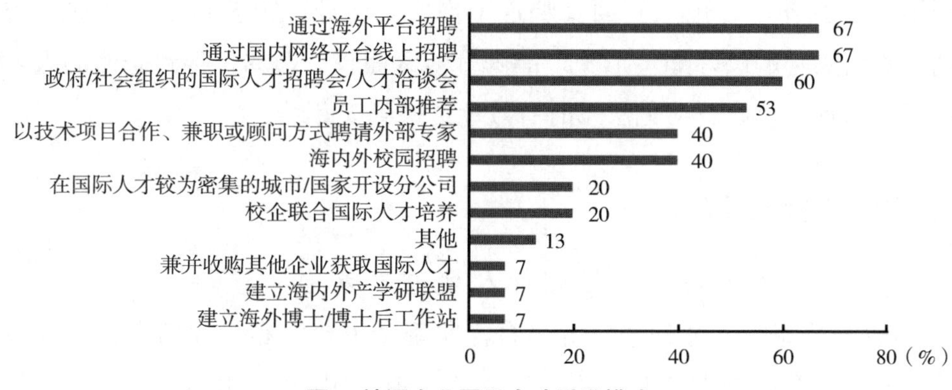

图 6 被调企业国际人才引进模式

二是企业海外轮岗、派遣和晋升机制不够健全。除博威合金等个别受访企业外，大多数企业尚处于国际化发展初期，缺乏清晰的国际人才选拔、派遣、绩效评估和晋升机制，限制了企业内部人才跨国流动的积极性。在人才派出前后缺乏系统培训，导致人才不熟悉外国文化、法律、政策，无法较快融入海外职场环境，实际工作绩效不佳。被调企业国际人才引留主要难点见图 7。

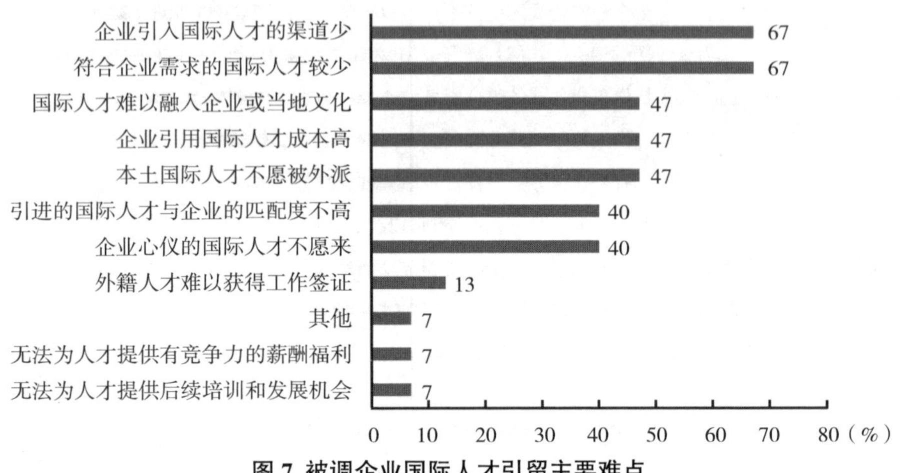

图 7 被调企业国际人才引留主要难点

（四）宁波城市和企业品牌的国际认知度不高

近三成被调企业认为，宁波的文化特色和国际化特征不够鲜明，不容易吸引非宁波籍的中国留学生和外籍人才。在科技部国外人才研究中心“魅力中国——外籍人才眼中最具吸引力的中国城市”榜单上，截至 2024 年底年共评选了 13 次，宁波仅入围 1 次（2020 年），而青岛仅落选 1 次（2011 年），杭州更是常驻榜单，也从侧面反映这个现实。此外，宁波跨国企业缺乏辨识度高、吸引力强的国际雇主形象，品牌宣传方面较为薄弱，导致企业的人才需求、发展前景和政策支持无法及时有效地传递到人才端。

三、政策建议

（一）多端互联，加强国际人才信息互通

构建宁波海外人才信息服务平台，实现全平台发布人才信息、全区域实现信息互通、全轨迹掌控人才动态等功能，打通国际人才开发的需求端、供给端、服务端。

在人才需求端，实时汇集宁波跨国企业国际业务规模、发展趋势、人才流动情况、能力素养要求等数据，精准描绘跨国企业人才蓝图，明确企业实际人

才需求。

在人才供给端，与海内外知名高校、研究院所、人力资源服务机构、人才平台等合作共建国际人才数据库，参照人才国际经验、能力等综合指标，精准勾勒国际人才画像，深度剖析海外人才分布和流动趋势，形成全球引才导航图。

在人才服务端，基于人才需求端和供给端的数据信息，聚焦定制引才，综合专业匹配度、产业匹配度、文化匹配度等维度，加强对有来甬意愿的国际人才的专业、资历、职业目标等特征识别，建立匹配指数，向国际化企业和国际化人才双向智能推送定制清单，提供最优引才路径。

（二）多层共进，健全国际人才服务保障体系

一是提升国际人才政策知晓度。系统梳理市、区（县、市）两级人才惠企政策目录，制作企业人才政策申报指南和办理流程，组建人才政策宣讲团，实时为企业和人才传递并解读最新人才政策。

二是扩大国际人才服务覆盖面。可参照人才的经济价值、紧缺程度和贡献值，给予跨国企业自主评定人才资格，经政府主管部门审核后，允许国际人才享受相对应级别的同等待遇。提供最新签证办理信息和有效沟通渠道，当企业在签证办理过程中遇到困难时，积极对接相关负责人，帮助企业尽快解决签证问题。

三是优化国际人才社区配套性。在硬件设施上，为国际人才提供优质的国际生活环境；在软性服务上，为人才对接优质教育和医疗资源，创造高端学习和文化社交机会，使人才获得广阔个人成长空间，加强与宁波本地文化融合，进一步提升国际人才在宁波的归属感。

（三）多措并举，助力国际人才开发机制

一是多方支持企业国际化引才。鼓励企业加强海外柔性引才引智，对积极开展海外产学研合作项目、设立海外研发中心、博士（后）工作站的企业给予经济资助。推动宁波跨国企业与中外合作大学、海外一流高校开展联合办学、定向人才培养、共建国际人才实训基地等深度校企合作，助力企业储备未来国

际人才。协助企业对接一流国（境）外高端人力资源服务机构，并在跨国业务集中的国家或地区，定期组织海外人才见面会，加强企业与当地政府组织、人才协会、引才工作站和相关人才平台的联系，帮助企业拓展国际引才渠道。

二是全力支持企业本土化培育。落实推进国际人才培育工程，针对跨国企业战略发展方向和产业需求，联合知名高校、顶尖培训机构和国内外一流企业，开设一批高端国际人才培训项目，由企业派遣核心人才完成专项培训。加大企业自主育才支持力度，对积极开展国际人才自主培养的企业给予经费支持和表彰，并为企业对接优质培训资源。

三是专项支持企业体系化管理。提供专业培训、业界交流、实地考察等机会，帮助企业提升国际人才管理能力，熟悉国际人才就业政策以及外籍人士聘用和工作签证办理流程，加强对海外法律、政策规范、文化习俗方面的知识储备，进一步完善“引才、育才、海外轮岗 / 派遣、晋升”等全链条国际人才管理体系建设。

（四）多管齐下，推广宁波城市和企业品牌形象

政府应全方位加强宁波城市和优秀企业的宣传力度，结合产业、环境和政策优势，积极向优秀海外人才推介宁波城市和企业品牌。推进企业与高校研究团队的合作，出版一系列高质量中英文宁波跨国企业教学案例，用于全球高校本硕课程、MBA 和 EMBA 课程以及海外企业人才培训项目，让更多国际人才全方位深入了解宁波及其优秀的跨国企业，更加积极主动地选择在宁波企业及其海外驻地发展并成就事业。

宁波诺丁汉大学　冯　昭

人才振兴引领乡村全面振兴

实施乡村全面振兴战略是党中央作出的重大决策部署。乡村振兴，关键在人。如何以人才振兴引领乡村全面振兴，是摆在各级党委、政府面前的一个重大课题。本研究从乡村全面振兴的现实需求出发，厘清人才振兴作为关键突破口的重要性，剖析当前乡村人才短缺、结构失衡、流失严重等问题及深层矛盾和症结，在学习借鉴各地成功经验的基础上，提出旨在构建“引才、育才、留才、用才”全链条体系的总体思路，为乡村振兴提供系统性解决方案。

一、准确定位：人才在乡村振兴中的地位及作用

习近平总书记关于人才工作的重要论述，深刻揭示了人才在乡村振兴中的地位和作用，并为各地乡村振兴的实践所证实。

（一）人才资源是乡村振兴的第一资源

乡村振兴需要人、自然、社会、经济、文化等资源。在各种资源中，人是最重要、最宝贵的资源。人的资源又可分为人口、人力、人才三个层次，人口是基础，人力是主体，人才是核心。可见，人才资源是乡村振兴的第一资源。正如习近平总书记所指出要把人力资本开发放在首要位置，强化乡村振兴人才支撑，只有做好人才这篇文章，才能打好乡村振兴的硬仗。实施乡村人才振兴计划，是有效凝聚社会人才资源的重要举措。近年来，党和国家配套出台多项乡村人才振兴政策，科学引导不同领域的人才力量参与到乡村振兴各项工作

中。大力实施乡村振兴人才支持计划，要坚决贯彻上级要求，加大乡村本土人才培养，有序引导大学生到乡、能人回乡、农民工返乡、企业家入乡，着力打造一支沉得下、留得住、能管用的乡村人才队伍。

（二）人才振兴是乡村振兴的题中之义

党的二十大报告强调，全面推进乡村振兴，扎实推动乡村产业、人才、文化、生态、组织振兴。按照系统论的理解，乡村振兴是包括产业、人才、文化、生态、组织五个方面在内的全面系统过程，五个方面互为关联、相辅相成。人才振兴既是乡村振兴的题中之义，又是乡村全面振兴的必然要求。乡村产业发展、乡村生态建设、乡村文化振兴、乡村治理转型、乡村社会发展均离不开人才要素支撑。人才不振兴，乡村难振兴。只有拥有结构合理、数量充足、素质全面的乡村人才保障，乡村振兴的“产业兴旺、生态宜居、乡风文明、治理有效、生活富裕”目标才能实现。

（三）人才赋能是乡村振兴的关键引擎

习近平总书记指出：“人才振兴是乡村振兴的基础，要创新乡村人才工作体制机制，充分激发乡村现有人才活力，把更多城市人才引向乡村创新创业。”人才的显著特点是学有所长、业有专攻，富有创新精神，在乡村振兴中起着驱动、引领的作用。无论是培育特色农业，还是推进农业科技创新，都离不开人才的支撑和引领。在推进乡村振兴过程中，既需要政治过硬、本领过硬、作风过硬的干部队伍，也需要熟悉土地、热爱土地的本土人才，更需要敢于创新、眼界开阔的“新农人”。发展农业、振兴乡村，必须广泛培养造就农业生产经营人才、乡村产业发展人才、乡村公共服务人才、乡村治理人才、农业农村科技人才队伍，以人才活力激发乡村振兴新动能，助力解决乡村振兴面临的各种挑战。

二、问题导向：乡村全面振兴背景下的人才短板

化解人才振兴与人才缺失的矛盾，是乡村振兴不可回避的现实，需要引起足够的重视。

（一）人才总量不足，难以驱动乡村振兴的推进

近年来，随着乡村振兴战略的纵深推进，各地不断加大农民教育、技能培训等力度，乡村人才及后备人才数量持续扩容，但总体上仍不适应乡村振兴的需要。首先，随着城市化进程加快，广大农村人口大规模地向城市流动，人才流失较为严重。第七次全国人口普查结果显示，2020年我国城镇化率为63.9%，较第六次全国人口普查提升14.2个百分点，乡村人口由6.74亿人减少至5.1亿人，减少超1.6亿人。其次，农村从业人员年龄偏大，面临“青黄不接”的人才困局。第三次全国农业普查结果显示，我国农村从业人员约3.14亿人，年龄55岁及以上的占比33.58%，35岁及以下的占比仅19%，年龄结构有断层趋势。最后，乡村人才流入少，到农村创业创新的人才依旧比较匮乏，一部分从农村走出去的青年人才，不愿再返乡创业就业。

（二）人才结构不优，难以承担乡村振兴的重任

乡村人才主要由村“两委”班子、农产品种植能手、乡村工匠等组成，占比超过50%。大部分乡村仍以传统农业为主，现代农业发展缓慢，产业层次不高、链条不深，对人才的吸引力不强。休闲农业、乡村旅游、农村电商、创意农业等农业新业态新模式的引领型人才以及经营管理、农业科技、技术推广等高素质人才短缺，集生产、技术、经营、管理为一体的复合型、创新型人才更加不足。人才结构的不平衡，导致三次产业融合发展的驱动力不够，“以产聚才、以才兴产”的良性循环难以形成。

（三）人才素质不高，难以领航乡村振兴的发展

人才质量的高低决定着乡村振兴的成色。我国农村实用人才已超2300万人，但普遍存在着文化程度偏低的问题，高中及以上文化的占比不到2成，初中及以下的占比超8成，平均受教育年限为7年。大多数农村劳动力未接受过职业技术培训或技能培训，其他劳动力也只参加过短期的技术培训，系统知识薄弱，对新知识、新技术、新观念的接受、吸收与消化能力较弱，难以适应农业农村现代化发展要求。村“两委”班子的力量也不够强，部分村干部对于发展乡村产业、壮大村级集体经济和增加农民收入等现实问题缺乏办法，难以担

当懂技术、善经营、会管理的致富带头人。

（四）人才留住不佳，难以维持乡村振兴的常态

人才发展环境是影响人才成长、汇聚和作用发挥的关键因素，直接关系乡村人才队伍的稳定性和持久性。目前大部分农村面临“引不进、留不住”的难题。一是乡村缺乏创业创新载体。返乡入乡创业园、创业创新孵化基地等平台建设力度不够，创业创新资源要素集聚程度偏低。乡村企业发展规模不够、发展质量不高，农业龙头企业数量较少，对高层次人才的吸引力和承载力不足。二是乡村人才发展空间有限。人才培训体系不够完善，培训内容、方式、载体等难以满足人才提升自身素养的需求。相较于城市，乡村人才待遇补贴增长缓慢、标准偏低，上升渠道狭窄。三是乡村金融生态亟待优化。农业项目投资需求量大、回报周期长、回报率低、风险高，地方政府对创业创新的资金扶持力度还不够，投融资机构也偏向保守，致使贷款难、融资贵等问题仍较为突出，人才创业创新信心不足。

存在以上问题，究其原因主要在于以下三个方面。

一是机制欠协调。城乡二元结构有待突破。长期以来，我国实行城乡二元户籍制度，户籍与居民身份、土地、社保、福利权益紧密挂钩，致使城市和乡村相对割裂，严重阻碍人才流动。城乡一体化发展推进速度放缓，规划建设、资源配置、要素流动、农村产权交易等机制需进一步强化，城市经济循环带动乡村产业结构转型的动力仍不够强劲。人才引育机制不够精准。一些地方没有根据实际招引人才，忽视其专业背景与当地实际需求的匹配性，人才难以扎根当地“土壤”。创业孵化及人才服务平台能级不高，人才培育和发展体系存在短板，大量技术型、管理型青年劳动力在乡村难匹配合适岗位，乡村发展缺乏多元化人才支撑。人才工作格局不够完善。“上热下冷”的现象仍然存在，一些基层单位对人才资源的基础性、战略性、决定性作用缺乏足够认识，不同程度存在重投资、重项目，轻人才、轻智力现象，齐抓共管、分工协作的工作格局未有效形成，责任主体、职能职责尚需进一步明确。人才创业创新服务链作用需进一步发挥。

二是政策欠配套。人才政策配置失衡。乡村人才扶持机制不尽完善，现

行的人才政策大多向城市人才队伍倾斜，将更多的精力置于高学历人才的培养而非乡村人才队伍的建设。部分乡村人才引进审核不严，考核激励存在落实不到位、形式化等问题，导致政策激励未达预期效果。政策精准度欠佳。部分地区制定政策照搬其他先进地区做法或僵化遵循城镇化理念，未能通盘考虑各地各类乡村发展差异，政策运用系统性、衔接性、针对性不足，陷入“同质化”困局，致使政策束之高阁，未能切实将政策优势转化为引才育才效能。缺乏长远发展规划。乡村人才发展系统性谋划不足，培育高层次人才特别是领军人才、农业战略科学家、创新团队等比较匮乏，对管理服务型、生产经营型等乡村人才的关注和支持力度不够，吸引专业技术型人才回流的正向长效机制尚未形成。

三是环境欠适应。乡村要素保障仍需加强。乡村土地政策和用地指标趋紧，部分耕地存在碎片化、零星化问题，土地规模流转总量偏少、周期较短，农业配套设施用地比例偏低，三次产业融合发展空间受限，影响农业规模经营和新型农业经营模式开发，不利于人才引进、项目落地及培育。公共服务保障有待提升。城乡公共服务均等化任重道远，乡村优质基本公共服务资源依然紧缺，基础配套设施不完备，教育、医疗、养老以及文化休闲等公共服务与城市存在较大差距，人才安居发展空间有限。乡村人文环境尚需优化。乡村治理环境、营商环境激发人才效能动力不足，人才对乡村传统文化的认同感、职业认可度与配得感不高，以乡村发展为己任的自主意识不强，乡村尊才爱才主流价值与氛围不够浓厚。

三、实践例证：以人才振兴引领乡村全面振兴的宁波样本

乡村振兴战略实施以来，宁波坚持“大人才观”，广开农业农村育才引才、聚才识才、用才护才之路，淬炼领雁式干部，引育创客型能人，培养高素养农民，加强现代“新农人”队伍，乡村人才队伍不断壮大。截至2024年10月，宁波乡村人才总量20.4万人，“新农人”25881人，农创客8124人。坚持借智借力、“不求所有，但求所用”，通过院地合作、国企助力、能人回归、农技指导员驻村、老科技人员下乡等形式，促进人才进入乡村，推进乡村

全面振兴取得实质性进展、阶段性成果，形成了颇具特色的以人才振兴引领乡村全面振兴的六种类型。

（一）头雁领航型

全面推进乡村振兴，离不开农村基层党组织这个战斗堡垒，基层党组织书记更是发挥着“领头雁”的重要作用。近年来，宁波持续深化新时代“领雁工程”，全面优化农村基层党建，培育创业带富“领头雁”，建立健全村党组织书记全链条激励机制，有效推动广大村干部在乡村振兴主战场真抓实干、奋发有为，逐步形成了“头雁领航、群雁高飞”的雁阵格局。奉化区滕头村党委书记傅平均坚持“一犁耕到头，一任接着一任干”，把滕头村建设成为全国文明村、乡村振兴示范村。慈溪市徐福村党委书记黄金德通过第一产业集聚、第二产业扩张、第三产业提升，培育壮大村集体经济造血功能，让经济发展既强集体又惠民生，走出了乡村振兴致富路，2023 年村集体经营性收入达到 1629 万元。宁海县前岙村党支部书记陈刚满组建“珍鲜海味”渔业党建联建，打造“珍鲜海味”共富工坊，全链贯通育苗、养殖、加工、电商直播等上下游产业，带动村集体经营性收入突破 300 万元，连接周边村庄 150 余户养殖户实现年创收近亿元。

（二）产才融合型

围绕“产业链”布局“人才链”，注重将人才与产业同步规划、一体推进，提高“人才链”与“产业链”的匹配度、紧密度，形成“以产引才、以才兴产、产才融合”的良性循环。宁海县是浙江海水养殖第一大县，养殖面积超过 20 万亩，渔业产值占全县农业经济的五成以上。2005 年刚从湖南农业大学水产养殖系毕业的米青作为人才引进落户宁海，成为企业骨干。2013 年宁海县成立三门湾现代农业开发区，他通过招商进入开发区创办晨曦水产。在政府部门的大力支持和自身潜心钻研下，形成了涵盖对虾养殖、种苗、电子商务、供应链、加工、技术服务全产业链条，年产值超亿元，带动周边 500 余户养殖户增产增收。与此同时，企业也成为不少院校水产专业学生的教育实习基地，吸引一批又一批专业人才进入水产行业，仅湖南农业大学就有 10 余名大学生留下。杨梅是宁波余慈地区的一大特产，但保鲜难，产业链短。余姚市 90 后青年祝欢创建浙江舜祥酒业有限公司，打造杨梅行业生产、加工、销售全产业链，创新推出“四明红”系列杨梅酒，连续两年收购余慈地区杨梅近 1000 吨，解决梅农滞销难题，提升了“土特产”综合效益，推进了特产产业发展。

（三）院地合作型

大专院校、科研院所是人才密集的地方，是推进乡村全面振兴的重要力量；乡村振兴则让院校人才有了用武之地，科研有了落地之所，理论有了实践之处。院地合作，相得益彰，相互成就。鄞州区与宁波大学签订战略合作协议，实施“大学小镇”模式，推广宁波大学陈剑平院士牵头结对东吴镇建设美丽乡村、振兴乡村的成功经验。院地合作让乡村面貌发生深刻变化，天童古村成为旅游热点，东吴镇成为浙江美丽乡镇。宁波大学把论文写在大地上，以乡村振兴为题材，发表论文 100 余篇，研究项目和课题 30 余个，获奖 20 余项。宁海县携手浙江万里学院、中国海洋大学在一市镇缆头村共建海洋生物种业研究院，聚力打造水产种业创新服务综合体，集聚博士及以上研发人员 33 名，承担国家“蓝色粮仓”专项课题等 60 余项，累计培训基层渔技人员、养殖渔民 3350 人次，扩繁缢蛏、文蛤新品种苗种 300 多亿粒，推广养殖 22 万亩，增产 6 万多吨，增效超 12 亿元。余姚市稻麦科技小院位于牟山镇青港村，是由浙江大学、省市县科协、农技服务站联合创建的政产学研用平台，通过发挥浙江大学麦类作物创新中心团队作用，向订单农户、专业农场提供技术指导 70 余次，有效破解大麦遗传改良、示范推广等问题 37 项，惠及农户 600 余户。

（四）国企助力型

在较长的时间内，实行的是农村支援城市，农业支援工商业。进入实施乡村全面振兴的新时期，是城市反馈农村、工商业助力农业的时候了。宁波国企响应市委、市政府号召，发挥自身在资金、人才、项目上的优势，向乡村流动，增强乡村振兴的发展动力。宁波农商发展集团在奉化区金溪五村投资建设宁波市战略性蔬菜保供基地，以“农业＋文旅＋研学”融合为导向，打造共富展示厅、会客厅、研学社、大学堂、农工坊、就业岗、旅行团等功能体系，推动项目、技术、人才、政策等多元要素聚合，延伸农业产业链，持续放大共富效应，激发乡村全面振兴新动能。宁波移动打造余姚甲鱼养殖、象山“红美人”柑橘等农产品溯源数据平台助力乡村振兴。宁波文旅集团投资建设的乡叙·王干山等3家民宿，在所在地形成了“国企引导、产业集聚”效应，带动周边地区民宿发展超40余家，带动投资超8000万元。

（五）乡燕回巢型

回报社会，反哺家乡，是国人的一大传统。宁波市以“乡土、乡情、乡愁”为纽带，畅通返乡通道，吸引在外企业家、专家学者外出经营、打工者等回乡返乡，带动资金回流、项目回归、智力回哺，为乡村全面振兴注入新血液、新活力。宁波市鄞州区以首届天南海北鄞州人发展大会为契机，聘请11名乡贤成立发展顾问团，同步启动乡贤“领头雁”工程，通过顾问团成员任职“第一书记”的方式，让乡村振兴领域的“精兵强将”到村社一线“精耕细作”。宁海县大力实施“新乡贤赋能计划”，组建县、镇、村三级乡贤数据库，已入库各类乡贤3284人，积极发挥行业协会、异地商会、校友会作用，持续调动其积极性、主动性，带动落地蔬菜基地建设、民宿旅游等农业产业化项目85个，吸引农村就业8000余人，年产值超4.6亿元。

（六）文旅赋能型

整合村域文化旅游资源，通过政策扶持、项目支撑、资金支持等措施，吸引导入多层次、复合型、新业态文旅行业人才，深挖“文”资源，做足“旅”文章，坚持以文塑旅、以旅彰文，推动文化和旅游的融合发展，促进文旅资源优势转化为乡村振兴的发展胜势。宁海县创新开展艺术振兴乡村毕业设计联合行动，成立长三角艺术类高校联盟、乡村振兴青年设计人才实践基地，吸引全国171所高校的千余名大学生奔赴宁海，诞生456个赋能县域作品。深入实施“艺术振兴乡村”“艺术家驻村”行动，引入中国人民大学、中国美术学院、台湾大叶大学等10余所高校，引进丛志强教授等高层次人才近30批次，打造“艺术振兴乡村人才学院”，累计选育本土“乡建艺术家”300余人，“村宝”创业户突破100户，赋能50余个乡村旅游项目建设，点线连片打造乡村艺术谷、自在蓝湾艺术湾等一批“百花齐放、各美其美”的乡村特色风景线，模式入选省共同富裕典型案例清单、乡村振兴十大模式、全国“携手奔小康行动案例”，已在贵州、四川、上海、山东、安徽等6省13县落地开花。

四、方法途径：推动人才振兴走在乡村全面振兴的最前列

乡村振兴任重道远，人才振兴刻不容缓。做好新时期乡村人才振兴工作，关键是贯彻落实习近平总书记关于推动乡村人才振兴的重要指示精神，坚持和加强党对乡村人才工作的领导，构建市县镇联动的乡村人才振兴工作体系，吸引各类人才在乡村振兴中建功立业，培养造就一支懂农业、爱农村、爱农民的“三农”工作队伍，为全面推进乡村振兴提供有力人才支撑。

（一）建立乡村人才分类发展规划

顺应村庄发展规律和演变趋势，根据不同村庄的发展现状、区位条件、资源禀赋等，分类施策乡村人才引育，优化人才梯队结构，壮大乡村人才队伍规模，充分激发乡村人力资源发展潜力。城郊村借势城市发展的红利，承接城市的消费、旅游、休闲等功能，积极导入乡村规划建设、乡村农旅发展、乡村文化艺术、乡村经营管理等方面人才，大力发展休闲农业、研学旅游、康体养生等农业新业态，推动实现城乡融合发展。镇边村紧扣农业生产、集体经济、数字乡村等方向，充分发挥土地资源优势，积极壮大家庭农场经营者、农民合作社带头人、农村创新创业带头人等队伍，引进农业科研、经营管理、电商物流等人才，综合运用柔性引进、项目合作等方式，推动农业农村现代化发展。偏远乡村因地制宜发展生态农业、特色农业，充分联结乡情纽带，激发本土人才的返乡动能，借助高校院所、农技服务站等力量，大力引育种养殖、电商、工匠等人才，以合理的人才梯队助力特色农业内源式发展，以“小农业”带动乡村“大振兴”。

（二）健全乡村人才政策激励机制

加强顶层设计，强化资源统筹，深化人才体制机制改革，实行更加积极、开放、有效的人才政策，完善全链条激励机制，为人才长远发展厚植沃土。健全城乡人才流动机制。深化农村宅基地制度改革，建立健全城乡基础设施一体

化建设机制、城乡基本公共服务普惠共享机制，突破城乡二元结构，淡化户籍、社保等因素影响，探索城市人才适度编岗分离、职称评定与工资待遇双向认定，畅通人才双向流通与资源共享。健全乡村人才政策体系。细分乡村人才供求缺口，优化政府引导、市场调节的选拔使用机制，扎实推进乡燕归巢、人才安居等，健全金融、用地、用能综合集成服务，有序引导各类优秀人才安心下沉乡村、干事创业。健全人才激励机制。细化物质激励、精神激励、人才激励举措，加大公共财政对农村人才队伍建设和农村人力资源开发投入，推动职称评定、工资待遇等向乡村倾斜，加大乡村人才先进典型选树力度，营造爱才敬才良好氛围，提高各类人才服务乡村振兴积极性。

（三）搭建乡村人才孵化培养平台

人才平台是有效集聚人才、发挥人才作用的重要载体。坚持党建引领，统筹利用资源要素，聚焦人才全生命周期，积极搭建各类平台，让人才在乡村振兴的大舞台上各尽所能、各展所长。搭建党建引领强基平台。深入实施红色根脉强基工程、新时代“领雁工程”，建强用好村社干部教育实训基地、实践教学点，加强村社党组织书记能力建设，推进村社干部后备力量培育储备，深化党员队伍“进出育管爱”全链条管理，壮大共富善治乡村人才骨干队伍。搭建产才融合创业创新平台。以现代农业园区、乡村龙头产业为重要载体，建设一批重点实验室、科技孵化中心、科技小院、博士后工作站等，打造农创园、青创空间等农业科创平台，集成创客孵化、政策扶持、资源共享等功能，加快引育乡村振兴创业创新人才，推动科技成果转化为新质生产力。搭建多方协同培训平台。进一步办好乡村振兴学院、乡村治理学院，做大做强农民学院（学堂）矩阵；让更多“新农人”加速成长，脱颖而出，不断壮大现代“新农人”矩阵。

（四）完善乡村人才评价考核机制

人才评价工作是发现人才、集聚人才、激励人才、用好人才的重要基础和手段。破解乡村人才瓶颈，必须创新人才评价机制。健全乡村人才评价机制。树立重能力、重实践的评价导向，突破以往的“学历、论文、身份、年龄”等评审门槛，拓展乡村人才评选覆盖面，科学合理设置评价指标和评价方式，建立职业能力与工作业绩相结合、职业技能标准与岗位要求相结合、考核评价与聘用选拔相结合的评价机制。支持当地龙头企业开展技能人才自主评价。健全乡村人才考核机制。围绕乡村人才总量与改革成效、平台载体聚才效果、财政投入占比等要素，对人才相关部门进行常态化考核。加强对乡村人才的后期管理，建立专门的评估考核小组，通过专业技术评估、自我评价、专家评审、村民互评等形式进行多维度、动态化评审考核。健全考评结果运行机制。建立完备的乡村人才信息库，对于通过乡村人才考评的人才进行入库管理、动态更新，让乡村发展与人才实现智能匹配、精准对接。对考评结果优秀的人才，在提拔使用、等级晋升、职称评审、评优评先等方面予以倾斜。探索实行乡村人才职称评定任期制，完善乡村人才“退出”机制。

宁波市党建研究会 宁海县委组织部

建立健全知识产权人才评价激励机制研究

近年来，宁波深入实施知识产权战略，扎实推进知识产权创造、保护、运用等各项工作，2021—2024年度连续四年列全国知识产权行政保护工作绩效考核成绩前两位，入选全国首批知识产权保护示范区等知识产权七项“国字号”试点示范，为城市高质量发展提供了重要支撑。成绩的背后，是宁波一以贯之地抓知识产权人才队伍建设，为推动知识产权事业和建设知识产权强市提供了最基本、最核心、最关键的支撑，并还将深刻影响今后发展。为此，本研究立足宁波知识产权强市建设探索，剖析知识产权人才发展现状，分析问题症结，提出以建立健全评价激励机制为核心抓手、进一步提升知识产权人才队伍建设水平的若干对策，以期服务宁波知识产权强市建设再上新台阶。

一、宁波知识产权人才队伍建设情况

（一）知识产权运用人才

截至2024年底，全市共有知识产权运用人才约1.2万人，主要集中在专精特新“小巨人”企业、知识产权示范企业优势企业、通过知识产权管理体系认证的企业等3类重点企业。全市现有重点企业1561家，设置知识产权专职机构或团队872个，有知识产权运用人才11800人，占比接近98%。11800人中，有知识产权师91人，占比0.8%；本科以上学历5591人，占比47.4%；中高级职称2136人，占比18.1%；55周岁以下11161人，占比94.6%。在甬高校、科研院所的知识产权运用人才数量较少，总人数约 100 人，以科研主管部门工作人员为主，普遍具有硕士以上学历和中高级职称。

（二）知识产权保护人才

全市共有知识产权保护人才约 600 人，在市、县两级行政机关、司法机关、事业单位的有 524 人。524 人中，本科以上学历的 471 人，占比 89.9%；55 周岁以下的 473 人，占比 90.3%。全市从事知识产权维权代理业务的专利代理师和律师总数不足百人，但从业人员普遍具有本科及以上学历，且具有专利代理师执业资格或律师执业资格。

（三）知识产权服务人才

全市共有知识产权服务人才 2826 人。其中，在知识产权代理机构工作的有 1346 人，占比 47.6%，从事专利代理、商标代理、知识产权法律服务的人数比约为 41：53 ：6；在知识产权公共服务机构工作的有 128 人，占比 4.5%。此外，本科及以上学历的 2131 人，占比 75.4%；中高级职称的 144 人，占比 5.1%；55 周岁以下的 2772 人，占比 98.1%。

（四）知识产权研究人才

全市共有知识产权研究人才 1317 人。其中，在企业研究院工作的有 566 人，占比 43.0%；在其他研究机构工作的 740 人，占比 56.2%，如市知识产权学院、甬江研究院等单位聚集了一批知识产权研究人才，经常承担市、县两级有关政府部门委托任务。此外，本科及以上学历 1201 人，占比 91.2%；中高级职称 707 人，占比 53.7%；55 周岁以下 1239 人，占比 94.1%。此外，市知识产权工作领导小组还聘任了北京大学、中国社会科学院等知名高校和研究机构的 12 名知识产权资深专家，作为市知识产权智库专家。

（五）高校知识产权专业设置

全市高校中设置知识产权专业、知识产权二级学院的各有 1 所，均为浙江万里学院。该校知识产权相关专业在校学生 159 人，均为本科阶段在校学生，其中具有理工科背景的在校生数量 53 人，占总数的 33.3%。

二、宁波知识产权人才开发机制现状

（一）政策体系逐步成型

宁波市委、市政府联合印发《关于加快推进知识产权强市建设的实施意见》，力争到2035年建成国内一流的知识产权保护高地、知识产权与制造业深度融合高地和具有国际影响力的知识产权开放合作高地。制定《知识产权发展“十四五”规划》，专项部署知识产权人才培养工作，着力构建知识产权领域引才、育才、用才、留才的工作机制。《宁波市人才分类认定管理办法》《宁波市人才分类认定实施细则》等政策对知识产权人才做了界定，配套给予符合条件的知识产权人才相应的政策扶持，对入选纳入城市经济领域高端人才的，给予入选人才项目50万～500万元资助。

（二）工作机制纵深推进

宁波知识产权部门同人才、教育、人社等部门合力推进知识产权人才培养。截至2024年底，人才部门已累计遴选支持4个知识产权高端人才项目、5个高水平团队，引进了一批知识产权高端人才。宁波市司法局出台《关于加快宁波市法律服务业发展攻坚行动实施办法》，先后引入知识产权领军型优秀律师、骨干律师12名。市教育局推动市知识产权学院发挥知识产权专门学科优势，创新“产教融合”知识产权人才培养模式，推动宁波大学等高校开设知识产权相关课程。市市场监管局连续两年举办知识产权保护工作领导干部培训班，发布企业知识产权人才配置地方标准，认定9家优质高校、机构为市级知识产权人才培训基地。

（三）人才生态持续优化

大力推进甬江实验室等科创园区和平台建设，聚力深化知识产权综合改革，构建知识产权人才的核心生态圈，促进人才向心聚集和高效交流互动。宁波市市场监管局创新搭建知识产权综合体，集成建设以线上为重点、线下为支撑的一体化服务体系，着力提升知识产权服务的便利度、均衡性和国际化水平。各级知识产权部门通过举办和推荐参加各类知识产权赛事，促进“双招双引”和知识产权人才技能提升，增强全社会尊重和保护知识产权的意识，激发全社会创新创造热情。市知识产权研究院开展全市知识产权高端引领人才高级研修班，推进建立知识产权专业硕士培养点，构建知识产权人才培养主阵地。

三、现存问题与不足

经过几年的努力，宁波知识产权人才数量和质量有了显著提升，但对照建设高水平知识产权强市的要求，需要进一步提升人才开发水平，一些难点堵点会更加凸显，亟待重视。

（一）增量困境：人才储备结构性失衡

一是高端人才缺口显著。宁波本地知识产权服务机构专业人才规模不足，尤其是价值评估、转移转化、技术调查、法律诉讼等专业人才有较大缺口。全市 80 家专利代理机构（不含分支）中，执业代理师人数超 10 人的机构仅 8 家。海外专利维权队伍薄弱，涉外知识产权律师仅 50 余人、涉外知识产权维权专家仅 38 人，与全市工贸企业整体需求相差巨大。二是学科建设滞后。全市仅 1 所高校设置知识产权二级学院，本地高校培养力量仍待加强。三是知识产权人才分布不平衡。特别是高校、科研院所中从事知识产权转移转化工作的运用人才数量偏少，制约科技成果转化应用。

（二）提质短板：专业化水平亟待突破

知识产权保护专业性强，既涉及代理专利申请，又涉及专利复审无效、专利侵权诉讼等事项，存在理工科、法学、工商管理等多学科交叉融合，对相关从业人员有相对高的知识储备要求。目前，宁波同时拥有法律职业资格证书和专利代理师资格证书且知识产权保护从业达 5 年以上的人员不足 20 人。根据国家知识产权局统计数据，浙江为专利侵权纠纷行政裁决第一大省，案件主要集中在杭州、宁波，今后知识产权行业高层次复合型人才供不应求问题会更加突出。

（三）促效不足：人才价值释放不充分

随着创新驱动发展战略的深入推进，知识产权人才在企业创新发展中的战略价值日益凸显。然而，企业作为人才开发主体，一方面普遍面临专业人才储备不足、能力结构单一、激励机制缺位、人才评价体系不完善等困境，严重制约了知识产权创造、运用和保护效能的发挥；另一方面自主培养人才的内生动力不足，外部专业服务支撑体系尚不健全。

四、问题成因的多维透视

（一）政策层面：靶向性不足，协同性弱化

宁波市在知识产权人才补助、奖励等方面缺乏更为有力的政策支持，现有政策多嵌套于宏观人才框架，缺乏知识产权专项激励条款，与上海、深圳等先进发达城市相比仍有差距。一是知识产权人才体系不全。对于知识产权保护、管理、服务、基础人才等群体的相关认定待补充强化。二是知识产权人才认定标准过窄。多从国家级和省级专利奖视角出发，较少结合商标、知识产权转化、法律服务、职称等方面明确认定标准，导致知识产权人才集中在头部，普惠性较弱。三是政策单一缺乏操作性。知识产权人才政策混同在“大人才”政策框架内，辨识度不高，激励作用不强，在人才政策平台中也没有专门的知识产权人才政策通道，相关政策落地困难。四是高层次人才引进和培养机制不足。北上广深对人才的虹吸效应、城市人才政策的同质化等叠加因素，造成专利领域、法律服务领域等复合型优秀人才引进难、留用难。

（二）教育层面：学科供给与产业需求错位

科技创新与产业创新的融合，正在不断激发知识产权人才需求，但宁波目前仅有一所高校设有知识产权学科，正在实施的高校学科专业“161”工程暂未对这一局面做出回应。少数高校在法学等专业中设置了相关课程，但课时占比较小，重理论轻实务，专利撰写、海外维权等实战模块缺失，毕业生无法满足岗位需求。人才培养机制有待完善。

（三）企业层面：管理机制粗放，战略意识淡薄

多数本地企业未建立专门的知识产权管理机构和部门，大部分企业只将知识产权管理工作分散在其他部门，如法务部、研发部等，甚至有些小微企业没有专人负责知识产权相关工作。分散管理模式使得知识产权工作难以得到系统、有效推进，人才地位没有得到充分尊重，作用没有得到充分发挥，削弱了知识产权工作对企业创新发展的推动作用。需要指出的是，宁波外向型经济占比大，每年遭遇海外知识产权纠纷的出口企业都有不少，缺乏知识产权专业化

管理的企业往往处于被动地位。

五、对策建议：构建“三位一体”改革路径

综合上述问题及分析，建议以政府政策为主导，围绕人才评价激励机制建设，联动高校与企业共同推动人才评价激励机制落地实施，推进知识产权人才建设提质、增量、扩效。

（一）分类评价：构建精准化人才谱系

突出问题导向，做好知识产权人才界定、分类，确立人才认定标准，并在全市人才政策大框架基础上，制定知识产权人才专项政策，构建人才库，为规范知识产权人才引育打下坚实基础。

一是细化知识产权人才分类标准。依据知识产权创造、保护、管理、服务等各领域，从人才知识储备、从业资格、实践能力等多维度评估人才，规划人才谱系，按领域开展分类界定工作。鼓励高校、企业对标知识产权人才定义，做好对应人才培养及管理工作。参考市人才分类目录，对知识产权人才进行分类认定。优化《宁波市人才分类目录》，将更多知识产权人才纳入目录，享受人才政策保障体系。

二是动态优化评价指标。根据知识产权领域技术迭代、政策变化及国际规则演进，定期修订分类评价指标与权重，确保评价体系的科学性与前瞻性。比如考虑引入“成果转化收益”指标，激励人才将创新成果转化为现实生产力，引入“海外维权胜诉率”指标，提高知识产权人才跨境风险应对水平，破除“四唯”倾向。

三是构建知识产权人才库。在知识产权人才分类基础上，构建知识产权人才“蓄水池”，充分发挥知识产权人才对区域创新发展和优化营商环境的智库资源优势，提高科学决策水平。对人才组织公开征集、入库申请登记、资格审核，建立信息档案，根据需求，推荐相关人才参与工作。

（二）精准激励：打造多元化激励生态

强化知识产权人才激励机制，将知识产权人才纳入全市人才政策激励范围，激励政策涵盖安家补助、项目资助、生活津贴等多方面。

一是丰富激励类型。依据入行激励、绩效激励和精神激励三种类型完善多维度激励。入行激励是指取得知识产权人才分类认定标准规定的资格，绩效激励是指获得知识产权人才分类认定标准规定的荣誉和业绩，精神激励包括授予市知识产权人才称号。

二是分类精准施策。依据知识产权特优人才、领军人才、拔尖人才、高级人才和基础人才等人才分类，制定不同激励举措，确认奖励额度。针对突出贡献或其他特殊情形，可采用“一人一议”“一事一议”的方式给予激励。

三是加强表彰宣传。设立市知识产权奖和市知识产权人才称号，制定详细表彰奖励办法，给予相应的物质奖励和精神奖励，以充分肯定其在知识产权领域所做出的突出贡献。利用多种媒体渠道，主动做好知识产权人才的先进事迹和典型经验宣传工作。

（三）政策保障：完善协同化支撑体系

加快构建政策落实保障机制，确保人才评价激励政策真正落地，发挥实效。

一是针对性完善专项政策。单列制定知识产权人才评价及激励相关细则，编制紧缺知识产权人才引进目录清单，开辟人才引进“绿色通道”，拓宽引进渠道，采取聘任制、签约制、项目化等形式，引进高层次知识产权创造人才。

二是有序升级教育链。建立知识产权高级职称评审委员会，探索建立知识产权高级职称“直通车”制度，争取建立国家专利代理师职业资格考试宁波考点，加快知识产权人才集聚。鼓励知识产权从业人员报考知识产权代理师等职业资格以及知识产权师职称资格，落实专业人才待遇。

三是加快优化生态圈。在市、区（县、市）两级知识产权专项资金中设立知识产权人才工作专项资金，有效落实人才激励政策。专项激励政策所需的资金由市、区（县、市）两级财政按照比例分担。

宁波市市场监管局

胡晓峰　任树刚　金　燕

进一步加强技术经纪人队伍建设的思考

技术经纪人是指在技术市场中以促进成果转化为目的，为促成他人技术交易而从事居间、行纪或代理等经纪业务，并取得合理佣金的公民、法人和其他经济组织，是在科技成果转化的过程中连接成果供给端和产业需求端的关键一环。近年来，我国高度重视技术经纪人队伍建设，2022 年将“技术经理人”这一新职业正式纳入国家职业分类大典，2023 年科技部火炬中心发布《高质量培养科技成果转移转化人才行动方案》，2024 年党的二十届三中全会再次强调，“加强技术经理人队伍建设”。宁波顺势而上，发力技术经纪人招引和培训，加快打造懂技术、会经营、复合型、高水平、专业化的技术经纪人队伍。截至 2024 年底，已形成了以国家技术转移人才培养基地（宁波）为核心的人才培养体系，宁波特色专家型技术经纪人队伍不断壮大。另一方面，宁波技术经纪人培养、使用、评价、激励等体制机制仍有不少值得改进的地方，技术经纪人职业化发展道路任重而道远，需要深入研究和实践探索。

一、宁波技术经纪人培育发展现状

（一）技术经纪人培育发展过程

宁波对技术经纪人的培育工作起步较早，主要经历了起步、发展、创新、成熟四个阶段。

第一阶段：起步期。20 世纪 80 年代起，随着技术市场的兴起，宁波开展了多次职业教育和继续教育等多层次的技术转移人才培养活动，培训内容和时间均不固定，培训形式多样化。

第二阶段：发展期。宁波开展规范化、专业化技术经纪人培训始于 2012 年 5 月。上海“宁波周”活动期间，上海、宁波两市联合举办了“宁波—上海技术经纪人培训班”，宁波方有 35 人参加培训，并取得了由上海市执业经纪人协会技术经纪人专业委员会颁发的技术经纪专业教育（培训）结业证书。2013—2017 年，宁波多次组织在甬高校、研究院所、科技中介服务机构从事技术转移的人员参加浙江省科技人才教育中心组织的培训，共有 312 人通过考核取得了浙江省技术经纪人协会颁发的技术经纪人证书。2017 年 8 月，为进一步提高技术经纪人队伍素质，在 312 名已取得技术经纪人证书的人才中选取 50 人进行重点培养，考核通过后由国家技术转移人才培养基地（东部中心）颁发结业证书，这 50 人成为宁波第一批高级技术经纪人。

第三阶段：创新期。2017 年，宁波面向电子信息、新材料、先进制造与自动化等领域，选拔了一批来自高校、科研院所、产业技术研究院、科技型企业的应用技术研究人员及科技特派员，在全国率先组建了一支专家型技术经纪人队伍。这些专家型技术经纪人本身具有较为丰富的产学研合作经验，通过举办专家型技术经纪人高级研讨班等方式，进一步提高其技术经纪服务能力，鼓励其重点参与企业难题诊断、大数据分析和技术转移等方面服务。这支队伍成长至今，规模已达到 441 人。

第四阶段：成熟期。2020 年，宁波生产力促进中心获批建设国家技术转移人才培养基地（宁波）。按照分层培养原则，基地着力打造初、中、高三级科技成果转移转化人才梯队体系，先后举办了 6 期培训班，累计培养技术经纪人 598 人，其中初级 490 人、中级 108 人。目前，在甬高校、科研院所、产业技术研究院、技术转移机构、孵化器、众创空间、科技园等科技成果转化相关服务机构，已聚集从事技术转移服务工作的专兼职人员约 1 万名，在企业技术需求挖掘、科技成果转化、项目攻关、产业加速升级等方面发挥积极作用。

（二）技术经纪人队伍的主要特点

为掌握宁波技术经纪人的队伍情况及培训成效，国家技术转移人才培养基地（宁波）对其中两期共 195 名参训技术经纪人开展了调查，回收有效问卷

176 份，回收率达 90.26%，通过统计分析发现，宁波技术经纪人具有以下主要特点。

从分布结构来看，科技企业和科技中介服务机构人员是技术经纪人的主体。这些技术经纪人中，科技企业人员占比 48%，科技中介服务机构人员占比 32%，高校和科研院所科技管理人员、政府工作人员占比均为 7%，其他人员占比 6%。科技企业人员和科技中介服务机构人员成为技术要素配置和科技成果转化的主要力量，与宁波经济以生产型民营经济为主，技术需求旺盛，产学研合作意愿比较强烈相契合。根据全国技术合同管理与服务系统宁波登记机构统计，2022 年，宁波企业输出技术合同成交额占输出总额的 95% 以上，企业吸纳技术合同成交额占吸纳总额的 95% 以上，标志着以市场为导向，企业为主体，产学研相结合的技术创新体系正在加快形成。此外，高校和科研院所科技管理人员、政府工作人员紧随其后，说明科技成果转化日益受到重视，技术转移转化生态不断优化。

从年龄结构来看，以 30 ～ 49 周岁的中青年为主体。技术转移转化工作需要具备知识产权、法律、管理、产业等复合型背景的专业人才。这些技术经纪人中，30 ～ 39 周岁占比 47%，接近一半；40 ～ 49 周岁占比 25%；29 周岁以下占比 23%；50 周岁及以上占比 5%。这一结果比较符合技术经纪人年龄段画像刻画，30 ～ 49 周岁人员处于职业发展的黄金期，具有一定的知识和积累，综合素质较高，更有能力适应过程复杂、风险较高、周期较长的技术转移工作。

从工作经验来看，呈金字塔型分布。从事技术经纪相关工作 1 年及以下人员占比 45%，1 ～ 5 年（含）占比 38%，5 ～ 10 年（含）占比 12%。从事技术经纪相关工作 5 年以内的人员比重较大，显示宁波技术市场功能逐步完善，制度环境不断优化，对人才的吸引力不断增强。

从教育背景来看，以本科及以上理工科背景人员为主体。本科学历占比 61%，研究生及以上学历占比 20%，本科及以上学历占八成。从专业来看，理工科专业背景的技术经纪人占比 65%，其余为文科人员。宁波技术经纪人队伍呈现出高学历、理工科为主及多学科相互融合的特点。

从知识储备来看，精技术是其开展工作的基本素质和核心要求。需加强的知识储备方面，这些技术经纪人选择专业科学技术知识的占比 83%，政策法规知识占比 74%，财会金融知识占比 65%，经营管理知识占比 53%，其他方面知识占比 28%。对这些选项做权重排名，可以得出，宁波技术经纪人大多期望把自己塑造为“精技术、知政策、明法律、懂金融、会管理、通市场、擅转化”的技术经纪人。技术市场的客体是技术商品，专业技术知识占比最大，可见技术经纪人作为技术市场的中介方，精技术是其开展工作的基本素质和核心要求。

从经纪方式来看，大多数还局限于居间服务方式。经纪方式选择方面，居间服务方式占比 88%，即经纪人为交易双方提供信息及条件，撮合双方达成交易，属于较为初级技术经纪方式；选择代理或经纪服务方式占比 12%，说明目前宁波技术经纪方式以居间为主，技术经纪服务程度还有待进一步加深。

二、宁波技术经纪人培育存在的问题

宁波技术经纪人队伍建设起步较早，也取得了一定成效，但与上海、深圳等城市相比，仍存在较大差距。

（一）技术经纪人数量及业务水平仍显不足

专家型技术经纪人数量不够多，不利于研究细分领域与技术需求精准匹配；少数专家型技术经纪人还缺少实战经验，有待进一步培养。企业技术经纪人大多来自研发中心、产业中心等，侧重于自我创新，对协同创新和研发的重视程度不够。高校、科研院所的成果转化工作大多由科研或行政人员兼任，其虽然有一定科学技术背景和知识，但产品定价议价能力和风险识别能力不强。事业单位、行业协会等受到职能定位、体制机制、考核评价等因素影响，专职技术经纪人较少。

（二）技术经纪人职业化发展路径还未完全畅通

专业化、市场化、国际化技术转移机构相对缺乏，社会化的科技服务机构大多在知识产权、创业孵化、投资机构、法律财务等已有业务基础上延伸出技术转移服务，设置专职技术经纪人的机构较少。国家技术转移人才培养基地

（宁波）参加培训结业人员实习和就业渠道有限，专门的科技成果转移转化岗位还需进一步拓展。不仅如此，现有技术转移人员业务成熟度不高，多数技术转移人员仅参与技术转移链条中的撮合对接环节，能够发起并把控整个技术转移流程的专业技术经纪人较少，且工作方法和流程的规范性不强。

（三）相关激励配套机制还未完全建立

技术转移转化类职称评价标准还未形成，缺少针对技术经纪人和技术转移机构的相应激励政策，技术经纪人人才评价工作开展较少，高层次技术经纪人未纳入“甬江人才工程”等高层次人才和团队项目。市场评价和监督机制也不健全，高校和科研院所缺少成果转化与职称评定、绩效考核和岗位晋升相结合的考核体系。

三、加强宁波技术经纪人培育对策

积极把握技术市场发展新趋势、新要求，从优化生态、完善体系、搭建平台、提升能力 4 个方面入手，努力锻造高素质专业化技术经纪人队伍，为宁波建设高水平创新型城市夯实人才支撑。

（一）优化科技成果转移转化生态

加快技术经纪服务体系的环境建设，制定相应的政策法规，明确技术经纪人、技术转移机构的相关地位，规范行业的发展，在机构建设、人员队伍建设、经费支持等方面出台配套管理办法给予扶持，为技术转移机构及技术经纪人的发展创造良好条件。畅通技术经纪人的职业发展和职称晋升通道，探索将技术转移纳入职称评审序列、科技成果转移转化业绩纳入技术经纪人职称评聘条件，充分发挥国家技术转移人才培养基地（宁波）、国家技术转移示范机构等平台作用，树立市场化的选人用人导向，加速技术经纪人的市场化配置。促进人才要素与技术、资本等创新要素融合发展，充分发挥国家自主创新示范区科技成果转化基金作用，赋能技术经纪人和科技企业，加快重大科技成果转化，破解科技成果转化难、中小企业融资难等问题，加快实现“科技—产业—金融”良性循环。

（二）完善技术经纪人培养体系

全面落实国家、省市政策，进一步完善培训大纲、培训基地、培训师资、培训教材、实训基地“五位一体”的宁波特色技术转移人才培养体系，以《国家技术转移专业人员能力等级培训大纲》为指导，结合宁波科技创新和产业特点，完善技术转移知识体系，突出科学性、实用性和针对性。聚焦新材料科创重点，针对新材料技术体系与产业应用等领域开展技术经纪人培训。以国家技术转移人才培养基地（宁波）为实施主体，开展规范系统培训。遴选高校教授级高级工程师、知名技术转移机构负责人等优质培训教师为骨干，创建技术转移师资智库。选择符合《国家技术转移专业人员能力等级培训大纲》要求和宁波需求的培训教材，注重系统性和完整性，教材内容与时俱进，以适应宁波特色的“510”科技创新体系和“361”现代化产业体系对技术经纪人的需求。为参训人员搭建专业化、开放型实训基地，注重理论与实践的有机结合，形成“课程学分＋考试认证＋案例分析＋基地实训”培养模式。

（三）搭建技术经纪人平台

依托国家技术转移人才培养基地（宁波），打造市域技术经纪人平台，以座谈研讨、现场调研等方式加强沟通交流，积极宣传优秀经纪人经典案例，总结推广科技成果转化经验，让更多的技术经纪人有归属感。成立技术经纪人专业协会，完善分层分类的技术经纪人数据库，提升对技术经纪人、技术转移机构的服务，促进相关机构间的信息交流与资源共享，推动技术经纪方式向中高端迈进。积极引导技术经纪人开展常态化企业走访活动，实地调研制造业“单项冠军”企业、专精特新“小巨人”企业、高新技术企业等主体，深入了解企业的技术痛点和研发需求，开展“诊断＋提升”专项行动，为企业全方位“把脉”出招，帮助企业科学合理地开展研发活动，提高技术创新能力。走进宁波大学、甬江实验室、西北工业大学宁波研究院等高等院校、省级工程实验室和产业技术研究院，推动企业与高端创新平台“零距离”接触，促进科技型企业联合创新平台开展技术攻关，解决一批关键技术难题，促进科技成果落地转化。

（四）提升技术经纪人服务能力

探索建设现代化智慧技术市场，提升技术经纪人利用新设施、新技术、新工具的能力和水平。打造宁波科技大市场 3.0 升级版，持续推进“一网一厅”建设，搭建集成果展示、需求（成果）发布、技术交易、科技金融、创新服务等功能于一体的“一站式”综合性公共服务平台，升级需求库、成果库、专利库、人才库四大资源库，统筹科技成果信息和服务资源，面向技术经纪人提供科技成果转化信息服务。运用科技成果大数据的智能获取、融合、挖掘与推送、匹配等技术，开发基于知识图谱的技术转移智慧对接系统，帮助技术经纪人实现技术转移资源数据化、业务智能化。

宁波市生产力促进中心

陈小武　林宏权　王　剑

教科人一体视角下加强高校教育专技人才队伍建设研究

高等院校对城市的发展影响深远，不仅为城市吸引和培养优秀人才，而且越来越表现出城市经济、文化等发展的关键引擎作用。近年来，宁波大力推动高水平大学建设，一手抓学科专业提升，持续深化产教融合；一手抓教育专技人才队伍建设，不断加强高校人才培养、科学研究和社会服务能力，高等教育实现内涵式提升、跨越式发展。截至 2025 年 3 月，在甬高校已累计引育教育专技人才 11731 人，其中高级专业技术职务 5220 人。面对新形势新要求，宁波还需进一步“两手抓两手硬”，特别是要夯实教育专技人才这一关键基础，因地制宜深化教育科技人才体制机制一体改革，迭代完善人才高水平发挥作用的制度安排，更有力支撑高水平教育强市建设。

一、宁波高校教育专技人才队伍建设的探索实践

高校教育专技人才是指在高校从事教育教学、学术研究、教育管理、教育技术、课程开发等方面工作，具有较强专业技术能力的人才。按照岗位可分为教育教学人才（如讲师、教授）、研究与学术人才（如研究员、教育学者、教育咨询专家）、教育管理人才、教育技术人才（如在线教育平台开发者、虚拟课堂设计者）等四类。近年来，宁波坚持党管人才，大力弘扬教育家精神，围绕高校专技人才队伍建设实施了一系列改革探索和制度创新，取得显著成效。

（一）真心诚意引进人才

一是整体升级人才待遇。市级层面出台了多项教育专技人才引进政策。如特优人才、领军人才、拔尖人才、高级人才的四类新引进人员，分别可享受最高 60 万元、40 万元、25 万元、20 万元的购房补贴。各高校因校制宜推出一系列配套和个性化政策，积极构建“购房补贴＋科研启动费＋租房补贴＋岗位津贴”的人才引进待遇体系，如宁波东方理工大学、宁波大学等高校引入顶尖人才学校科研启动经费和薪酬均采用“一人一策、一事一议”面谈机制。积极组织“科技副总”遴选，鼓励优秀博士到企业开展博士后研究工作，高校与企业开展高层次人才共享机制，通过“基础工资＋企业项目分红”的方式使得优秀高校博士可获得市场化薪酬及产业化经验。如浙江万里学院采用学校提供编制、企业提供薪酬，共同开展项目攻关和成果转化，实现高校人才“双薪”制，为来自本省市以外的教育专技人才提供了有力的经济支持和生活保障。在一系列真招实招带动下，一大批优秀人才“奔甬而来”。截至 2025 年 3 月，宁波东方理工大学已有全职签约院士 15 名，招引“全球前 2% 科学家”榜单学者 23 人。宁波大学正高级专业技术职务人员达到 549 名，博士学位人员占比 82.8%；教师中有全职院士 11 人，国家级特优人才 41 名。

二是打造内联外拓平台，灵活引才。宁波高校通过中国宁波人力资源服务产业园、宁波国家海外人才离岸创新创业基地等海内外引才基地引进了数量可观的教育专技人才。中国宁波人力资源服务产业园推出“周末工程师”制度，通过按项目付费且享受交通补贴，吸引上海、杭州等地高校教授以兼职形式服务宁波企业超 200 人次；宁波国家海外人才离岸创新创业基地引进高校院士团队 3 个，与 12 所海外高校建立联合实验室，23 个海外项目获国家级人才计划支持；中东欧国际引才联盟在匈牙利、波兰、捷克、塞尔维亚、罗马尼亚、斯洛伐克等 6 个中东欧国家首都设立“人才雷达站”，每个站点配置熟悉东欧高校及企业人才分布的引才团队、实时监控中东欧国家科技计划动态技术趋势分析师和解决跨文化沟通障碍文化联络官。实时追踪 2000 余名专家动态，首创“技术移民配额置换”模式，如吉利集团联合宁波工程学院引进塞尔维亚汽车工程师 47 名，助力吉利极氪 007 车身减重 15%。宁波杭州湾新区国际创新港与上海张江共建“沪甬人才飞地”，实施“候鸟专家”计划，推行“薪酬评价制”，市场化年薪达 80 万元即视同 D 类人才等。

三是邀请名师名家和行业专家。市级层面积极推进“产业教授”“科技副总”的双向奔赴，支持高校引才、用才，2024 年向第一批 10 名“产业教授”颁发聘书。各高校主动建立健全柔性人才引进体系，推出柔性人才引进办法，聘请知名高校院所、智库机构的知名学者和龙头企业主要负责人到学校担任聘任制院长、特聘专家、客座教授等，进一步发挥专业、学科引领示范作用。支持设立名师名家工作室，联合组建教学或科研创新团队，开展教育教学改革和专业群项目建设，如浙大宁波理工学院引进知名港口专家杨海胜团队，组建起智慧港口研究院。市教育局牵头，各高校实施人才共享“双聘”机制，实施“柔性引进”无固定薪酬等灵活多样的引才策略，新出台高层次人才校企双聘管理办法，探索“平台共建＋资源共享＋项目共研”的引才用才模式。仅 2024 年，宁波职业技术学院就引进博士 30 人、高级职称 16 人、国家技术能手 3 人、省技术能手 4 人。

（二）多元立体培育人才

一是全面实施人才培育工程。市教育局协同各高校落实“教师分类提升”计划。一方面，利用好国家级人才计划等重点人才政策，协同中德联合学院、宁波诺丁汉大学、宁波高校牵头的国际联盟平台等，积极拓宽国际交流研修、培训、培养渠道，全面提高师资队伍的国际化水平；发挥留学生联谊会以及有国际教育背景教师的作用，建立学缘关系网络，提升人才的高质量培养。另一方面，落实高校教师能力提升计划，明确博士等青年教育专技人才培养路线图和进度表，鼓励尤其是 40 周岁以下青年教师攻读博士学位、进修博士后等，配套完善教师学历提升的管理办法和奖补政策。根据学科建设和人才培养需求，有计划、有侧重地选派人员，通过访学访工、挂职锻炼、科技特派、联合攻关等形式，加强教师教学科研能力、专业实践能力和行政管理能力的培养，全面提升教育专技人才队伍综合素质。宁波市教育局、财政局等多部门联合出台《宁波市高校领军人才和青年人才工程实施办法（试行）》。计划 2025—2030 年投入 20 亿元“顶格支持”顶尖人才；延长青年人才考核周期至 5 年，建立“能进能出”的考核机制，改进“非升即走”的人才机制，力争到2030年实现宁波高校综合排名整体跃升。宁波高校牵头的国际联盟平台见表1。

表1　　宁波高校牵头的国际联盟平台

牵头高校	联盟平台
宁波大学	中国—中东欧大学体育教育与研究联盟
浙江万里学院	西语区语言文化研究中心
浙江纺织服装职业技术学校	中国—中东欧国家职业院校产教联盟
宁波幼儿师范高等专科学校	中国—东盟幼儿教师发展中心浙江分中心

二是突出重点学科和青年群体强化育才。大多数高校推出青年教育专技人才专项培养计划，集中财力物力分类培育名师名家、领军人才、专业带头人和新秀教师、骨干教师，着力加强高水平团队建设。一些高校建立国情研修基地，助推海外引进教师、青年教师加强对国情、市情、校情的认识，更好融入城市和学校。一些高校建立青年教师与高层次人才的结对制度，帮助更快提升青年专技人才的学术能力。一些高职高专院校通过实施“舵手计划”“领航计划”“引航计划”和“通航计划”，进一步完善教师梯队建设与培养管理体系，提高队伍活力，为学校转型发展蓄势储能。如宁波幼儿师范高等专科学校2024年共选拔培训11名骨干教师、8名新秀教师；遴选推荐3名教师申报省级人才计划的领军人才和青年人才；3人入选市领军拔尖人才项目第二层次，6人入选第三层次；学前教育专业团队入选浙江省中高职一体化教师教学创新团队。

三是大力培育“双师双能型”教师。市级层面持续建设“高校—政府—科研机构—企业”共同体，已与复旦大学等10所高校、公牛集团等5家企业签约，不断拓展“双师双能型”教师培养培训基地。各高校因校制宜深化校企合作，更广泛建设教师企业实践流动站，提高实践企业中的专精特新、“小巨人”、单项冠军、规上企业比例，实施有组织的企业实践，探索教师脱产深入基地进行实践，更有力培育“双师双能型”教师。如宁波职业技术学院2024年有534名教师申请企业实践，10—12月就有55名教师以访工、博士后、科技服务等形式进行企业实践，60%企业为专精特新“小巨人”、单项冠军、规上企业，创企业实践层次历史新高。

（三）因人制宜用好人才

一是优化人才评价机制。坚持“谁使用谁评价”机制，支持高校更多开展自主人才评价。一些高校通过优化人才聘任办法、强化年度考核、聘期考核的结果等，发挥编制、岗聘、职称、考核等联动效应，建立科学、合理的指标体系和人才评价方法。一些高校试行国内外同行评价、市场评价等形式，制定海外优才、行业高技能人才引进和专业技术职务直接认定的标准，以人才评价的自主性、多样性，更好激发人才内生动力。一些高校针对“双师双能型”教师，创新科研评价与考核，更加突出评价成果业绩质量、原创价值和对人才培养、技术进步、社会发展的实际贡献，引导教师专注于高质量成果的研究、培育与实践。

二是畅通人才晋升通道。优化职称评审体系，明确人才职业发展通道。根据教育专技人才类别，优化职称评审业绩考核指标体系，设立明确的职业发展通道，为教育专技人才提供更具吸引力的职业晋升机会。特别是在高校教师的职称评定、学术职务晋升、绩效分配等方面，依据教育质量和科研成果进行多维度考评，为优秀的高校教师提供更多的职业晋升机会。一些本科高校积极构建特色校内人才体系，推动构建青年人才成长体系，如出台高级讲师评聘实施办法、特聘研究员和特聘副研究员评聘实施办法等政策，让青年教育专技人才更快成名，更早“挑大梁”。如宁波大学、浙大宁波理工学院等本科院校为深入实施人才强校发展战略，在常规专业技术职务聘任基础上为全职在岗的承担数学、物理类公共基础课的非高级职称教学科研岗教师实施高级讲师制度，受聘后高级讲师在项目申报、对外交流、校内绩效岗位津贴等方面享有副高级职称同等待遇。

三是创新人才激励机制。一方面，在保障收入稳定增长前提下，通过薪酬与业绩紧密挂钩，绩效分配向人才倾斜，加大对关键岗位和突出贡献人才的薪酬激励力度，让干事者更有干劲，督促更多教师拒绝“躺平”。一些高校还修订突出业绩赋分办法，发挥用人单位主体作用，统筹使用突出业绩奖励经费。另一方面，通过校企合作，积极组织“科技副总”遴选，鼓励优秀博士到企业开展博士后研究工作，促进科技创新与产业创新融合。一些高校在与高新技术企业共享高层次人才的机制建设上取得有效突破，由学校提供编制、企业提供薪酬，共同开展项目攻关和成果转化。个别“科技副总”可以获得2～3倍高校薪酬的市场薪酬，创新的积极性被进一步调动，自我价值得到更好表现。

二、宁波高校教育专技人才队伍建设面临的新形势新挑战

（一）新发展阶段对宁波高校教育专技人才队伍建设提出更高要求

当前我国正值全面建设社会主义现代化国家、向第二个百年奋斗目标进军的新发展阶段，不断强化教育优先发展、科技自立自强、人才引领驱动，加快建设教育强国、科技强国、人才强国。宁波始终心怀“国之大者”，全域建设高水平创新型城市，奋力打造高水平人才首选地，新近又确立了到2030年全面建成教育强市、到2035年全面建成高水平教育强市的目标。高校是教育强市建设的战略引擎，专技人才又是高校提能升级的核心支撑。因此，在甬高校必须把准时代脉搏，将人才工作作为高校事业发展的“第一工程”，以唯恐不及的紧迫意识、积极进取的争先精神，以高远开放的视野、宽广包容的胸怀、抓实事求实效的行动开创人才工作新局面。

（二）当前宁波高校教育专技人才队伍建设还面临不少难点和堵点

高等教育是宁波教育最大的短板，很大原因是在专技人才队伍规模还不够大、结构还不够优、作用发挥还不够充分，特别是以下四个方面。一是专技人才不够多。2022年宁波高校平均每一专任教师负担的学生数为19.4人，要高于杭州（16.7人）、深圳（17.6人）、青岛（18.2人），宁波大学、宁波工程学院等本科院校与国内头部高校的差距更大。二是高层次专技人才特别是顶尖人才数量显著偏少。除宁波大学、宁波工程学院拥有国家级、省级创新团队，其他高校省级创新团队暂未突破，“大师＋团队”模式有待加快推广。三是海外专技人才水土不服问题明显。对层层审批、“双肩挑”等管理要求，以及偏重论文、资源控制等学术生态非常不适应。部分还存在语言壁垒、社交圈狭

窄、文化认同缺失等社会融入障碍问题。四是青年专技人才的“育用留”机制还不够完善。青年专技人才的成长通道和“传帮带”机制还不完善，不少青年专技人才在工作中被迫“单打独斗”、无所适从，心理情感上缺乏归属感与认同感。还有一些高校为争先进位，推出较高要求“非升即走”考核机制，特别是考核日期偏短，不利于青年专技人才长期潜心科研。

（三）教科人一体化为宁波加强高校教育专技人才队伍建设指明方向

党的二十届三中全会明确要求统筹推进教育科技人才体制机制一体改革。教育部提出相关要求，要充分发挥高校基础研究主力军、重大科技突破策源地作用，畅通教育、科技、人才的良性循环。宁波要把握机遇，突出重点难点，顺势而为，力求实效。一是注重学科布局优化。聚焦城市发展需求，突出交叉学科与新兴领域，建立“学科—平台—团队”联动机制，培育复合型创新人才梯队。二是注重科教融汇。以国家战略需求为导向，依托重大科研项目开发前沿课程，推动科研成果转化为教学资源，建立“研—教—学”一体化培养体系。三是注重产教协同。推进校企“双聘双导”制度，共建产业教授团队与实践基地，促进专技人才深度参与技术研发与产业升级。四是注重评价创新。破除“五唯”倾向，推行分类考核制度，设立教学型、科研型、应用型差异化晋升通道，强化育人实效与创新贡献的权重。五是注重治理保障。通过跨部门协同优化资源配置，加大政策与资金倾斜，构建教育、科技、人才协同发展的长效制度生态。

（四）相关省市改革探索为宁波提供了学习借鉴的有益样本和“不进则退、慢进亦退”的发展紧迫感

围绕深入贯彻实施新时代人才强国战略，各省市都高度重视专业技术人才队伍建设，从职称评审、专业发展、职业技能、人才开发等方面开展了一系列的改革和探索，如北京市印发《深化高等学校教师职称制度改革实施办法》，提出在原有职称层级的基础上，有条件的高等学校可探索实行教师职务聘任改革，设置助理教授等职务；岗位类型一般设有教学为主型、教学科研型、社会服务型等，根据新时代教师队伍发展需要，高等学校可结合自身发展实际，探

索设置新的岗位类型。江苏省强调落实职业学校教师企业实践制度，职业学校新进专业教师原则上应当具备相关领域高级以上职业技能等级水平和一年以上的企业实践经历，不具备此经历的在职专业教师用五年时间完成累计不少于一年的企业实践。深圳市“三位一体”统筹推进教育、科技、人才工作，着力实施更加积极、开放、有效的人才政策，实施科技人才评价改革试点，以“职能单位＋试点单位＋战略创新平台”为改革主体，创新科技人才评价激励机制，引导各类科技人才人尽其才、才尽其用、用有所成，为产业科技创新中心提供强大的人才支撑。

三、宁波加强高校教育专技人才队伍建设的对策建议

（一）靶向突破，构建开放引智新机制

一是大力推进“人才分类引进”计划。一方面，教育、人社等部门加大政策支持，有力支持各高校按需重点引进 A 类顶尖（杰出）人才、B 类特优人才或学科带头人才，提升院士、国家级学科带头人等顶尖人才的引进比例，壮大宁波高校教育专技人才“领头羊”队伍。另一方面，高校要通过年薪制、项目工资以及全职特聘、柔性引进、双聘等方式加大力度，增加引进高端人才的数量，提升全国技术能手、浙江工匠、省部级及以上引才计划和重要人才项目入选者的引进比例，吸引企业名师、产业领军人才、海外工程师等加入高校师资队伍。同时，高校要积极推动“校地企”联合引才，实现信息共享、优势共建、人才共享。如借鉴宁波工程学院，与乐歌人体工学科技股份有限公司联合招聘高层次人才，引进人工智能、机器人方向等专业领域的高层次人才；与均胜电子、海天、宁波港、舜宇、中汽研、天生密封件等龙头企业开展人才共引工作。

二是加快推进高校学科专业“161”工程。全市高校专业设置必须精准对接产业需求，加紧打造“四新”专业集群，建立 60 个产教融合示范专业；通过“智能化赋能”“绿色化转型”“跨学科融合”，改造升级 100 个传统专业，对连续 3 年就业率低于 70% 或招生规模萎缩 50% 的专业启动撤销程序。力争到 2027 年，新增百家产教融合型企业，重点专业毕业生留甬就业率提升

20个百分点，力争更多学科进入ESI全球前1‰。

三是加强柔性引才力度。各高校要充分利用高层次人才资源和智力资源，提高“一人一策”“一事一议”的柔性引才聘任比例。根据教学、科研、社会服务等重点工作实际，量身定制引进方案与职业发展路径，确保每位柔性引进人才都能得到最适合其成长的环境与支持，更好发挥这些人才作用，特别是在高校学科建设、优秀青年人才培养、高水平教学科研以及学术交流工作平台建设、重大科研项目研究和重要教学科研成果奖突破等方面。

（二）产教融合，打造人才共育新范式

一是加快推进“三维立体化”育人。教育、人社等部门和各高校都要强化对人才引进的标志性成果考核和过程性评价，鼓励人才在教学、科研、产业发展等三个维度的发展，建立起教学型人才、科研型人才、应用型人才的“三维立体化”育人模式。全面构建“教学能力认证体系”，将课程创新、学生满意度纳入晋升考核，设立校级“教学名师工作室”，推广浙江万里学院“教学成果置换科研积分”制度，激励教师投入教学改革。实施“揭榜挂帅”，构建科研型人才机制，围绕甬江实验室等重大平台需求，设立人工智能、数字经济、海洋工程等专项课题。深化校企联合培养，构建应用型人才体系，企业技术骨干与高校教师共同指导研究生，项目成果可折算为职称评审指标。

二是加快推进“双师双能型”专技人才队伍建设。一方面，压实高校责任，根据高校教师岗位职责、教学能力、学术水平和发展潜力，实行骨干教师、专业带头人、教学名师、学术带头人分类分层培养，明确各类教师的职责和要求。注重“双师型”教师培养培训基地建设，力推教师脱产深入基地进行企业实践。另一方面，教育等主管部门加大指导督导力度，与高校与二级学院共同推动、做好教师职业发展规划。鼓励教师以访工访学、学历进修等方式，参加国内外学术交流、进修学习和科研合作，提升教师的学术水平和国际视野。

三是加快推进青年人才腾飞计划。市级有关部门、各高校积极构建阶梯式人才培养体系。分层分类建立起“青苗—领军—大师”青年教育专技三级人才梯度，按科研阶段提供差异化支持。实施“双导师制”，参考华为“天才少

年”计划，为入选人才配备“学术导师＋产业导师”。探索建立柔性“学术休假制度”，如每3年可申请半年带薪研学，赴国际顶尖机构访学。

（三）疏导结合，激发创新活力新动能

一是深化分类评价改革。以高校业务属性和岗位要求为基础，构建分层次、分类别、多元化的评价指标体系，对基础研究人才、技术开发人才、科技服务人才实行差别化评价。通过因地制宜采用考试、评审、考评结合、考核认定、个人述职、面试答辩、实践操作、业绩展示等方式，有效提高评价的针对性和精准性。着力改变高校人才评价过于偏重论文、项目、奖项等显性指标的做法，将取得重大技术突破、创办领办企业、获得风险投资规模、对产业发展的实际贡献等作为评价高校人才的重要标尺，通过市场反馈来衡量人才价值和潜力。

二是深化激励机制改革。各高校结合发展实际，积极探索奖励性安家费等激励机制，及租房补贴等保障举措。出台引进人才职称评聘“绿色通道”实施办法，分设同级同类认定、同级评聘和晋级评聘三个类型，让优秀青年博士有直聘副高的通道。创新人才共享双聘机制，实施“柔性引进”、无固定薪酬等灵活多样的引才策略，探索“平台共建＋资源共享＋项目共研”的引才用才模式。探索重点学科校企共建机制，以重点学科为抓手，增强企业在人才培养、分配等环节的话语权，调动企业参与学科共建的积极性。

三是加强服务保障机制优化。加强教育、人社、科技等部门协同，每季度梳理、发布重点产业紧缺专业目录，探索建立“政府—高校—产业”人才需求动态匹配平台。高校配套建立人才工作调度机制，实施人才引进工作推进情况“月报”、人才队伍建设与高质量成果总结“年报”制度。结合高校自身特色和学科建设情况，按“补偿性、保障性、发展性”分类的引才策略，提升“人才—产业”匹配度。

（四）厚植沃土，塑造近悦远来新环境

一是加快完善“人才服务专员”工作机制。进一步做实做细人才服务，提升服务温度和效能。特别是对于新引进的青年教育专技人才，要尽快落实人才

住房、子女教育、医疗保障、出行礼遇等服务，探索提供 LPR 下浮 20% 的购房低息贷款；着力加强对 0 ～ 6 周岁的幼儿托育服务供给，为宁波青年教育专技人才减轻幼儿看护和教育负担，吸引青年人才来甬留甬就业创业。

二是改革构建宽松自由科研环境。允许高校、科研院所青年专技人才到企业兼职或创业，保留编制 3 ～ 5 年，试行柔性人才流动机制。允许各高校自主制定人才引进、职称评审标准（如年薪制、成果共享制），自主设立“无行政级别”的学术特区，营造愉悦的学术生态环境。扩大科研经费“包干制”改革，赋予人才更多的科研经费使用自主权，推广宁波大学“课题组长负责制（PI 制度）”，强化科技成果转移转化改革，促进更多科技成果“落地生金”。

三是创新营造人才浸润式文化生态。建立“学术咖啡时间”交流机制，推进青年人才学术共同体建设；加快城市配套升级，积极打造 15 分钟人才生活圈，集成共享实验室、国际学校等设施设备；设立“人才特派员”，定期调研需求，优化政策。

宁波幼儿师范高等专科学校　陈　忱

塑造“青年与海”特色生态
引领人才发展的象山实践探索

党的二十大报告指出，教育、科技、人才是全面建设社会主义现代化国家的基础性、战略性支撑。象山县三面环海、两港相拥，素有“海山仙子国”之美誉，拥有海岸线988公里、海域面积6618平方公里、海岛505个，分别居浙江省第一、第二、第四位。近年来，象山县积极融入国家和区域发展规划，切实把培育新质生产力、增强科技创新能力摆到更加突出的位置，积极探索具有象山特质的“青年与海”教科人一体化发展模式，推进资源一体配置、要素系统集成、工作协同发力，成为海洋经济示范区、“海上两山”实践地、共同富裕样板县建设的强劲引擎。本研究旨在通过系统总结党的二十大以来象山县相关领域改革的成效与经验，深入分析当前面临的挑战与问题，并据此提出新阶段目标与具体对策，以推动“青年与海”教科人一体化发展改革向更高水平迈进。

一、象山县“青年与海”教科人一体化改革探索

象山县围绕“青年与海”教科人一体化发展模式探索，加强顶层设计，系统推进空间布局、安居供给、政策协同、资金支持、服务保障一体化，取得积极成效。截至2024年底，全县入库的在职高层次人才达到599人，其中特优人才7人、领军人才28人、拔尖人才54人；人才资源总量达到18.65万人

（2023 年底数据），占全部常住人口的 32.3%。

（一）坚持空间布局一体化，构建“一核多点 + 飞地”创新创业平台

一是做强宁波（大目湾）海洋青创城。依托现有科创资源，梳理打造以宁波（大目湾）海洋青创城为核心，研究院、孵化园、加速器、产业园为重要节点，积极争取将宁波（大目湾）海洋青创城作为海洋经济科创带融入甬江科创大走廊建设。在宁波（大目湾）海洋青创城配套建设“青年与海”人才大厦，集聚人才政策咨询办理、人才创新创业服务、人才社团服务等功能，实体化运作 5 家“青年与海”会客厅，主动对接上海交通大学、宁波大学、中科院宁波材料所等高校院所 9 次，机械科学研究总院南方中心、国家海洋综合试验场象山片区等“国字号”创新平台建设加速推进，实现人才、技术、设备、资本等创新要素的有效串联，共同打造教育科技人才体制机制一体改革示范平台。

二是布局“多点”协同推进。按照研究院、孵化园、加速器、产业区分工要求，建设功能布局合理、主导产业明晰、资源集约高效、产城深度融合、特色错位发展的“多点”格局。以科技赋能、创新引领为目标，聚焦行业关键核心技术需求，加快技术转移、公共服务、检测共享、产品展示、科技金融、开放交流等服务功能建设，打造体系完整、功能明确、支撑显著、特色鲜明的全周期产业创新链条。围绕象山港临港装备产业、西周汽模配、爵溪针织名城、石浦现代渔港、新桥影视文旅、鹤浦清洁能源等特色优势区块，梳理优化 37°湾—象山科创中心、半岛星创天地等众创空间布局，2024 年拥有国家级星创天地 1 家、省级众创空间 2 家，孵化面积达到 4 万平方米。

三是谋划建设“科创飞地”。在北京、上海、杭州等重点城市和宁波市区建设“政府搭台、市场运作、专业运营”的“科创飞地”，健全集人才引育、项目孵化、协同创新、宣传推介于一体的功能体系，构建“精准对接—评审入驻—‘飞地’孵化—象山落地”全流程闭环体系。开拓“借梯登高、借脑研发、柔性引才”新路径，把“科创飞地”的企业人才纳入政策支持范围。截至 2024 年底，在外科创飞地已认定 24 家，排摸新申报企业 8 家。

（二）坚持安居供给一体化，打造品质化人才公寓

一是树立人才公寓标杆。加强青年公寓品牌建设，对标拎包入住示范人才社区升级改造城寓驿站，营造高品质的人才居住和发展环境，全方位构筑与年轻人对味的居家体验和租住生活圈，让来象在象青年人才更有归属感。

二是实施分层分类保障。整合盘点全县人才安居房源，实施人才用房分层分类保障，梳理建设路青年公寓、城寓驿站、风情街青年公寓、博浪海港城青柠公寓等房源并分门别类，为不同层级、不同需求人才予以多元化保障。截至2024年底已提供人才用房365套，累计发放购房租房补贴、生活补助等各类人才补贴4487万元。象山县中心城区人才租赁用房情况见表1。

表1　　象山县中心城区人才租赁用房情况

序号	名称	所在地	出租情况（总数/出租数）	房源面积
1	建设路青年公寓	中心城区（建设路）	101/101	40 ㎡以下
2	博浪海港城青柠公寓	中心城区（博浪海港城）	24/20	40 ㎡以下
3	风情街青年公寓	中心城区（风情街）	97/53	40 ㎡以下
4	城寓驿站	中心城区（巨鹰路）	139/135	40 ㎡以下；40 ～ 60 ㎡
5	丹桂花园二期	中心城区（丰饶路、丹河路）	6/0	80 ～ 130 ㎡

三是实行统一标准管理。利用CCB建融家园数智化平台，统一管理城寓驿站、青年公寓建设路店、风情街店、宁波东部新城启航家园等人才公寓项目，提供线上选房、生活服务、管家管理等功能于一体的综合服务，探索实行人才住房统一化、规范化、专业化模式，提升整体居住品质。同时加大房租优惠力度，进一步增强对人才的吸引力。

（三）坚持政策协同一体化，推进人才创业全生命扶持政策闭环成链

一是完善政策协同集成机制。以象山人才码、县企业综合服务中心等服

务平台为载体，加强部门联动，打通分析后台数据，简化政策申报流程，按照人才企业初创、科创、上规、上市等发展特点精准推送，放大多元政策组合效应。2024 年推送人才政策 20 条，成功办理 191 条。

二是建立人才项目路演交流服务机制。依托宁波人才之家（象山）实体阵地与“青年与海”会客厅品牌 IP，打造集常态化展示、精准化对接、全链条服务于一体的海洋科创路演生态圈，为人才创业项目和科技型企业搭建深度触达产业资源的桥梁。常态化组织路演活动，聚焦海洋装备、清洁能源、海洋生物等特色赛道，以“项目路演＋场景体验＋圆桌对话”模式，全方位展示技术亮点、市场潜力和团队实力。联动院士专家、创投机构、产业链龙头企业组建项目评审团，提供技术可行性评估与商业模式优化建议，同步开通“线上路演厅”实现云端互动与资源跨域匹配。政府部门现场设立“政策速配站”，针对路演项目痛点定制税务减免、研发补贴等扶持方案，推动“人找政策”向“政策追人”转变。通过“以赛引投”“以展促链”机制，吸引头部资本设立海洋产业子基金，引导本地渔旅、造船等传统企业与科创项目嫁接合作，形成“路演一场、跟进一链、激活一域”的辐射效应。配套开展“投资人滨海行”“产业链研学营”等延伸服务，构建“展示—融资—落地—成长”的海洋经济创新闭环，让人才项目从“纸上蓝图”迈向“浪尖弄潮”。

三是健全人才项目动态跟踪评估机制。聚焦人才项目全生命周期管理，以数据驱动、专家赋能、动态优化为核心，构建“监测—评估—迭代”一体化护航机制。每季度围绕技术突破性、产业适配度、团队稳定性等维度开展深度把脉，结合实地走访、沙盘推演等方式识别技术转化堵点与市场风险，同步建立“红、黄、蓝”三色预警机制，针对黄色预警项目启动“专家问诊直通车”，定制供应链优化、政策适配方案等急救包，对红色预警项目启动跨部门会商重组资源注入。评估结果深度链接政策工具箱，动态优化“半岛菁英”计划评审标准，优先向高成长性海洋新材料、清洁能源等八大产业链相关项目倾斜科研资助。设立人才企业成长基金，依据项目阶段评估分级配置跟投资金，形成“优绩厚奖、劣效退出”的良性循环。通过数据穿透、专业研判与政策响应的闭环联动，推动人才项目从“实验室样品”向“产业链爆品”加速跃迁。

（四）坚持资金支持一体化，提供人才发展全周期现代金融服务

一是加强人才金融政策有效衔接。象山县以构建全链条人才金融服务体系为核心，创新推出《金融支持人才创业创新九条（试行）实施细则》，聚焦破解人才企业融资堵点，通过“政策集成＋精准滴灌”双轮驱动，为科创企业注入金融活水。设立“企业综合服务平台”，贯通“人才保”“知识产权质押”“科技贷”等政策工具，提高政策协同性和精准性。

二是建立基金联动工作机制。制定《象山县国有企业投资基金管理办法》，设立县国有企业投资基金管理委员会，明确组织框架和部门职责分工。发挥财政资金、国有资本杠杆撬动作用，引导更多社会资本支持产业链群发展，做大人才天使基金、创业引导基金、产业发展基金，助力象山人才企业高质量发展。

三是建立容错免责机制。秉持“鼓励创新、宽容失误”原则，落实“三个区分开来”要求，积极探索制定象山县国有企业股权基金投资领域容错细化清单，建立“尽职调查—风险评估—集体决策”全流程追溯体系，具体问题具体分析，既防止追责不力，又防止追责泛化，充分调动和保护干部职工的积极性、主动性、创造性。

（五）坚持服务保障一体化，持续优化“六子”人才发展生态

一是优化升级象山人才码。围绕“位子、票子、房子、孩子、圈子、面子”等“六子”人才关键小事，优化升级象山人才码微信小程序，深度融合人才码、学子码、技能码，创新“线上事务掌上办＋线下服务码上享”模式，真正实现人才服务事项“一码集成、码上服务”多场景同码应用功能。深度整合政府和市场资源，通过政府购买服务等方式，不断丰富和完善人才码应用场景，不定期开展人才专属“优待活动”，提升人才码用户黏性，做细颗粒度、增强体验感。2024 年微信领码人数突破 3 万人。

二是迭代举办“青年与海”活动。以“以满腔热忱对待一切新生事物”为主题，建立“3 ＋ 365”运行机制，动态编制全年活动清单。围绕“海洋味、

年轻态、未来感”三大特征，整合资源设置海洋科创、海洋文旅、海洋治理三大板块，突出跨界、新奇、好玩特点，构建集科创、科幻、音乐、影视、策展、运动等跨界元素交融的滨海新场景。2024 年举办了“青年与海”人才科技周、寻访“海洋强国青年科学家”启动仪式、外国专家来象闹元宵等人才活动 45 场，组织 6500 余人次人才优先参与活动。

三是组建象山人才发展公司。适应新形势、新任务、新阶段要求，遵循国有企业改革方向，与民营企业合作组建象山人才发展公司，其中国有股权比例不超过 49% 且不实际控股。象山人才发展公司提供全链式的人力资源产品，涵盖人力资源培训、人才住房运营管理、产业园区建设和运营管理、人才项目投资等业务，重点承接象山县产业转型升级和各类紧缺人才引育工作任务。

二、改革中的难点痛点

象山县“青年与海”教科人一体化改革虽然已经显现“五位一体”创新格局，但仍有三方面难点痛点亟待突破。

一是人才创新创业服务链贯通不足。创客空间与县域科技、产业基础的结合不够紧密，尚未构建起从创客空间到孵化器、加速器，再到产业园的完整创新孵化链条。海洋经济领域的人才创业园区布局分散，配套滞后，独立发展，不利于发挥产业集聚效应和人才协同优势，也增加了管理的复杂性。如 37° 湾科创中心园区，这几年每年都有超过 30% 的企业注销或处于非活跃运营状态。

二是高品质人才安居房供给不足。县人才公寓主要分布在工业园区、大目湾、欢乐家园等，地段较偏，周边配套设施欠完善，物业服务也不成熟。主城区房源包括博浪海港城（24 套）、风情街人才公寓（95 套）、城寓驿站（139 套）等，数量偏少，供不应求，成为人才吸引力的突出瓶颈。

三是人才工作部门协同不足。一方面，县人才服务中心、县高层次人才服务中心，及县科技人才联合会、新创会、海创会、技师联盟、博士联谊会等组织分散办公，且主管部门不尽相同。另一方面，人才工作资源力量分散、部分职能重合，如青年人才最需要的社团活动，还没有部门牵头统筹。县级财力有限，难以撬动大平台、大项目，也制约人才政策迭代升级，激烈竞争中容易遭受“虹吸效应”。

三、对策建议

深化“青年与海”教科人一体化发展改革，探索具有海洋特色的人才生态建设路径，是提升创新体系整体效能、培育发展新质生产力的关键举措。聚焦海洋经济“才能兼备、余生有幸”八大产业链，及时出台和优化教育科技人才体制机制一体改革的配套政策，从经费落实、科研激励、人才培养、产学研合作等方面为部门、企业、高校、科研机构提供政策引领和支持。加强创新成果、创新人才、创新经验的宣传报道，在全社会营造尊重知识、崇尚创新、重视人才的良好氛围。面对新形势、新任务、新要求，要以更加坚定的决心、更加有力的措施、更加务实的作风，推动改革向纵深发展，为象山经济高质量发展塑造新优势新动能。

（一）打造优质载体平台，助力人才创新创业

一是提升平台管理效能。建立统一管理体系，成立专门的创新平台管理机构，对全县的创新平台进行统一规划、统一建设、统一管理，避免重复建设和资源浪费。同时为进一步推进社会化、专业化服务，建议引入第三方服务机构，提供财务、法律、人力资源等专业化服务，提升创新平台的整体服务水平。除此之外，要加强绩效考核，建立创新平台绩效考核机制，对平台的运营效果、孵化成功率、企业成长速度等指标进行定期评估，并根据评估结果进行奖惩。二是强化政策支持与奖励。在县级财政预算中增加对科技创新平台建设的投入，加大政策奖励力度，吸引更多企业和人才入驻。研究制定更加灵活、更加优惠的政策措施，如税收减免、租金补贴、人才引进奖励等，降低企业运营成本，激发创新创业活力。同时通过媒体、网络等多种渠道，加强对科技创新政策的宣传解读，提高政策知晓率和扩大覆盖面。三是优化海洋经济领域人才创业园区布局。根据海洋经济发展需求，制定海洋经济领域人才创业园区的系统性规划，明确功能定位、产业布局和空间布局。加大对海洋经济领域人才创业园区配套设施的投入，提升交通、餐饮、住宿等服务水平，增强园区的吸

引力和竞争力。同时通过政策引导和市场机制，推动海洋经济领域相关企业向园区集聚，形成产业集群效应，提升园区整体实力。

（二）构建优质居住环境，助力人才安居乐业

一是优化人才安居房规划布局。根据人才需求和区域定位，科学规划人才安居房的布局，实现均衡、精准保障。通过新建、改建、租赁等多种方式，增加人才安居房的供给量，满足不同层次、不同需求的人才住房需求。加强人才安居房周边配套设施建设，提升商业服务、教育医疗、文体娱乐等水平，增强人才的归属感和融入感。二是提升人才安居房品质。在人才安居房建设中，注重提高建设标准和品质，确保房屋质量、安全性和舒适度。通过智能化管理系统，提高人才安居房的管理水平和效率，为人才提供更加便捷、舒适的生活环境。同时在人才安居房周边建设社区服务中心、文化活动中心等公共设施，丰富人才的业余生活，增强社区凝聚力和归属感。三是加强人才安居房政策保障。完善人才安居房购买、租赁等方面的优惠政策，降低人才住房成本，提高人才满意度和幸福感。加强对人才安居房政策执行情况的监督检查，确保政策落实到位，切实保障人才的合法权益。建立人才安居房退出机制，对不符合条件或不再需要的人才安居房进行及时清理和回收，确保资源有效利用。

（三）深化服务创新机制，优化人才生态环境

一是加强人才服务保障。加大对人才服务工作的投入，提高人才服务机构的硬件设施和人员配备水平。加强对人才服务人员的培训和管理，提高服务意识和专业素养，为人才提供更加优质、高效的服务。建立人才服务监督考核机制，对人才服务机构的服务质量、工作效率等方面进行定期评估和考核，并根据评估结果进行奖惩。二是丰富人才服务内容。根据人才的需求和特点，提供多元化的服务内容，如职业规划、就业指导、创业扶持、心理健康等。加大对青年人才社团的扶持力度，鼓励青年人才自发组织各类活动，增强青年人才的凝聚力和归属感。结合县域特色和人才需求，打造一批具有影响力的品牌活动，如创新创业大赛、人才交流会、文化沙龙等，为人才提供更多展示和交流的机会。三是推进数智化服务建设。加大对数智化服务技术的研发投入，推动

人工智能、大数据等先进技术在人才服务领域的应用。根据人才需求，不断完善数智化服务的功能体系，如在线招聘、在线培训、在线咨询等，提高服务的便捷性和智能化水平。加强对数智化服务的用户体验评估和优化，及时收集用户的反馈意见和建议，不断改进服务质量和用户体验。

（四）构建高效组织体系，强化改革监督评估

一是强化组织领导力度。成立由县政府主要领导任组长的“青年与海”教科人一体化改革领导小组，负责统筹协调各项改革措施的推进和实施。各相关部门要明确责任分工，加强协作配合，形成工作合力，确保各项改革措施落到实处。二是确保资金充足保障。加大县级财政对“青年与海”教科人一体化改革的投入力度，确保各项改革措施有足够的资金支持。鼓励社会资本参与改革，通过市场化运作的方式，吸引更多资金投入人才创新创业、安居房建设和服务水平提升等领域。三是深化监督评估机制。建立改革实施情况的监督评估机制，定期对各项改革措施的实施效果进行评估和检查。对评估中发现的问题和不足，及时进行整改和优化，确保改革措施取得实效。加强对改革经验的总结和推广，形成可复制、可推广的经验模式，为其他地区提供借鉴和参考。

象山县委人才办

科技创新引领新质生产力发展的镇海路径研究

新质生产力是创新起主导作用，摆脱传统经济增长方式、生产力发展路径，具有高科技、高效能、高质量特征，符合新发展理念的先进生产力质态。发展新质生产力是推动高质量发展的内在要求和重要着力点。浙江省率先出台《关于加快建设创新浙江因地制宜发展新质生产力的实施方案》，将科技创新作为新质生产力发展的核心引擎，加快推进“415X”先进制造业集群建设及全球先进制造业基地打造。宁波市跟进出台了《关于加快发展新质生产力全力推进新型工业化的若干意见》。作为甬江科创区的核心承载地，镇海区秉持创新首位战略，以“科创强区、品质之城”为总体定位，锚定打造长三角重要科创策源地，持续加码科创平台建设，有力推动“四链”深度融合。

一、科技创新新形势新要求

完善的科创体系已经成为经济高质量发展的有力支撑。抓创新就是抓发展，谋创新就是谋未来。中国已进入高质量发展阶段，作为驱动高质量发展的关键所在，科技创新已不仅直接涉及经济增长问题，还涉及与经济增长紧密相关的政治、社会、文化、生态、民生等问题，已成为回应和满足人民美好生活需要的有效手段。经济体量决定了可利用资源规模，创新软实力则决定了利用资源的效率，只有在规模和效率的双重支撑下，才能最大化推动城市创新发展。地方要发展，必须要向创新要答案，不断完善科创体系，有效整合政、产、学、研、用各类资源，贯通研发、孵化、转化等关键环节，有效提升科技成果转移转化成效，不断提高创新对区域经济社会发展的支撑引领作用。

科创竞争已经成为区域发展竞争的重要因素。当前，长三角区域一体化发展、数字经济及信息化快速渗透、未来产业及新经济推陈出新且可持续发展要求不断高涨，区域和城市之间的差距将越来越表现为科创能力、科创质量之间的差距，且科技创新对提升区域经济增长速度和质量的支撑性作用会越来越明显，科技创新能力的高低逐步成为区域和城市竞争的一个决定性因素。只有依靠科学知识和技术创新，占据新产业发展制高点和集聚高附加值财富，才能更好推动区域勇立潮头、永立潮头。在科技创新及产业落地发展的过程中，无论是一线城市，还是新一线城市和二线城市，都把科技创新作为弯道超车的最佳选择。如苏州市全面推进“环太湖科创圈”“吴淞江科创带”建设，掀起了科创湖区建设的新高潮，对苏州未来高质量、可持续发展意义重大，科技创新综合实力连续 12 年位列江苏省第一。

科创企业已经成为科创领域的风向标和主力军。大型科创企业和平台企业是一个国家和地区经济技术核心竞争力的表现，推动创新发展的重要力量，其数量、活跃程度、行业分布体现一个国家和地区经济科技高质量发展的能力和可持续发展的水平。科技创新已全面融入产业链，众多领域的市场应用需求都对科技研发提出了更高要求，科技创新的速度也越来越快，研发与应用的无缝结合成为新趋势。如微软、高通、华为等企业在研发领域投入大量资金，已成为全球重大科技创新的主力军和生力军。

高能级科创平台已经成为科创资源布局的关键载体。科创平台是整合集聚科技资源、具有开放共享特征、支撑和服务于科学研究及技术开发活动的科技机构或组织，具有创新性、开放性、协同性等特征。不同类型的创新平台承担不同的任务与使命，共同参与从原始创新到技术开发、科技成果转移转化及产业化的全过程。以国家实验室、新型研发机构、大科学装置、科技创新服务机构等为主的科创平台建设成为科创发展的重点，也成为国家科创资源布局的重要依托和载体。近年来，各地结合自身优势领域和重大科技资源布局，加强前瞻部署和资源整合，以科创平台为抓手，开展重大基础性研究、技术攻关和重点工程建设，不断提高科技创新的效率和质量。

二、镇海区科创平台现状基础

近年来，镇海区始终把科技创新放在重要位置，以融入甬江科创区建设为契机，聚焦新材料、智能制造两大科创高地建设，以超常规力度加大创新投入，通过广泛链接重点高校、科研院所、省部属企业、领军人才等高端创新资源，打造“校、院、企、地”协同创新共同体，促进创新体制机制改革、创新资源集聚、创新能级提升取得重大突破，为下一步加速发展提供了扎实基础。

（一）基础条件较为扎实

数量增长较快，截至 2024 年底已建科创平台 13 家（不含众创空间、孵化器及尚未正式运营的平台等），约占全市总量的 1/5，除 2004 年成立的中科院宁波材料所之外，其余 12 家均为 2018 年以来新引进建设的科创平台。主体共建多元化，包括 6 家事业单位和 7 家企业。其中，5 家企业类型的平台为 3 家以上主体共建。管理形式多样，实行董事会、理事会制度的 7 家，管委会制度 2 家，股东会制度 3 家，工作领导小组形式 1 家。产业导向清晰，研究绿色石化的 3 家，新材料的 8 家，先进装备制造的 3 家，集成电路的 3 家、数字孪生领域的 1 家。科创平台基本情况见表 1。

表 1　　科创平台基本情况

平台名称	类型	共建主体	管理模式	研究方向
甬江实验室	事业单位	浙江省省科技厅、宁波市政府	工作领导小组	电子信息材料与器件、绿色化工、新能源材料与器件、功能性结构材料、智能制造与高端装备、交叉与前沿
宁波东方理工大学	事业单位	宁波市虞仁荣教育基金会	董事会	绿色石化；新材料；先进装备制造；集成电路
中科院宁波材料所	事业单位	中国科学院	理事会	新材料
宁波数字孪生（东方理工）研究院	事业单位	宁波市科技局、宁波东方理工高等研究院	管委会	数字孪生

续表

平台名称	类型	共建主体	管理模式	研究方向
天津大学浙江研究院	事业单位	区科技局	管委会	能源化工、化工新材料、绿色化工技术、化工安全与环保
中石化宁波新材料研究院	企业	中国石油化工股份有限公司	董事会	绿色石化、新材料
宁波智能装备研究院	企业	高会军、黑龙江省促创科技有限公司、镇海区海江投资发展有限公司、于兴虎、哈尔滨工业大学资产经营有限公司	董事会	先进装备制造
宁波中乌新材料产业技术研究院	企业	宁波工程学院资产经营管理公司、宁波慧谷投资发展有限公司、宁波博汇化工科技股份有限公司、宁波丝路科技交流服务有限公司、宁波泰科威橡胶科技有限公司	董事会	新材料
宁波镇海质谱技术研究院	事业单位	庄市街道	理事会	高端质谱技术及应用
宁波威远光电研究院	企业	宁波超晶光电科技有限公司	股东会	红外光电
国家石墨烯创新中心	企业	宁波东投创达投资有限公司、镇海区海江投资发展有限公司等33家	董事会	新材料
浙江省磁性材料制造业创新中心	企业	满其奎、中科新材（宁波）投资控股有限公司、镇海区海江投资发展有限公司等13家	股东会	新材料
宁波甬华创芯中心	企业	华控电科（北京）科技发展有限公司、宁波慧谷投资发展有限公司	股东会	集成电路

（二）科研成果初具规模

平台能级逐步提升，通过外部引进和内部培育，建成省级新型研发机构 6 家、全省重点实验室 3 家，建成省级以上博士后工作站 10 家、占全区的 1/4。项目水平不断提高，开展市级以上科技项目 3315 项，其中国家级 1104 个、省级 979 个、市级 1232 个。获批市级以上人才计划 344 个，其中国家级 129 个、省级 86 个、市级 129 个。成果数量快速增加，实现技术转移 1320 个；拥有授权专利 4318 件，其中授权发明专利 3702 件、PCT 申请 446 件；发表各类论文 10278 篇。

（三）科创赋能逐显成效

孵化引进企业初见成效，累计孵化科技企业 129 家，引进企业 45 家，带动集聚上下游企业 200 余家，形成一批市场前景良好的高潜力企业。如中科院宁波材料所孵化的宁波晶钻科技股份有限公司通过自主设计和改进国产化装备成功建立国内首条 CVD 单晶金刚石生产示范线和全套生产工艺，2024 年实现产值 2.3 亿元。甬江实验室孵化的第一家企业——积硅电子打破日本公司在超高纯纳米氧化硅粒子方面的独家垄断，成为国内唯一一家能够供应芯片级抛光磨料的企业；引进的万有引力（宁波）电子科技有限公司已累计完成四轮融资，估值约 50 亿元，入围全球“瞪羚”企业榜，有望三年内达到“独角兽”级十亿美元估值的高成长性企业。平台技术和产品突破获得市场肯定。如中石化宁波新材料研究院年产 3000 吨高等规聚丁烯—1 工业示范装置顺利开车并产出合格产品，打破国外垄断，有效填补国内空白。中科院宁波材料所科研团队从嫦娥五号月壤中找到了月壤制水的新方法，将为未来月球科研站及空间站的建设提供重要的设计依据。该所成立以来已实现了石墨烯基重防腐涂料、大尺寸单晶金刚石等 93 项重大成果转移转化，2023—2024 年达成 1000 万元以上技术合作项目共 23 项，合同金额达 5 亿元。天津大学浙江研究院与浙江石化达成“30 万吨醋酸乙烯成果转让”协议，技术转让费超 5000 万元。

（四）科创生态持续向好

加强政策引导，出台《加快促进产业技术研究院高质量发展实施方案》

《镇海区科技成果转移转化改革实施方案》《进一步加快现代服务业高质量发展的若干政策》《支持制造业领域高质量发展政策、集成电路产业发展专项政策》等文件，逐步完善从平台端、中介端到企业端的全链条政策支持体系。加强人才引育，推进甬江科创区人才引育共同体建设，平台集聚人才近2500人，其中科研人员占比超80%。加强科技金融支持，2023—2024年累计发放科技贷金额超9.9亿元，惠及企业366家次，规模和惠及企业数创历史新高，位居全市前列。成立区产业基金、区人才基金、威远鲲鹏基金、威远镇芯基金、威远凤鸣基金、镇创拨改投基金、甬江科创基金等7支国有资本运营基金，实到资金20.85亿元。加强技术经纪人队伍建设，实现高新技术企业、企业技术研发中心、科创平台等技术经纪人全覆盖。开展多层次、多形式的“科技金桥”双向对接品牌系列活动。

三、存在问题与不足

（一）源头创新能力有待加强

大部分科创平台5年建设期尚未结束，一些校地合作平台的科研成果、技术研发主要依赖母校或本部，真正在本地实施技术研发、解决技术需求的团队力量配备还不够充足，解决“卡脖子”问题的技术能力还需提升。从事基础研究的相对偏少，除中科院宁波材料所、宁波东方理工大学等高校院所涉及基础研究外，其余科创平台均偏向于应用型研究，基础研究能力与国际先进水平还存在一定差距。核心攻关较难，科研项目普遍不足，除中科院宁波材料所各级科研项目数量比较突出外，其余均处于储备期。

（二）产研融合能力有待深化

技术供给侧实效性仍需进一步强化，存在个别科研机构和科研人员出于申报各类科技项目或奖项的需求搞研发，研发成果不能有效适应企业和产业技术发展需要，市场化前景不够理想，导致科创平台技术性收入占比普遍较低。企业需求侧主动性还不够高涨，大部分企业直接需要市场化的成熟成果，不愿主动参与研发或开展核心科技成果转化。供需融通还不够深入，科创平台与企业对接服务面不够宽，缺乏稳定的信息共享渠道，导致一些平台优质成果缺乏转化出口，一些企业紧需技术难以立项。

（三）资源流动能力有待增强

创新主体联动不同频，部分高校、科创平台的创新资源使用率偏低，甚至出现资源闲置现象；一些企业因缺乏中试基地、仪器设备等资源而难以顺利推进成果转化，造成科创资源不能有效利用和流转。团队协作不同频，科研人员受体制机制影响，有些专注于成果对个人业绩和发展的支撑，缺乏技术研究的方向性引领，对推动科技成果转化积极性不高，导致科技成果搁置在实验室，不能及时转化为现实生产力。平台互补发展不同频，一些同质性的科创平台互补性不足，存在分析检测平台、材料测试中心重复建设的情况，尚未形成“各有所优、互补有无”的良性合作氛围。

（四）科技服务能力有待提升

服务产业规模效应不够突出，三大类规上科技服务业企业 37 家，科技中介作用不明显，技术经纪人作用尚未充分发挥。龙头企业服务带动不明显，规上科技服务业企业年营收超亿元的仅有 3 家，头雁效应不突出，对产业发展的辐射和带动作用较弱。科技服务多元发展不充分，科技服务产业结构布局不够均衡，30 家规上企业主要集中在专业技术服务业、占比 81%。

（五）要素保障能力有待完善

“基金—贷款—保险”联动还不够顺畅，一些企业特别是中小企业存在融资难、融资贵难题，不愿投入大量资金进行成果转化，天使投资、投资基金等投资机构或投资人更偏好成熟项目，对风险较高的早期成果往往规避，成果转化缺乏资金来源，进程迟滞。缺乏“转化—孵化—产业化”基地支撑，工业用地呈现“一亩难求”局面，多个小微园区、孵化园区涉及拆迁企业，逐步分流至区内其他孵化园区内，园区承载量饱和。优质人才项目因产业化用地支撑不足，存在“研发在镇海、生产在外地”问题。“塔尖—塔身—塔基”的人才结构有待优化，具有原始创新能力、引领产业变革的领军人才还不够多，产业紧缺的卓越工程师、专业技能人才供不应求。

四、对策建议

（一）优化科创平台布局，强化研发创新力量

一是打造全链条平台矩阵。按照“源头创新＋技术开发、成果转化＋产业落地”的空间模式，围绕甬江科创区核心区“一核”，科学港、青创港“两港”，产业园区或产业社区布点应用型研发和中试孵化空间“多点”（“一核两港多点”），依托高校、科研院所的战略科技力量，促进各类创新要素合理流动和高效集聚，打造从应用基础研究到技术创新、成果转化的全链条科创平台方阵，构建产业匹配、布局科学、重点突出、协同创新、融合发展的区域科技创新平台新格局。

二是强化科创平台引育。围绕产业链布局创新链，聚焦绿色石化、新材料、新能源、高端装备制造、集成电路等重点发展产业集群，加强顶层设计和系统布局，坚持科创平台招引落地和提档升级“两手抓”，促进科创平台总量扩大、布局优化、结构重塑、领域拓展，避免建设趋同和无序竞争。支持有条件的行业龙头企业与高校、科研机构合作共建新型研发机构，支持“双一流”高校、国家级科研机构、中央企业和地方大型国有企业、世界 500 强企业来镇设立新型研发机构，为行业企业和产业体系提供高层次的技术研发服务。

三是加快实验室体系建设。做大做强现有实验室，争创国家级和省级实验室。推进甬江实验室建设，早日跻身国家实验室建设“预备队”。选择基础较好、实力较强、影响力较大的科创平台，建设市级以上重点实验室，积极开展应用基础研究和共性技术研究，参与研究制定国家和行业标准。支持企业建设重点实验室，依托龙头企业、“单项冠军”等优势企业，以现有企业工程技术中心、研发中心为基础，紧密对接镇海区战略性新兴产业发展需求，支持企业与高校院所合作共建实验室，开展面向产业共性的应用基础研究，聚力推进核心技术自主化、产业基础高级化、产业链现代化。

（二）加强重点领域攻关，突破关键核心技术

一是明确攻坚方向。聚焦重点产业和未来产业的细分领域，组织企业、科创平台会同外部专家资源，梳理“关键零部件自主清单、基础材料可控清单、

重点产品打造清单”三份清单，围绕清单布局前瞻与关键核心技术攻关项目，引导组织科创平台精准对接头部企业，开展目标导向的有组织科研，以“小切口”带动“大突破”。

二是推进协同攻坚。探索推行总体部制科研组织模式，支持高能级科创平台联合相关领域优势企业，聚焦国家战略和地方重大需求，设立项目总体部，强化系统布局、系统组织、跨界集成，组织上下游团队联合开展大兵团作战的关键核心技术攻关。鼓励高能级平台参与国家重大项目建设，加快突破优势产业细分领域“卡脖子”技术和产品。搭建对接高校、科研院所和创新平台的企业技术需求平台，促进高校、科研院所和创新平台要素开放共享，每年组织实施一批科技重大专项。

三是创新攻坚机制。综合采取“定向委托”“揭榜挂帅”“竞争赛马”“军令状”等方式，选拔领头羊、先锋队，推行技术总师负责制，提高科研绩效。以财政补助、股权投资等多元化方式，鼓励科创平台和企业共同参与各级重大科研攻坚计划，承担项目工程化、产业化任务，实现创新成果利益共享、市场技术风险共担。综合运用研发奖补、政府采购、科技金融等多种政策措施，强化首台套装备、首批次新材料、首版次软件应用的扶持力度。

（三）建强企业创新主体，提升技术创新能力

一是增强企业自主研发能力。鼓励企业加大研发投入，建设企业工程技术研究中心、院士工作站、博士后工作站、国家企业技术中心等研发机构和关键共性技术研发平台。聚焦新材料、高端装备制造等重点领域，谋划建设石墨烯、磁性材料领域的国家技术创新中心及高端装备制造领域的国家工程研究中心等。鼓励引导企业规范研发管理制度，形成良好的研发投入与产出机制，增强企业研发创新能力。

二是培育企业研发机构梯队。以规模以上工业企业、科技型中小企业为培育重点，分类指导、分层推进“一企一研发平台”建设，年营收 5 亿元以上工业企业研发机构全覆盖，规上工业企业覆盖率达到 45% 以上。建立企业研发机构梯队培育库，开展“一对一”精准对接服务，提升创新能力。引导龙头企业集聚高端创新人才，创建高水平研发机构，带动行业、产业发展。

三是推进创新联合体建设。谋划以优势产业头部企业牵头，以关键核心技术攻关重大任务为指引，将产业链上下游优势企业、高等院校和科研机构有效组织起来协同攻关的创新联合体。推动科创平台和企业分类建立平台引领型、生态融合型、战略支撑型或市场驱动型创新联合体。探索“财政支持、院所开放、企业受益”的仪器共享机制，完善科研仪器设备资源库，支持高校、科研院所等科创平台开展公共测试服务对接，促进科研仪器设备开放共享。

（四）发挥平台磁场效应，汇聚顶尖人才团队

一是更有力引进顶尖创新人才。推进甬江科创区人才引育共同体建设，实施浙江创新中心“甬江芯谷”产才集聚行动，深化与高能级平台的战略合作，支持科创平台加快引进培育具有原始创新能力、能够突破关键技术、有望引领产业转型的科技型领军人才、战略性科学家及各类高层次科研人才，推动顶尖人才在镇创业创新，形成“引进战略人才、共建高端平台、培育未来产业”的良性循环。

二是锻强核心科研力量。引导高能级科创平台根据不同发展阶段和科研任务需求，打造与科研任务相匹配的人才团队，形成“全职全时为主、专兼结合”的高水平科研队伍。推进产教融合培育，聚焦产业导向、企业需求，与高等院校开展合作，引导校企共同制订培养方案、共同招生、联合选题、成果共享。探索“顶尖人才＋青年科技人才”成长计划，加速青年科技人才成长成才。推进“新时代浙江工匠”试点工作示范引领，培养卓越工程师、高技能人才等紧缺急需人才。

三是释放科研人员活力。加快建立以创新价值、能力、贡献为导向的科技人才评价体系，围绕科研投入、创新产出质量、成果转化、原创价值、实际贡献等进行评估，鼓励能“干出来”的工程型、产业型高端人才。完善双重聘用、联合聘用等灵活用人方式的成果分配和互认机制，实现与科创平台之间的人才双向流动。

（五）持续深化“科技金桥”，产业科技深度融合

一是精准建库高校匹配。整合“省—市—区”三级研发计划项目体系，

建立全区重大科技攻关项目供给库，根据项目成果成熟度，按“种子层”“培育层”“转化层”分类入库并实行动态管理。组建企业科技服务团，通过现场走访、座谈交流等方式，全面排摸企业科技成果需求，根据企业不同性质、特点，建立特色需求清单。

二是双向对接增强实效。推广“科技副总”“产业教授”互派挂职机制，持续完善科技市场“平台＋功能”建设，建设科技资源集聚、科技成果转化、科技企业培育、科技人员培养和科技金融服务“五大平台”，提升科技成果展示、科技合作交流、科技中介服务、科技资源共享和技术交易“五项功能”。

三是优化服务助力转化。组建由科技主管部门牵头，高校院所、产业创新服务综合体、科技中介服务机构等共同参与的科技创新协同服务中心，组团为企业提供技术、管理、政策等综合性诊断服务。成立甬江科技成果保护联盟，通过政策宣讲、常态化走访、面对面服务等形式，提升高价值知识产权的产出与转化能力，构建知识产权协同保护机制。

（六）坚持需求应用牵引，推动成果转化落地

一是促进成果供需精准对接。发挥科创平台赋能赋智工作专班作用，积极依托上海技术交易所，建立一整套科技成果转化、企业创新需求、金融服务支撑等技术服务及技术成果类交易服务，形成发展成熟的“政产学研金服用”科技成果转化服务体系。做实“科技成果转化集市”，做精“科创平台对接专场”，组织线上线下同步开展成果推介会，构建校企合作桥梁，实现科技资源合理配置。

二是推动成果转化产业化。支持高能级科创平台结合主攻方向，建设概念验证中心、中试研发基地等平台，组织配备跨学科交叉研究团队，提供概念验证、中试熟化、孵化加速等科技服务。支持新型研发机构围绕优势专业领域，利用自有场地建设孵化载体，鼓励通过科技成果作价、资金投入等方式参股孵化企业。出台科技企业孵化器绩效考核办法，积极打造由众创空间、孵化器、加速器等组成的孵化服务链条。推进创新成果转化运用、链接未来，培育创建石墨烯基新材料未来产业先导区，加快培育发展前沿新材料、未来能源等未来产业。

三是完善成果转化激励机制。实施科技成果转移转化改革三年实施方案，创新科技成果转化支持方式，支持成果就地转化场景应用、探索成果沿途转化机制。设立重大科创平台专项，分阶段给予“研发、孵化、中试、产业化”全链条支持，力争更多科技成果孵化落地。建立“定向研发、定向转化、定向服务”的订单式研发和成果转移转化机制，探索科技成果转化净收入、科技成果形成股份，一定比例奖励贡献人员。鼓励成果转化项目参股和跟投机制，探索允许科创平台设立多元投资的混合制运营公司，提升成果转化效率。

（七）营造一流创新生态，激发科技创新活力

一是放大金融赋能效应。完善支持创新的多层次资本市场，推动政府产业基金、国企基金和民营基金协同发展，创投资本与科技创新深度融合。探索产投融合良性互动模式，发挥市、区级产业基金叠加优势，继续深化长三角专业化基金合作，打造甬江科创区基金小镇，集聚总规模超100亿元的战略产业基金合作群，为不同类型、不同成长阶段的科研项目、科创企业注入资金活水。创新设立科技—人才普惠金融服务驿站，发挥金融规划师战略决策咨询作用，推进上市辅导、金融对接等标准化、常态化服务。

二是壮大创新服务机构。围绕提升产业创新能力，建立科技服务业骨干机构培育库，集聚一批数据分析、技术转移、工业设计、科技咨询、检验检测等专业服务机构，构建覆盖科技创新全链条、产品生产全周期的创新创业服务体系。培育引进一批市场化、专业化科技中介服务机构，培育国家级及省级科技服务机构，引导服务机构通过并购或外包方式做大做强，打造科技服务业高端品牌。支持中科院宁波材料所建设国家级磁性材料知识产权运营中心，综合运用法律、行政、经济、技术、社会治理手段，强化知识产权全链条保护。

三是加大政务服务力度。推动新建扩建优质义务段学校、国际医疗中心、国际人才社区，打造甬江科创人才服务专区，提升子女就学、医疗保健、人才安居等服务品质，加快交通基础设施的建设投用，重塑城市区位优势。办好“宁波帮”文化节、全球未来产业人才峰会等招商引资、招才引智品牌活动。邀请行业对口企业与高校院所、科创平台首席科学家进行“头脑风暴”，帮助企业开拓创新思路，解决瓶颈难题。探索成立科创平台协同创新联盟，开展研

讨会、沙龙、项目路演等活动，加快推动资源共享、联合创新、互惠共赢。

（八）完善平台管理机制，促进平台提质增效

一是推进分类考评。建立健全与平台特点相适应的管理办法及工作规程，对高能级科创平台开展分类评价，突出成果质量、创新价值和实际贡献，建立符合科研特点和规律的绩效评价机制，在设立共性评价指标的同时，探索差异化个性评价指标，逐步形成“分级支持、分类考评、重点鼓励、实施分流”的平台特色管理体系。强化动态资金补助调整，建立优胜劣汰、有序进出的动态调整机制，对建设成效好的，给予持续稳定的财政资金支持。

二是强化监督管理。制定出台新型研发机构审计办法，明确新型研发机构的性质、功能定位、法律权利义务关系、审计监督办法等，为打破传统单位属性束缚、探索体制机制创新提供法治保障。依托大数据分析、人工智能等技术手段，精准掌握新型研发机构的运营情况，及时发现问题、解决问题，提高运营效率和质量。

三是加强宣传引导。及时总结推广科创平台建设的成功经验，宣传提升科创平台在自主创新当中的重要地位，调动社会各方面参与的主动性、积极性。鼓励有实力的科创平台积极承办、举办全国性、区域性、行业性创新创业大赛、前沿技术讲座等活动，充分营造创新创业氛围。

镇海区科技局

教科人一体发展的镇海探索与思考

党的二十大报告首次将教育、科技、人才作为专章进行论述，明确“教育、科技、人才是全面建设社会主义现代化国家的基础性、战略性支撑”。习近平总书记在中央政治局集体学习时进一步强调，建设教育强国、科技强国、人才强国具有内在一致性和相互支撑性，要把三者有机结合起来、一体统筹推进，形成推动高质量发展的倍增效应。围绕贯彻落实教育、科技、人才一体发展，突出基层探索、基层首创，本研究在总结分析镇海区2011—2024年教育、科技、人才一体演进探索实践基础上，提出推进教育、科技、人才一体发展的县域模式，以形成推动高质量发展的倍增效应。

一、教科人一体发展实现路径分析

教育、科技、人才一体发展是中国在新时代推动高质量发展的重要战略思想，强调三者之间的系统性、协同性和互动性。这一概念的核心在于通过教育培养人才、以人才驱动科技创新、以科技反哺教育和人才发展，形成“教育（基础）→人才（载体）→科技（产出）→反哺教育”的闭环生态。对于县域而言，其意义不仅在于补齐短板，更在于通过差异化路径激活内生动力，形成“小县域、大创新”的格局。

教育是基础，重塑地方人力资本结构。教育是创新生态系统的起点，承担着知识传授、能力培养和价值观塑造的功能，是科技创新的源头活水和人才供给的根本保障。对于地方而言，要坚持教育的优先发展，全面发挥教育在传播科技知识、自主培养各类基础性人才方面的条件性作用，深化发挥教育在生产和创造科技知识、集中培育各类高端人才方面的主体性作用，拓展发挥教育在应用和创新科技知识、用好用活各类人才方面的发展性作用。

科技是动力，激活地方存量资源。科技在三者中属于动力源助推，其来源于教育生产和人才创造，又可对两者形成反向影响和促动，即通过创新推动社会进步和产业升级，同时为教育内容和人才培养模式提供方向性引导。因此，地方要以产业需求为导向，强化战略科技力量储备，积极通过教育力量和人才力量的注入，在各类“卡脖子”技术上开展有组织科研，加快实施一批具有战略性、全局性、前瞻性的重大科技项目，提升地方创新体系整体效能，加速科技成果转化。

人才是核心，构建地方“磁吸”生态。人才既是教育和科技发展的成果体现，也是两者进一步发展的主体支撑，即教育发展需要以人才为基础，科技创新创造离不开人才实践，离开了人才支撑，教育和科技便成了无米之炊。因此，地方要坚持实施人才引领驱动，聚焦教育事业长足发展集聚更多的“四有”好教师和与时代需求相符的“大先生”，聚焦科技创新发展集聚更多“矢志爱国奉献，勇于创新创造”的人才队伍，集中针对“四个面向”开展实践创造。

二、镇海区教科人工作联动演进历程

镇海区一直高度重视教育、科技、人才事业，纵深推进教育强区、科创强区、人才强区战略，较早启动教育、科技、人才目标联动、工作联动探索，并逐步向一体发展迈进。根据工作表现形式和取得成效，可以将 2010 年以来教育、科技、人才工作联动演进历程划分为三个阶段。

（一）交叉增强阶段（“十二五”期间：2011—2015 年）

“十二五”期间，教育、科技、人才工作已经走出了相对独立的发展历程，交叉性、联动性逐步增强。一是工作谋划交叉增强。梳理该阶段的规划文本发现，在教育规划文本中，“科技”出现 3 次，“人才”出现 14 次；在科技规划文本中，“教育”出现 2 次，“人才”出现 9 次；在人才规划文本中，“教育”出现 23 次，“科技”出现 49 次。并且，在人才规划中强调了“与科技规划、教育规划和各类产业规划的配套互通”要求。可见，教育、科技、人才工作在有意识地推进工作谋划的关联性。二是工作领域交叉增强。该阶段，中央和省级海外人才引进工作成为常态，市级和区级重点人才工程也于2011年启动，教育、科技方面的创新创业人才，成为不可或缺的人才引进渠道。可见，教育、科技、人才工作在“人才领域”有了明显交集。三是工作力量交叉增强。以人才工作为例，人才规划文本涉及的分工方案中，需要区教育局牵头（参与）事项有8项，需要区科技局牵头（参与）事项有18项。可见，该阶段已经发现教育、科技、人才工作发挥合力的重要性，有意识地在推进工作力量的协同性。

综上，该阶段教育、科技、人才工作联动可归纳为“交叉增强”。区域教育整体水平实现了基本现代化，联合中科院宁波材料所推进产业园、创新中心建设，至2015年底全区人才总量达到7.35万人，区属完成工业总产值1037.49亿元，首次突破千亿大关。问题方面，如“科技＋教育”的互动不如“人才＋教育”“人才＋科技”，三者发展存在不平衡不充分的问题；工作力量的调配尚未形成健全的体制机制，工作协调相对碎片化，以部门会商为主，没有相应的约束机制。

（二）协同发展阶段（“十三五”期间：2016—2020年）

“十三五”期间，是教育、科技、人才工作加速发展的阶段，整合力度更大、发展成效更明显。一是在工作体系上推动协同发展。教育、科技、人才工作，分别成立了领导小组，作为重要议事决策机构，三者互为领导小组成员单位，进一步增强了在顶层设计上的贯通性。同时，科技部门增设了科技人才服务中心，把教育、科技部门分管领导作为区委人才工作领导小组办公室兼职副主任，从体系架构上呈现了协同发展的良好趋势。二是在工作合力上推动协同发展。该阶段强调“管行业就要管人才”的工作导向，建立起人才工作目标考核和述职评议制度，在人才工作考核中突出教育、科技等行业主管部门的责任落实，将创新载体建设等少量科技类指标、继续教育等少量教育类指标，纳入人才工作考核体系，较好地推动了“压力传导、工作协同”。三是在工作资源上推动协同发展。以镇海中学校友总会成立为例，通过建立校友总会搭建起海内外镇海中学校友资源网络，联合虞仁荣等首批智库校友，举办镇中校友创业创新大赛，引进落地镇中系人才、科技、招商项目，是该阶段展现教育、科技、人才工作协同发展的鲜活案例。

综上，该阶段教育、科技、人才工作联动可归纳为“协同发展”。区域教育综合实力进一步增强，至2020年底全区人才总量达到15.1万人，累计建成高水平产业技术研究院6家，全区规上工业增加值总量持续位居宁波市前列。但也存在一些新情况、新问题，如教育、科技、人才工作领导小组体制机制有待完善，资源开发、资源共享方面运用不够充分，三者一体发展的意识还不够强、举措还不够多。

（三）加速融合阶段（“十四五”期间：2021—2024年）

进入“十四五”阶段，响应中央、省、市重大战略和部署要求，教育、科技、人才工作进入全新的发展阶段。一是跨领域加速融合。该阶段，镇海区甬江科创区核心区、先行区地位进一步确立，随着世界级绿色石化基地、新型研究型大学、甬江实验室、集成电路产业园等新“四大工程”的建设，科创人才、科创平台、科创产业加速集聚，强有力地推动教育、科技、人才、产业等领域加速融合，为推动“三位一体”发展奠定了基础。二是跨部门加速融合。随着教育、科技、人才工作的发展，教育、科技、人才部门强烈地意识到，要跳出教育抓教育、跳出科技抓科技、跳出人才抓人才，部门协作更加紧密，逐步朝着“教育培养人才、人才引领科技、科技反哺教育”方向发展。三是跨主体加速融合。该阶段，政府部门更加强化对社会专业力量、企业主体作用的发挥，努力促进政企社合力。比如，在该阶段，镇海区联合甬江科创区宁波大学、中科院宁波材料所、宁波东方理工大学、甬江实验室等高校院所平台，打造甬江科创区人才引育共同体，创新制定10条定制化举措，推动人才共引共育、平台共建共治、成果共享共创，催生了一批“教育、科技、人才”融合发展的成果。

综上，教育、科技、人才工作联动可归纳为“加速融合”，在实践探索过程中取得一定成果。2023年11月，镇海区印发《镇海区贯彻落实习近平总书记考察浙江重要讲话精神一体推进“教育、科技、人才”引领产业高质量发展的实施意见》（镇区委办〔2023〕51号），确定坚持系统布局等4项基本原则，在教育发展高地建设上走在前、作表率等4个总体目标，聚焦“五个协同、四链融合、三维支撑”确定12项主要任务，同时设置教育、科技、人才一体化发展组织架构和改革创新清单等“四张清单”，推动教育、科技、人才取得了协同发展的良好格局。2024年，镇海区对照省市成立区委教育科技人才一体化委员会，重新调整组织架构，办公室设在区委办公室，由区委办公室对一体化工作进行统筹，同时将构建教育、科技、人才“三位一体”贯通融合机制改革纳入全区重点领域改革项目，且位列25项改革事项的第一位。

三、镇海区教科人一体发展探索成效

（一）教育的基础性支撑更加坚实

推出“科学家之乡”教育品牌，聘任中科院宁波材料所等高校院所以及科技型企业的30名教授专家担任科学副校长，全市率先实现中小学科学副校长全覆盖，拔尖创新人才一体化培育被立项为市建设教育综合改革试点区子课题。镇海中学“英烈伴读”获评全国思想政治工作优秀案例，成功举办全国数学奥赛并获7金4银，2人入选国家集训队，参赛成绩居全省首位，西湖大学校长施一公、宁波东方理工大学校长陈十一先后到镇海中学演讲招才。大力推进新型研究型大学——宁波东方理工大学建设，已集聚15名院士、52名科技领军人才、90余名教学科研负责人、近300人师资队伍，2022年开始与国内外顶尖高校联合招收联培博士生245人，2025年启动首批本科生招生。

（二）科技的变革性动力更加强劲

全力推进“315”科技创新体系建设工程，集聚甬江实验室、天津大学浙江研究院、中石化宁波新材料研究院等13家高能级科创平台，中科院宁波材料所海洋关键材料全国重点实验室获批，建成全省重点实验室3家、省级新型研发机构6家，省工程研究中心6家。挂牌浙江创新中心“甬江芯谷”，成立宁波东方理工产业技术研究院，创建国家级制造业创新中心1家、省级以上企业工程技术中心72家、市级以上企业研究院28家、市级以上院士工作站19家，市级以上孵化器（众创空间）16家。创新指数进步排名全省第一，高新技术产业投资占固定资产投资比重全省第二，重大科技建设项目投资额全省第三，创新深化、“315”科技创新体系建设工程均列省“A 档”，获省科技工作最高荣誉“科技创新鼎”。

（三）人才的引领性作用更加凸显

全区人才资源总量达到 17.04 万人，每万就业人员拥有人才资源数 4783 人，集聚全职海内外院士 31 人、省顶尖人才 15 人，引育市级及以上人才项目 418 个。技能人才总量达到 12.07 万人，高技能人才占技能人才比重达 36.9%，培育新时代突出贡献浙派工匠 2 人、突出贡献单位 3 家，6 名高技能人才享受国务院政府特殊津贴。每年实施两轮区“雄镇英才”项目评审，支持举办“奇思甬动”“烯创未来”创业创新大赛，现有区级以上人才领衔创办企业 260 家，其中集成电路、新材料、高端装备等产业领域项目占比超 70%，现有 1 家在创业板挂牌上市，3 家纳入上市企业培育名单，27 家上规，1 家入选“单项冠军”企业，3 家入选国家级专精特新“小巨人”企业，2 家获评国家级重点“小巨人”企业，57 家入选高新技术企业。

虽取得一定成效，但对标“把三者有机结合起来、一体统筹推进，形成推动高质量发展的倍增效应”要求，镇海区还存在一定差距，比如统一协调机构作用发挥还需加强，上下贯通体系还需理顺，资源要素的配置还需优化等。

四、镇海区深化教科人一体发展思考

（一）总体思路

综合镇海区教育、科技、人才工作实践分析，和周边县域实践案例，可见，教育、科技、人才“三位一体”发展规律，是从交叉、协同，到融合，再到一体的过程。其中，交叉阶段是走向“一体”的初始阶段，相对平行而言的，三者呈现彼此关联、交错发展的特点；协同阶段是走向“一体”的进阶过程，三者在意识形态、工作形态、发展形态上呈现自主靠拢、自觉行动的特点；融合阶段是走向“一体”的临门一脚，三者呈现加速汇流、加速演进、加速融合关系；一体阶段是三者发展的最高境界，该阶段将建立起教育、科技、人才“你中有我、我中有你、上下融通、一体发展”的工作格局，形成推动高质量发展的倍增效应。

基于上述分析，“十二五”以来，镇海区教育、科技、人才工作已经历了从“交叉加强”“协同发展”到“加速融合”的阶段，并沿着“一体发展”的方向逐步演进，充分说明镇海在推进“三位一体”的实践中，是有基础、有条件、有优势的。下阶段，可以从四个维度发力推进镇海区教育、科技、人才一体发展。一是在“顶层设计”上一体谋划。推进教育、科技、人才一体发展，首要条件是做强顶层设计。受历史原因影响，教育、科技、人才在长期的发展过程中，已经形成了相对独立而稳定的顶层架构，需要加快建立适应“三位一体”发展的领导体系、组织体系、运行体系，确保教育、科技、人才工作在顶层设计的“源头”就高度汇合，在“战略目标、战略部署、战略行动”上高度一致。二是在“关键节点”上一体部署。推进教育、科技、人才一体发展，基础支撑是抓住关键节点。教育、科技、人才工作，既要聚焦主责主业推动自身发展，也要聚焦重点领域和关键环节赋能其他领域发展，真正做到“三位一体”同频共振、同轴共转。三是在“资源配置”上一体统筹。推进教育、科技、人才一体发展，内在需要是集成工作资源优势。教育、科技、人才工作，均有着丰富的资源，有的看似教育资源却能转化为科技、人才资源，有的看似人才资源却能转化为教育、科技资源，需要有意识地归集有效资源，推动各类资源全面集成、一体配置、共享共用。四是在“工作推动”上一体落实。推进教育、科技、人才一体发展，实现路径是形成工作闭环。教育、科技、人才工作，自成体系又互为体系，是一项庞大的系统工程，需要全区上下各司其职、各尽其责，有力度、有节奏地推动各项工作落实落细，以每一个小目标的实现助力教育、科技、人才一体发展的宏伟目标的落地。

（二）具体任务

一是从顶层设计出发，不断提升一体谋划能力。强化系统思维、整体思维，统筹谋划教育、科技、人才工作，着力提升“三位一体”耦合性。其一，探索“三位一体”领导体制。坚持党对教育工作、科技工作、人才工作的全面领导，发挥区委“总揽全局、协调各方”的领导核心作用，建立区委主要领导挂帅、各单位“一把手”负责的组织领导体系。改革教育、科技、人才工作领导小组，在组织架构设计中突出“三位一体”职能性整合，形成“多主体高度协同、多要素充分联动、多领域良性互动”的工作格局。其二，改革“三位一体”运行机制。用实用好“三位一体”联席会议制度，发挥组织、宣传、统战、发改、经信、教育、科技、财政、人社、市场、国资、招商、金融等核心部门协同联动作用。对涉及重大规划、重点领域、重要项目等议题，需提请联席会议审议研究，不断提升“三位一体”统筹力、协同力、推进力。其三，锚定“三位一体”共性目标。正确认识教育、科技、人才一体发展的出发点和落脚点，把“引领产业高质量发展”，作为教育工作、科技工作、人才工作的共性目标。在规划设计、政策制定等方面，充分考虑“一体发展”的目标内涵，有组织地围绕共性目标制定各项任务清单。

二是从关键节点出发，不断提升一体部署能力。围绕中心、服务大局，牢牢把握教育、科技、人才的重点领域和关键环节，把力气花在点子上、关键处。其一，立足“教育是基础”，着力构建教育链。充分发挥区内教育资源优势，支持宁波东方理工大学建设高水平新型研究型大学，推进全球遴选学科人才领衔学科专业群建设。深化甬江科创区高校合作，引导宁波大学、宁波工程学院、中国科学院大学宁波材料工程学院等高校围绕产业设置（调整）专业。坚持“分类办学、错位发展”，打造一批成为以学术型、科技型特色见长的特色示范高中。创设“科学家之乡”等教育品牌，推进中小学生科学素质培养。加快区技工学校、区公共实训中心建设，联合周边高校院所平台、区内大优强企业（单项冠军企业、专精特新“小巨人”企业）建立产教联盟，持续加大紧缺急需人才自主培养力度。其二，立足“科技是动力”，着力优化创新链。充分发挥院所平台云集优势，联合中科院宁波材料所、宁波东方理工大学、甬江实验室等区内重大科创平台，构建“头雁引领、雁阵齐飞”创新生态体系。坚持基础研究与应用研究协同，强化有组织的科研，发挥重大科创平台专项作用，分阶段给予“研发、孵化、中试、产业化”全链条支持。探索科技成果“先用后转”，形成一批关键技术攻关项目。完善“综合授权＋负面清单”方式，赋予科创平台更大自主权，探索长周期差异化绩效考评，持续激发创新主体活力。其三，立足“人才是主体”，着力激活人才链。瞄准“高精尖缺、海外、全职、年轻”，联动高校院所平台、海外引才枢纽、校友协会等重要载体，建立全球人才招引体系。健全长周期、全过程人才自主培养机制，探索“顶尖人才＋青年科技人才”成长计划，加速青年科技人才成长成才。推进“新时代制造业工匠培育项目”试点工作示范引领，实施高端制造业技师孵化培育工程，培养卓越工程师、高技能人才等紧缺急需人才。持续壮大人才基本盘，统筹推进民营企业管理人才、数字经济人才、港航物流人才、国际贸易人才、金融法律人才等各支队伍建设，着力构建一流人才梯队。其四，立足“产业是根基”，着力升级产业链。推进区域产业空间整合优化，推进集成电路产业园、光明科创微城、招宝智造谷、氢能产业示范基地、电子化学品产业园等产业园区建设。强化未来产业赛道识别判断，前瞻布局完善以前沿新材料、人工智能、氢能、AI 等未来领域为主导的若干产业赛道，高水平建设石墨烯材料产业工程师协同创新中心。深化“双招双引”模式，聚焦重点领域、关键环节、根部技术，优化升级“雄镇英才”项目遴选体系，探索“以投代评”模式，实施直接认定、专项评审、大赛认定、平台推荐、专家评审等多元常态遴选方式，加快集聚、发展、壮大一批具有科技内核和战略意义的高质量人才项目。探索“科学家＋工程师”联合团队协同作战模式，完善“企业出题、政府助题、平台答题、车间验题、市场评价”的攻关机制，加快构建龙头企业牵头，高校、科研院所支持，各方面协同配合的创新联合体，全面提升产业链、供应链稳定性和竞争力。

三是从资源配置出发，不断提升一体统筹能力。集成教育系统、科技系统、人才系统的资源优势，通过健全体制机制、搭建资源网络，确保各类资源向关键处倾斜。其一，建立资源归集网络。深挖教育系统、科技系统、人才系统高端资源，以“三位一体”发展为统领，搭建信息渠道库、专家咨询库、高端人才库、优质项目库，绘制区域产业空间导图、区域产链招引导图，并在海内外人才密集城市打造双招双引站点，构建形成“四库两图多站”资源网络。其二，探索资源配置模式。深化“教育大脑、科技大脑、人才大脑、产业大脑”联动，以数字化手段支撑一体化资源体系建设，推动跨区域、跨领域、跨平台、跨部门资源共享共用。健全关键资源协调配置优先机制，面向“三位一体”重大攻关任务，给予充分倾斜、全要素支持。其三，提升资源焕新能力。基于教育、科技、人才一体化归集网络，对现有资源再加工、再组合、再创造，实现资源的更大集成、发挥资源的更大效用，以资源的再生能力推动“三位一体”向更大范围、更宽领域、更深层次迈进。

四是从工作推动出发，不断提升一体落实能力。以一体发展的工作体系为牵引，推进事项清单化运行、问题长效化推进、效能可视化评价，有力推动教育、科技、人才全面落实、一体落实。其一，健全投入保障。创新“财政资金＋企业投入＋社会资本”联动支持模式，建立财政教育投入、科技投入、人才投入稳定增长机制，探索将人才队伍建设纳入行业产业专项资金保障范围，以资金链牵引人才链创新链产业链融会贯通，推动政策、土地、能源等资源要素向“三位一体”重点领域、关键节点倾斜。其二，培优工作力量。优化教育、科技、人才干部队伍配置，将懂行业、懂政策、懂业务的干部配置到推进“三位一体”发展的第一线。加大教育、科技、人才、招商领域年轻干部交流培养力度，定期开展轮岗就任、挂职历练等干部交流，助力年轻干部成为推动产业高质量发展的主力。深化专项工作“项目化”推进制度，推进重点项目、重大工程“体系化”运作、“组团式”服务。其三，强化评价引导。探索“一体发展”科学评价体系，加强关键性指标评价和协同性指数评价。加强创新成果、创新人才、创新经验的宣传报道，在全社会营造尊重知识、崇尚创新、重视人才的良好氛围。

镇海区委人才办

持续壮大高素质人才队伍的海曙实践探索

2016年宁波市行政区划调整后，海曙区单一城区成为城乡共生复合空间，辖区面积从29.4平方公里扩大到近600平方公里，工业农业占比迅速增大，新海曙拥有了更丰富的要素资源、更强劲的产业驱动力和更迫切的高素质人才队伍需求。为此，海曙区委、区政府深入贯彻落实中央、省市人才工作会议精神以及决策部署，扎实推进栽树工程和人才强区建设，着力打造“工程师友好区”“人形机器人产业人才专区”，构建人才高品质生态圈，不断集聚高素质人才，为高质量发展赋能。在一系列有力举措的推动下，海曙区产业创新与人才开发取得了丰硕成果，相继引进落地浙江人形机器人创新中心、宁波工业互联网研究院以及CCF宁波运营中心和算法测评中心等重大创新平台，入选省未来产业（人工智能）先导区，连续四年获评全国创新百强区。

本研究以海曙区开展高素质人才队伍建设为切入点，分析海曙高素质人才队伍建设现状和主要问题，并在此基础上提出对策建议，为下一步人才工作提供参考。

一、海曙区高素质人才队伍建设现状

近年来，海曙区牢固树立“人才是第一资源”的发展理念，大力引进区域经济社会发展所需海内外高素质人才，深入实施多项人才引育举措，加快推进各类高素质人才集聚。截至2025年5月，海曙人才资源总量达26.51万人，2022—2024年累计落地151个重点人才项目，集聚300余位市级以上高层次人才，其中新兴产业占 58%，数字经济产业占 39%，含“新”量超过九成，特别是高层次人才领衔创办的“小而美”“高精尖”企业达 49 家。

（一）人才引育政策迭代创新

先后出台“人才新政 18 条”“人才科创”专项政策、“暖心 10 条”等人才政策，迭代升级“汇海”系列引才政策，编制“百创汇海”人才集聚工程新政，建立起招商引智、人才成长、资本对接、服务保障等方面的高素质人才引进培养机制。率先启动建设“工程师友好区”，发布卓越工程师人才培养指南，成立卓越工程师培养联盟，推出全市首个针对工程师人才的 15 条专项举措，在资助奖励、合作培育、项目孵化等方面为工程师提供保障支持，着力建设全省领先、全市一流的工程师人才聚集地。

（二）聚才品牌建设初具成效

坚持活动聚才，打造了海曙区卓越工程师人才峰会，高标准开展宁波市谷雨人才日、人才科技周等海曙分会场活动，连续举办海曙区创新创业大会、“科创中国”赛道明星班、大学生科创训练营、百名博士海曙行，承办中国工业互联网大赛、“AI 宁波”人工智能赋能产业大赛智慧城市赛道、首届 CCF 算法能力大赛及算法大会等活动，形成一系列聚才品牌活动，每年吸引一大批高层次人才来到海曙、了解海曙、落地海曙。通过丰富的引才聚才活动，形成了引项目聚人才、引资金促发展、引理念优服务的良好格局，在省内建立了具有较高影响力的人才工作品牌。

（三）平台能级不断提升

顺应“科技回归都市、人才回归都市”的发展趋势，在城区中心打造翠柏里创新街区，启用甬水桥科创中心，激活楼宇 20 幢近 30 万平方米，吸引浙江人形机器人创新中心、宁波阿里中心、工研院、智研院等重大创新平台落地，截至 2025 年 5 月，已入驻科技创新型企业 300 余家，集聚各类人才 1 万余人，其中青年人才 4000 余人。聚焦“工程师友好区”建设，成立卓越工程师培养联盟，创新“高校＋产业技术研究院＋企业”多主体联合人才培养体系，推动建立“曙才学堂”联合实训基地。与宁波市农科院共同启动未来农学院，

“课堂授课＋实践培训”培养一批农业实用型人才。

（四）服务保障持续优化

以人才需求为导向，线上线下打造人才专“曙”服务，高标准建成宁波“人才之家”，推出青年驿站，提供免费住宿、就业指导等服务，成立全省首家工程师服务中心，为工程师人才提供精准服务。线上依托“一网一码”（人才管理系统网、专曙人才码），推进人才创业创新全周期“一件事”改革，构建人才服务全程数字化便捷化应用体系。整合区科技大市场、产业技术研究院等专业力量，组建“技术经纪人”联盟，建立专家技能库、企业需求库和联盟服务清单，为企业人才提供指导，解决技术难题。统筹安排助创管家“一对一”联系高层次人才，为人才与企业提供“全周期”服务。

二、高素质人才队伍建设面临的挑战

（一）高端人才和专业技术人才引进仍需突破

根据《海曙区人才发展“十四五”规划》，到 2025 年全区人才资源总量达 31 万人，目前人才资源总量为 26.51 万人，两者还有一定差距。2022 年海曙区专精特新企业需求调研报告显示，67% 的企业反馈有人才需求，其中四成企业表示缺少专业技术人才，三成表示缺少高层次人才，说明海曙产业人才需求旺盛，专业技术人才和高层次人才短缺问题仍较多存在。

（二）重大平台建设提能升级仍存在进步空间

近几年，宁波工业互联网研究院、浙江人形机器人创新中心等重大创新平台相继落地海曙，显著提升海曙人才吸引力，但高能级人才承载平台仍显不足。一方面表现为省级以上创新平台数量较少，且缺乏类似于宁波大学、中科院宁波材料所等高能级的高校院所，基础设施配套水平与承载大项目、顶尖人才的要求存在差距。另一方面表现为传统产业所占比重仍然较大，高新技术企业数量和产值规模较小。2020 年宁波智能技术研究院开展科创训练营至今，累计培养青年创新创业人才 422 人，仅 88 人留下继续创业。

（三）人才服务精准度还需提高

大学生就业岗位多集中在城区街道，而人才公寓、保租房等房源位于郊区的数量占比较多，生活配套相对滞后。不仅如此，海曙区自有的 72 套人才公寓环境相对老旧破小，降低了人才吸引力。此外，对新来甬大学生的职业发展规划指导较少，新入职人才面对复杂职场环境不知如何进阶提升，政府层面对大学生发展指导方式还不够多元化体系化，未能较好地发挥人才适应环境、明确职业发展方向的辅助作用，人才成长受限。

三、持续壮大高素质人才队伍的对策

（一）坚持引育并重，聚才赋能高质量发展

一是聚焦深化产教融合、校企合作，探索区域“政产学研用”多元协同育人机制和高层次人才“双聘”制度，加强与宁波大学、宁波东方理工大学的合作，构建“共建、共管、共享”“协同研发、协同育人、协同发展”的“三共三同”人才培养模式。依托人形机器人创新中心建设校企实验室、实习实训基地，提高高素质技术技能人才培养质量，精准服务地方产业高质量发展。二是完善本地化培养机制和人才引进体系，平衡外来引进人才和本土培养人才的政策覆盖范围与支持力度，加大本土人才成长发展的激励措施，激发人才向上生长动力，留住人才用好人才。三是大力引进高层次人才。坚持围绕海曙区以及宁波市支柱产业、新兴产业和现代服务业的发展需要，以“人才＋项目”为主要模式，推出“博士来海曙，背包好创业”品牌。高质量办好首届 CCF 算法能力大赛、“AI 宁波”人工智能赋能产业大赛等活动赛事，深化以赛引才，重点引进能突破关键技术、发展高新产业、带动新兴学科的海内外高层次人才和领军型创业人才。

（二）持续打造高能级载体平台，增强人才承载力

一是积极参与国家级平台建设，推进省级以上重点实验室、技术创新中心等平台档次升级，加强与省制造业创新中心等平台合作联系，会同国内外强企强校强院强所联合建设共享实验室，主动参与甬江实验室等全市重大科创平台

建设，积极谋划打造“海曙博创园”“人形机器人产业人才专区”“农业机器人创新中心”等新兴高能级平台，夯实应用基础研究平台，提高现有创新平台能级。二是以区域产业高质量发展为主线，精准把握区域产业态势，探索构建“3 ＋ 2”产业矩阵（3 大科创集群、2 大融合业态），集人工智能先导区、数字经济产业带、新材料研发加速区、“算法＋实体”融合示范区、文创 IP 商业化平台于一体，找准产业发展方向，实施精准招商，谋划建设高能级平台。三是进一步规范创新平台管理工作，引导企业加强产学研合作、不断提升产学研协同创新效能，加快推动科技成果转化为现实生产力。充分发挥研究中心、实验室、企业技术中心等创新平台申报牵头协调作用，建立上下联动、左右协同的工作机制。

（三）做优人才服务保障，构建一流创新生态

一是建立常态化政企才沟通联系机制，以相互开放性的交流，消除信息不对称问题，实施主管部门与人才“一对一”联系服务机制。健全一位科长对接一位人才机制，每月有联络、每季有走访、实时能联系。围绕人才“需、引、供”三个方面，结合海曙区主导产业发展人才需求，为重点用人单位“量体裁衣”，推动实现人才有效供给。二是继续深化“互联网＋政务服务”，将人工智能、大数据等高新技术广泛应用于人才企业服务各流程、各领域，打造全流程、精准化的服务模式，提升政务服务质量和效率。建设“曙才居”人才安居信息服务平台，统筹管理人才安居房源，通过国企房源实物租售、线上平台选租配租等方式解决人才安居问题，增加优质公共服务供给。三是加强人才项目引进后的跟踪服务，建立人才（项目）问题信息库，关注人才工作生活中的实际困难，营造尊重人才、爱惜人才、重用人才的氛围。持续关注人才后期的使用和管理情况，更好地发挥引进人才作用。

海曙区委组织部　吴鹤立　库　猛

人才资源市场化配置改革的奉化实践探索

人才是第一资源，推动经济增长、提升科技水平、实现共同富裕的根本源泉在于人。中共中央印发的《关于深化人才发展体制机制改革的意见》明确将“突出市场导向”定义为深化人才体制机制改革的基本原则之一，强调要充分发挥市场在人才资源配置中的决定性作用和更好发挥政府作用。紧扣这一要求，近年来奉化区靠前谋划、靶向发力，以市场化配置改革为引领，加快转变政府人才管理职能，切实破除人才资源配置过程中的沉疴顽疾，不断激发和释放人才创新创造创业活力，使人才各尽其能、各展其长、各得其所，让人才价值得到充分尊重和实现。

一、奉化区人才资源配置面临的主要形势

（一）区域人口发展态势

一是常住人口增长缓慢。第七次全国人口普查（简称“七人普”）数据显示，2020 年奉化区常住人口 57.75 万人，较第六次全国人口普查（简称“六人普”）净增 8.58 万人，年均增速 1.62%，低于宁波全市平均（2.15%）。2021 年起出现人口自然负增长，2023 年人口自然增长率为 -5.12‰，远低于宁波全市平均（-0.1‰）。二是老龄化程度不断加深。“六人普”至“七人普”10 年间，奉化区 0 ～ 14 岁常住人口减少 1.16%，15 ～ 59 岁人口减少 5.88%，60 岁及以上人口增加 7.73%。2023 年奉化区 47.52 万户籍人口中，60 周岁及以上

老年人口已占比32.39%。三是受教育程度有待提升。根据“七人普”数据，2020年奉化区每10万常住人中有大学文化程度的人口数12201人，15岁及以上常住人口平均受教育年限为9.33年，均低于宁波全市平均（17838人、9.97年）。

（二）人才资源发展态势

一是人才资源总量偏少。2023年奉化区人才资源总量16.25万人，总量在宁波各区（县、市）排名靠后；全市占比6.4%，高于常住人口全市占比（6.1%）。二是人才流失风险较高。容易受到宁波中心城区和周边城市的“虹吸效应”影响，特别是2021年，人才资源总量较2020年下降3.15万人，专业技术人才、经营管理人才总量下降最为显著，合计占流失人口总量的7—8%。三是人才结构偏实践型。2022年奉化区高技能人才占比35%，高于宁波全市平均水平9个百分点；专业技术人才占比32%，低于宁波全市平均水平4个百分点。奉化区和宁波全市2022年人才资源总量各支队伍占比见图1。

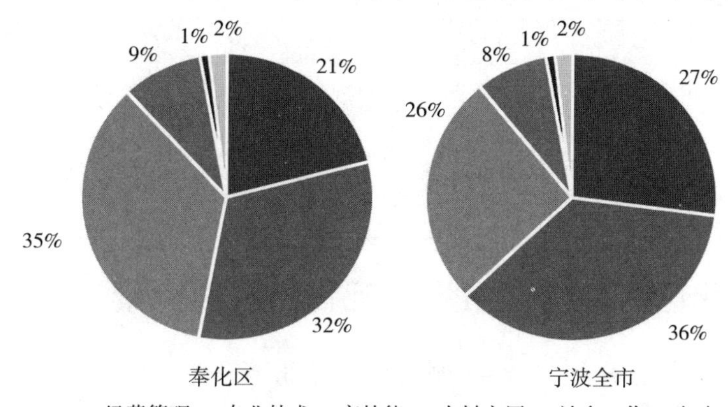

图1 奉化区和宁波全市2022年人才资源总量各支队伍占比

（三）新质生产力发展态势

一是新兴产业规模不大、增速不快。工业园区集聚的主要为电气机械、通用设备制造、金属制品等行业企业，产业结构趋同，新质生产力发展较为缓慢。2024年前三季度全区战略性新兴产业增加值为37.28亿元，占规上工业增加值比重仅有10.2%，远低于全市（约30%）、全省（约33%）水平。二是龙头企业数量不多、带动力有限。有上市企业数量 3 家，全市占比 2.4%；国家级制造业“单项冠军”企业 2 家，全市占比 1.9%；“大优强”培育企业 4 家，全市占比 3.8%；全市制造业百强名单中，也仅占 3 席。三是创新平台数量不多、能级欠高。国家级企业技术中心、省级重点企业研究院没有实现零的突破；省级高新技术企业研发中心 60 家，占全市比重 7%；企业技术研发中心 155 家，相比鄞州、北仑、海曙等行政区有不小差距。2023 年宁波各区（县、市）企业科创平台数量见表 1 。

表 1　　2023 年宁波各区（县、市）企业科创平台数量

区县	省级重点企业研究院	省级高新技术企业研发中心	市级产业技术研究院	市级重点企业研究院	企业技术研发中心
海曙区	2	70	5	0	197
江北区	2	57	5	5	132
镇海区	2	60	6	1	185
北仑区	6	125	8	4	289
鄞州区	8	135	4	8	356
奉化区	0	60	6	3	155
余姚市	5	92	8	2	709
慈溪市	2	101	7	0	324
宁海县	0	74	5	1	188
象山县	3	53	4	3	130

二、奉化区人才资源市场化配置的主要探索

（一）市场化育链，抢占产业“制高点”

一是深化以资选才模式。为推动创新链、产业链、资金链、人才链“四链”深度融合，奉化区在全市范围内率先实施项目“拨投联动”奖补模式改革，成立首期 3 亿元的人才发展基金，创新探索容亏量化、收益分配、以资选才机制，深入推进“凤麓英才”人才计划“奖、投、贷”联动，充分发挥人才发展基金杠杆效应，撬动更多社会资本投入人才项目。

二是围绕产业靶向招引。加大对专精特新企业、链主企业的倾斜支持力度，引导劳动力和人才向发展新质生产力集聚，不断提高新技术、新产业、新

业态、新模式、新动能人才的比例，促使各类人才得到优化配置和足够激励，以推动高质量充分就业、赋能新质生产力。2023—2024 年，全区新入选省领军型双创团队 1 个、甬江人才工程顶格资助项目 1 个、B 类项目 2 个。

三是金融赋能企业发展。创新推出“有你‘财’好”金融赋能加油包，鼓励金融机构对重点人才项目、人才企业授信全覆盖。自 2021 年底成立以来，“人才银行”贷款已超 3 亿元。2023—2024 年，全区已有 4 家人才企业入选国家级专精特新“小巨人”企业。

（二）市场化引才，推动人才“大汇聚”

一是创新人才评价机制。大力探索人才价格市场发现机制，把人才置于市场竞争中，由供需关系决定人才及人才企业价值，最大限度发挥市场在人才资源配置中的决定性作用。通过向用人主体授权、为人才松绑，积极探索人才价值变现机制，制定出台“凤麓精英”评审办法、高水平创新型人才奖补办法，优化升级薪资奖励、住房保障管理办法，持续实施“三领人才”认定办法。

二是组建成立专业机构。联合浙江交投人才发展集团、宁波人才发展集团，成立浙江交投人力资源服务有限公司。实施“引才强企”行动，2024 年组织区内 10 余家重点企业赴苏州等地开展高水平创新型人才猎聘活动，精准招聘企业紧缺人才。举办“全国选才 · 才赋奉化”系列招聘活动，积极开展产才对接，截至 2024 年底，已推出岗位 2300 多个，收到人才简历 2800 余份。

三是赴外精准招才引智。实施“凤麓菁英”计划，“引、育、储”一批奉化区经济社会发展所需的高层次高素质优秀人才和急需紧缺专业人才，优化企事业单位工作人员队伍结构。2024 年新引进高层次人才 130 名。

（三）市场化服务，激发人才“原动力”

一是构建一体服务平台。组建奉化区人才发展公司，成立茗山智创产才联盟，利用市场化手段，解决人才的“关键小事”和“发展大事”，整合各人力、人才平台等资源，切实将人才发展公司打造成“政府抓人才工作的经理人、各类人才就业创业的服务者、产学研高度链接的联络员”，构建人才“一站式”“集成化”服务平台。

二是优化人才服务保障机制。建立项目帮扶“五必”模式，确保人才项目落户后“一周必问”“一月必访”“一季必拨”“一年必检”“即刻必帮”，形成全员联系、全域覆盖、全程服务的人才新模式。建立以政府主导、市场导向的人才培训机制，推进产教融合。2024年，根据企业和人才的实际需求，开展技能培训27738人次，新增技能人才7665人、高技能人才5937人，其中数字高技能人才2310人，数量全市第一，相关做法在浙江机关党建网站宣传推介。

三是营造“最懂年轻人”的发展生态。串联打造“一廊一街一中心一家一站一大厦”青年人才风景带，持续擦亮“最美桃花源、最好青创地”品牌。精心举办“后浪集结，甬上未来”青年理想生活周暨“双创”青年博士发展大会等各类活动，营造近悦远来浓厚氛围。

三、深化人才资源市场化配置改革的建议

奉化区要在激烈的人才竞争中掌握主动权，促进高层次人才的集聚，就必须更加重视人才资源市场化配置改革，优化提升人才集聚的“软”“硬”环境，以高端产业集聚人才，以体制活力用好人才，以良好生态留住人才。

一是强化产业引领，厚植人才发展优势。现代化产业体系是高质量发展的重要基础，是吸引集聚人才的强大动力。必须坚持产业发展与人才发展同规划、同部署、同落实。打造柔性工作带，在近郊布局联合办公中心，提供跨城通勤补贴，吸引数字游民。围绕深化国际国内人才创新高地的联动发展，加快建设一批高层次人才发展平台、重大项目平台和创新创意综合体，深度发挥平台赋能优势、激活企业创新主体活力，聚焦产学研深度融合，鼓励支持一批龙头企业开展人才联合培养、技术联合攻关、市场联合拓展，帮助企业做大做强，以产业强助人才兴，实现产业发展与人才集聚的螺旋式上升。

二是创新体制机制，推动资源优化配置。积极放大近郊的独有优势，在全市范围内出台相对性价比最高的购房、安家政策，不断巩固提升“成本洼地＋品质生活”的复合型优势。在人才评价机制上主动突破，破除重学历轻能力、重资历轻业绩、重论文轻贡献的不良倾向，重点看实践、看贡献，全面践

行“人人皆可成才”“人人皆是人才”理念。对于服务业中的优秀厨师、外卖员、冷饮小哥、技能工人等，都要大力鼓励和表彰。在人才激励保障机制上主动突破，加快落实以增加知识价值为导向的分配政策，做好简政放权、放管结合、优化服务的“大文章”。

三是坚持集成联动，实现生态跃迁升级。加快构建网络化、扁平化、专业化的人才工作矩阵，促进“四链”深度融合，为人才和企业提供全生命周期集成化服务，从“引育用留”全链条营造近悦远来人才生态。顺应经济社会数字化、老龄化等发展趋势，收集掌握人才引进和配置的各项要素，持续深化人才服务增值化、数智化、生态化改革，不断培育人力资源服务新产品、新业态、新模式，拓展人才服务的广度和深度，赋能高质量发展。

奉化区委人才办

工作案例篇

海曙区：打造人形机器人产业人才“强磁场”

人形机器人作为人工智能、高端制造、新材料等多种先进技术的集大成者，具有创新活跃、技术密集、价值高端、前景广阔等特点。近年来，海曙区锚定人形机器人产业赛道，依托深厚的制造业底蕴，着力打造涵盖机器人核心零部件、智能控制技术及工业互联网平台的完整产业链，精准对接人形机器人领域高端人才需求，形成“技术研发—成果转化—场景应用”的全链条生态。同时，海曙区以“科技回归都市”为导向，聚力提升翠柏里创新街区、甬水桥科创中心等平台能级，集聚上海交通大学人工智能研究院、浙江人形机器人创新中心等科研力量，构建“孵化—加速—成长”的全域创新格局，为抢占人形机器人产业制高点提供核心动能。

一、主要做法

（一）多维引才，塑造人才虹吸新体系

一是优化政策体系。推出“百创汇海”简易评审赛道，持续推进授权松绑，实现人形机器人等重点领域引才直达快享；全面梳理整合政策资源，针对人才、项目和企业，形成人形机器人产业“专曙”政策大礼包。二是创新引才模式。联合承办2024年“AI宁波”人工智能赋能产业大赛“智慧城市”赛道、首届CCF算法能力大赛等大规模赛事，积极对接AI机器视觉自动切割机器人等优质项目，争取优质参赛项目落地海曙。三是拓宽引才渠道。依托北京、上

海、深圳“招商引智”小分队、中芬平台、万国互联等平台载体，高频次开展赴外“双招双引”和海外引才，举办北京高校专场双选会、城市人才生态发布会等特色活动，重点关注人形机器人相关领域产业人才。

（二）平台聚智，打造产才融合新高地

一是搭建产教一体平台。建立“第三方＋”培养机制，紧扣关键技术协同攻关、卓越工程师培养等主题，打造浙江人形机器人创新中心产学研合作平台，培育人形机器人领域人才。二是打造资源共享平台。组建专家技术委员会，深化“共享工程师”“周末工程师”等模式，针对企业技术需求“痛点”、技术攻关清单，对接导入人形机器人创新成果资源。三是构建创新孵化平台。打造人形机器人产业链联盟，围绕宁波机器人全产业链体系，整合引领宁波材料、高端制造、工业互联网等优势资源，在本地培育形成一批原创性技术。联盟已覆盖中国科学院宁波材料技术与工程研究所等单位。

（三）生态赋能，构建人才服务新矩阵

一是延展服务覆盖范围。建立人才服务体验官机制，以人形机器人等重点人才企业技术骨干、HR负责人等为主体，聚焦产业需求、政策效果、服务优化等方面，构建政企协同的人才服务闭环。二是做优人才增值服务。通过青年夜校开设DeepSeek等AI工具培训，邀请行业专家授课，覆盖AI绘图、智能语音等应用场景，营造积极学习运用人工智能的良好氛围。三是深化生态服务赋能。积极构建24小时青年创新社区，盘活翠柏里创新街区闲置楼宇资源，在青年人才集聚区域，开辟办公区、洽谈区、会议区等工作及生产场景，积极对接引入智能化生活配套服务设施。

二、突出成效

经过多年的努力，海曙区已基本确立人形机器人产业领先地位，以产引才、科技赋能、产才共兴的良好局面不断形成。2024年3月，浙江人形机器人创新中心发布了全域自研的首台人形机器人整机“领航者1号”及多自由度灵巧手，相关做法获得浙江新闻、澎湃新闻等媒体的宣传肯定。8月，浙江人形

机器人创新中心“领航者 2 号”亮相北京世界机器人大会，以百分百自主可控技术抢占竞争制高点，相关成果获得新华网、央视网、《中国日报》等媒体的宣传肯定。截至 2025 年第一季度，浙江人形机器人创新中心人才团队已集聚 100 余人，其中 80% 为研发人员，主要来自浙江大学、哈尔滨工业大学、北京大学等，团队中具有硕博学位人才比例达 60%，产业人才集聚效应明显。

镇海区：一座智造新城的集成电路产业人才培育实践

集成电路产业作为信息技术产业的核心，是支撑经济社会高质量发展、保障国家战略安全的先导性基础产业。作为宁波市集成电路产业“一链四区”布局的重要支点，镇海区创新构建“平台载体—产业人才—高端项目”三位一体发展体系，通过三大园区联动共建、多元要素协同发力，精耕集成电路产业人才“引育留用”全生态链，全力打造长三角特色集成电路产业创新高地。

一、主要做法

（一）强链聚能，打造产业升级新引擎

一是全面统筹上下联动。镇海区将推动集成电路产业发展作为发展数字经济的重要抓手，构建起“区—镇—园”三级联动工作体系，全面压实部门协同责任、园区主体责任和企业落地责任，加速形成全区上下齐抓落实的强大合力，全力培育具有区域竞争力的集成电路产业集群。二是集中资源全链布局。高标准规划建设7平方公里的集成电路产业园，按照“研发—制造—封装测试—终端应用—配套服务”全链条布局，打造集技术创新、产业集聚、产城融合于一体的集成电路智造高地。园区已成功落地浙江省首个IC光掩模板制造项目，并引进中车时代投资近50亿元的功率半导体项目，进一步夯实产业基础，增强区域竞争力。三是突出特色做优品牌。加快推进浙江创新中心甬江芯

谷建设，1.5 万平方米核心启动区累计落地集成电路企业 22 家，科创人员加速汇集，创新高地快速形成，已集聚集成电路领域顶尖人才 8 名，甬江芯谷研发人员超过 330 人。

（二）引智育才，构建产才融合新生态

一是分类认定灵活化。根据集成电路产业链上下游发展需求，出台集成电路产业人才专项政策 23 条，靶向加大高端人才、项目招引力度，进一步强化不唯学历重经历、不唯帽子重能力认定导向，根据工作年限、企业年薪等进行分类认定。集成电路产业人才可以享受区级高层次人才同城待遇，让实用型人才跨过“高”门槛。通过专项政策评审，已有 19 人次享受区级高层次人才待遇。二是专项评审聚焦化。以“科学覆盖、精准扶持、培育突出”为导向，迭代升级人才项目评审体系，开展区“雄镇英才”高端项目集成电路产业专项评审，设立“奇思甬动”大赛芯谷专项，对入选项目给予简易评审、直接认定、五位一体、成长示范、动态升级等多方式、全链条支持，吸引海内外近 50 个泛集成电路项目申报参评，累计遴选落地集成电路企业 7 家。三是引育支持多样化。聚焦企业引才育才痛点难点，构建全周期政策扶持体系，加大引才资助力度，优化猎头补贴申领流程，扩大技能培训补助覆盖面，切实降低企业成本。创新实施集成电路企业梯队培育计划，建立科学认定标准和动态调整机制，对重点企业赋予高层次人才自主举荐权，推动形成“以产聚才、以才促产”的良性循环。

（三）靶向施策，激活创新服务新动能

一是强化科创基金赋能。充分发挥国有资本引领撬动作用，创新构建“基金＋人才＋产业”联动机制，由国资国企发起设立甬江科创基金，已为 5 个集成线路领域人才项目提供超 3 亿元资金支持，带动社会资本超 10 亿元，有效破解人才项目“融资难”问题。二是优化服务平台保障。创新构建市场化人才服务新机制，充分发挥国资国企资源整合优势，联合政府部门、高校院所、重点企业及专业服务机构等多元主体，共同打造“政产学研用”一体化的人才服务综合平台。重点建设甬江科创人才服务专区，构建涵盖人才引进、项目孵

化、金融支持、生活配套等全链条服务体系，为高层次人才和科创项目提供精准化、专业化、全周期的服务保障。三是细化关键小事优待。经区级认定的集成电路产业人才可享受最高 100 万元安家补助、最高 100 万元购房补贴、最高三年安居专用房免租，人才子女还可优先就读区内优质民办学校或指定公办学校，通过构建“安居＋乐业”的全方位保障体系，切实解决人才后顾之忧，让创新人才安心扎根、专注发展。

二、主要成效

2023—2024 年，全区累计落户集成电路企业 23 家，引进集成电路研发人员近 500 名，产业规模达到 8.86 亿元。集成电路产业园建设、芯片产业招才引智等相关工作成效获《浙江日报》《宁波日报》等媒体报道。

鄞州区：发力博士后人才锻造新质生产力新引擎

青年科技人才是培育国家战略人才力量的核心支撑。博士后群体作为科技人才队伍的“尖兵梯队”，更是突破关键核心技术、锻造新质生产力的核心引擎。近年来，鄞州区立足国家战略需求、围绕省科创高地打造目标、抢抓市科技创新部署机遇，将博士后人才引育作为“激活创新变量、贯通产学研用、重塑发展动能”的战略支点，通过制度创新、平台拓维、生态重构“三维发力”，加速推动博士后“科研势能”向新质生产力“发展动能”跃迁。截至 2025 年 4 月，全区建成省级以上博士后工作站 64 家，覆盖信息技术、生物医药、机械装备、新材料等重点产业，累计招收博士后研究人员 280 名，博士后工作站规模持续位居全市第一、全省前列，并在关键领域获得发明专利授权 417 项，助力企业新增产值超 26.6 亿元。

一、主要做法

（一）聚焦平台载体建设，提高产业聚才势能

宁波市鄞州区紧贴区域产业转型需求，在博士后科研工作站建设上不断加大政策扶持力度，以点带面构建产学研用平台矩阵，推动博士后人才集聚、机制优化、潜能释放。一是紧贴企业需求，创新点对点建站模式。重点对龙头企业、上市企业、单项冠军企业进行调研排摸、分类梳理，形成博士后人才需

求清单和“卡脖子”技术清单，主动做好上门指导、项目评估、申报推荐等一链式服务。2022—2024 年，鄞州新增省级以上博士后工作站 21 家，其中 95% 为企业博士后工作站，累计兑现补助资金近亿元。二是紧贴能级提升，创新产业链建站模式。聚焦战略性新兴产业，分类分层引导重点企业建站，全面覆盖万千亿级重点发展产业。如在新材料领域建立博士后工作站 10 家，仅博威集团博士后科研工作站就累计引进博士后 11 名，每年为企业开发出 15 种以上新型铜合金产品，其中唐宁博士开发的“高强高弹带材产业化项目”打破国外技术垄断，完成进口技术替代并实现产业化，为企业每年增加营收超 2 亿元。三是紧贴孵化培育，创新集成式建站模式。针对博士后工作站点上分散多、面上集聚少，政府主导多、企业参与少的局面，创新打造浙江省首个博士后创新创业园，采用“政府引导＋企业投资＋市场化运营”模式，集成博士后科研创新、项目融资、带动就业等“一站式”功能，园区已入驻或达成入驻意向的以博士后人才为主体的企业（项目）达 25 家。四是紧贴优势资源，创新协同化建站模式。创新“双聘引才”等校地合作模式，与高校院所共建“博士后联合培养基地”，已与全国 70 余所高校建立博士后工作合作关系，并在浙大宁波理工学院“落户”全市首个博士后校企联合培养创新试点，联合培养引进近 90 名博士后科研人员。

（二）聚焦科技成果转化，增强人才贡献动能

加快博士后人才资源要素向创新创业一线流动，构建以企业为主体、市场为导向，产学研用深度结合的技术创新体系，把更多人才优势转化为新质生产力。一是建立“联盟＋”领题攻关机制。组建博士后创新攻坚联盟，在鄞博士后团队每年“揭榜挂帅”项目数十项，助力鄞州企业攻破“卡脖子”难题。2021 年以来，鄞州博士后先后获国家、省级资助项目 103 项，累计开发进口替代类技术 129 项，填补省级以上空白技术 149 项。二是建立“校企＋”联合创新机制。建立创新激励基金、共建联合实验室、联合研究中心等，推动校企协同创新、合作共赢。如美康生物与全国十余所高校签订合作协议，依托其国家级博士后科研工作站等科研平台先后引入 8 名博士后，每年为企业开发出 15 ～ 20 种新型体外诊断产品，成功突破国外医药技术垄断，成为生化试剂

领域的全国单打冠军，为企业每年增加营收超 3 亿元。三是建立“市场＋”供需对接机制。打造“博创中国网”一站式创新创业服务平台，推动校企才精准对接匹配，已累计向全区企业分享 500 多条全国博士后人才科研项目信息。引导各设站单位研究课题紧贴市场需求，实现博士后科研项目与现实生产力相结合，建立科技创新与标准制定联动机制，提升科研成果适用性和影响力。鄞州博士后先后主（参）编各类标准达 187 个，有效带动新兴产业高速发展。四是建立“数字＋”绩效考评机制。开发全省首个“博士后数字化绩效评估系统”，建立博士后进出站全周期管理服务机制，站点 280 余名博士后均纳入系统管理，进一步激活博士后创新创业潜能和成果转化效能。纳入系统管理后，博士后工作站平均每年多创造专利 2.3 个，多带动经济产出 800 万元。

（三）聚焦人才生态优化，提升服务安才效能

环境好、服务优，则人才聚、事业兴。鄞州聚焦博士后人才引育用全链条、“产学研创”全过程，构建“一站式”增值服务体系，聚力打造人才发展首善生态。一是优化政策引博。完善博士后人才资助体系，出台《鄞州区博士后工作补助资金管理办法》，在站博士后及设站主体资助最高总额可达 220 万元。鼓励高校院所在鄞设站单位以项目合作方式共建实践基地，给予参与项目的在读博士研究生 3000 元 / 月生活补贴。持续开展“博创鄞州”青年人才评选，对入选计划的博士后青年人才一次性给予最高 20 万元补贴，并优先推荐申报各级人才培养工程。二是创新平台吸博。加快提升宁波院士中心、浙江创新中心等战略人才平台能级，深挖东方理工、宁波大学等甬江科创区高校院所资源，引导构建政校地企“引才共同体”、链主企业“创新联合体”，推动人才引进、校企合作、产教融合协同发展。2021 年以来，承办博士后“双百”对接会，吸引全球知名高校院所 1500 余名青年博士实地揭榜，为全市 200 余家重点企业破解高端技术难题。三是用活激励聚博。细化实施人才评价“贡献制”“薪酬制”，创新顶尖人才“举荐制”，开设重点企业人才引进评选“直通车”等，全区人才企业入围“市创业 10 强”数全市第一，院士中心绩效、海外工程师评价全省第一。四是精细服务留博。持续升级“五优五遇”人才服务品牌，常态化开展鄞州“人才咖啡日”“人才免费出行日”“人才交流体验

日”“人才交友计划”等系列活动百余场次；搭建“鄞商会客厅”人才服务板块，实现35个人才高频事项“一站式”办理；上线“智鄞未来”云平台，开辟涵盖医食住行娱等20个“码上应用”，累计服务超5000人次，发放各类人才安居补助11.3亿元。

二、经验启示

一要以“筑巢引凤”为先导，构建产才融合新载体。对“企业招才难、院校成果闲、政策落地散”等共性难题，可“以产业布局人才、以创新提升价值、以政策激活资源”思路，分类指导龙头企业建站辐射上下游实现“建站即建生态”的裂变式发展，运用系统思维整合校地园区协同培养资源，实现高校科研优势跟企业场景需求精准对接，缩短成果转化周期，同时将政策杠杆与成果转化效率挂钩倒逼站点提升创新效能，实现“政策红包”向“创新红利”转化。

二要以“破壁腾凤”为牵引，打通成果转化新路径。聚焦研发与市场“脱节”、创新资源“散装”、转化链条“断链”等问题，构建“揭榜攻关＋联合创新＋数字赋能”三维驱动模式，通过开放式张榜求贤吸引顶尖团队入驻靶向攻关，组建跨领域创新攻坚联盟实现产业链上下游企业联合攻关，搭建数字化供需对接平台整合技术库、需求库、人才库，推动实现“技术研发—成果转化—市场应用”全链条攻关。

三要以“固巢留凤”为保障，优化人才发展新生态。对政策精准度不足、服务系统性不够、城市吸引力不强等经常性问题，创新营造全周期、全要素、全场景的人才生态，通过政策迭代升级、服务增值优化、情感联结扎根，精准滴灌人才个性化需求，打造“人才会客厅”等标志性平台，设立“人才管家”专属服务团队，推出城市文化体验、人才沙龙等形式，增强人才归属感，让人才从“落户”到“安家”实现情感扎根。

余姚市："选育护纾"全过程培育硬核人才企业

近年来，余姚市紧扣宁波市"361"现代化产业体系建设导向，引进集聚一大批高层次人才创业者，通过把好"选育护纾"全流程关卡，全周期推动人才落地生根茁壮成长，成功培育了一批硬核人才企业。姚力军博士创办的江丰电子已成为超高纯溅射靶材行业的上市企业，市场占有率位居全球第二，姚力军博士也获评首批浙江省科技型企业家；甬矽电子王顺波董事长仅用5年就实现了公司上市，刷新宁波企业上市最快纪录，2024年营收突破36亿元；甘中学博士创办的智昌集团成功自主研发出高性能一体驱控、多关节机器人等技术水平领先的机器人产品，企业已进入上市辅导期，本人入选首批宁波市科技型企业家。

一、主要做法

（一）面向产业基础，精准遴选创业项目

引进高层次人才项目必须研究其技术优势与本地产业基础的匹配度，确保项目能够落地生根，防止出现水土不服现象。一是明确评审方向。在深入调研产业发展基础上，确立智能装备、新材料等与既有产业结合紧密、高层次人才创业又较为集中的板块作为重点发展的标志性产业链。在高层次人才创业项目引进评审时，坚持将拟引进项目与产业发展方向匹配度作为评审侧重点，确

保人才技术优势与余姚市现有产业基础双向赋能。二是优化评审方式。组建以行业专家、本地企业家、已落户高层次人才、VC/PE 等市场化投资机构、行业主管部门等为主的评审小组，以多元化的专业视角统筹考量人才团队的技术背景、能力水平、创业经历、项目发展前景及产品市场竞争力等因素，更好甄别项目与本地产业、市场的匹配度。三是推进多元引才。鼓励“以才引才”模式，充分授予在职特优以上人才举荐权，对他们举荐的符合要求的人才直接认定为本级人才工程“姚江英才项目”，对他们推荐并投资的产业上下游高层次人才项目给予充分政策支持。加强与第三方创业投资公司合作，连续多年举办智能制造创业创新大赛，吸引国内外人才参加路演展示，采取“以赛引才”“以赛代评”等方式层层精准筛选，遴选了一批符合产业导向的高层次人才项目。

（二）突出应用导向，促进团队综合提升

高层次人才一般擅长技术，在市场、销售、融资、法务、财务等商业运营方面往往有所欠缺，必须加大培育力度补齐这些短板。一是开展管理专业培训。聚焦“单项冠军”、链主型和专精特新企业建立高层次人才库，并面向这类重点群体开办企业经营管理人才培训班，班次规模保持在每年 12 期、1500 余人次，授课内容涵盖企业管理理论和实务范畴以及当前热门或前瞻性议题。积极组织以访学华为、大疆等知名企业为内容的智能制造引领高质量发展研修班，邀请省内外知名经营管理专家和行业领军人才到重点人才企业开展专业知识讲堂和技术转化把脉活动等，着力提升高层次人才及其团队的企业管理水平。二是强化育才平台打造。积极建设高层次人才项目加速中心，依托中心物理场所面向高层次人才开展定制化、专案式的创业辅导培训，常态化组织高层次人才对接沙龙，为人才提供交流平台。三是探索新型管理模式。鼓励合作紧密的上下游人才企业间共享职业经理人资源，并以阳明工研院为试点载体，将研究院孵化的人才企业行政、人力、财务、建设规划等管理部门打包为独立的服务公司，通过资源共用、服务共享等模式，分摊降低人才企业的管理费用，确保高层次人才将精力专注于研发生产等核心业务。

（三）围绕企业发展，高效供给要素资源

高层次人才创业有着独特的创业需求，扶持高层次人才项目发展壮大，必须把准项目发展脉搏，分类把握高层次人才创业需求，高效提供要素保障。一是优化扶持政策供给。在省内率先推出"3 个 500 万"扶持政策时，深入研究高层次人才团队创业特点和资金需求规律，在政策设计中精准回应了其中的"痛点""难点"，通过"扶持资金＋种子资金＋贴息贷款"模式，实现政策资金供给与创业项目需求的精准对接。该政策于 2017 年升级为"4 个 500 万"，2022 年再次升级为"5 个 1000 万"，累计已拨付政策资金逾 5 亿元。江丰生物作为首个享受"3 个 500 万"人才政策的创业项目，目前已打造成为国家级专精特新重点"小巨人"企业，并成为国内数字病理领域的第一品牌。二是保障创业空间场地。在面向海外高层次人才打造省内首个人才创业园时，充分考虑海外高层次人才项目自身独特的项目周期规律，在园区规划设计和开发建设中，采用"孵化＋中试＋产业化"的一园三基地模式，多点布局、同步施工，省内其他地方纷纷效仿。在引进领军型重点人才时，通过加强顶层规划设计，保障人才发展。如在引进国际机器人领域知名科学家甘中学博士后，结合甘博士对中国智造梦想的设想并广泛征求了机器人领域高层次人才意见，重点打造"机器人小镇"，一体推动地方发展和人才发展。三是完善金融要素支持。针对高层次人才领衔项目发展周期长、资金需求贯穿全周期的特点，构建由政府主导建立产业引导基金，各类投融资、金融机构、民营资本积极参与的资本保障机制，为人才发展提供了有力的资本支撑。

（四）聚力纾困解难，提供优质助创服务

秉持"政策有限、服务无限"理念，大力推进"最多跑一次"改革，努力为高层次人才创业提供最优质的服务。一是优化市场服务。积极撬动市场力量推出组团式服务，如通过和第三方机构合作共建科技人才超市、上海研发公共服务平台余姚驿站等，大力引进培育了一批专利交易、技术评估、人力资源等市场化中介服务机构，构建高效率的市场服务体系。二是深化服务广度。深化完善余姚市领导直接联系人才项目、服务人才专项例会等联系服务机制，选聘

市管领导干部作为高层次人才助创专员定向联系高层次人才，结对帮助人才解决从洽谈引进、注册登记、项目启动到实施投产中存在的实际问题。同时，打造集政务服务、双创服务、休闲服务于一体的人才之家，制定出台高层次人才高标准服务 12 条，在人才子女入学、安居、就医、居住证申请等人才关心关注的“关键小事”等方面落实各类优惠政策。三是推动授权松绑。在政策项目经费使用上，高度回应高层次人才的意见，努力扩大人才对项目经费使用的自主权，在经费使用方向、投入方式、开支标准等方面最大限度赋予人财物支配权和技术路线决策权。

二、经验启示

选择适合当地产业优势的人才，是成功培育硬核人才企业的先决基础。引进高层次人才创业项目必须准确评价其技术优势与本地产业基础的匹配度，确保当地产业与人才项目相互赋能。余姚市正是在人才落户前做到产业导向明确，项目甄别遴选仔细，才能确保人才在落户后能够迅速发展。

培育提升人才团队的专业素养，是培育硬核人才企业的关键支撑。坚持全方位培养用好人才，这是做好人才工作的重点任务。余姚市围绕人才在企业运营过程中必备的专业技能和职业素养，搭建有助于他们能力提升的发展平台，通过全方位的培养将高层次人才转变为企业家人才。

精准滴灌发展所需的资源要素，是培育硬核人才企业的必要条件。人才企业在发展过程中的不同阶段，有不同的需求。必须把握人才企业发展规律，按人才和企业真实所需，提供资金、土地空间、市场等要素资源进行呵护，助力人才企业发展壮大。

积极帮助企业纾困，是培育硬核人才企业的重要保障。余姚市这些高层次人才企业发展壮大的整个过程，无论是市场端还是政府端，都以主动靠前的服务意识一路护航，在推动企业发展的过程中起到了重要作用。这充分说明在人才企业发展中，充分考虑发展所需，及时跟进服务破解企业成长症结难题，可以极大推动企业蓬勃发展。

宁波高新区：升级实施“甬江科创精英”项目争创世界一流高科技园区

宁波高新区作为宁波高质量发展的核心科技支撑平台，正全力争创世界一流高科技园区，打造科技创新策源地、成果转化首选地、数字经济发展新高地、青年人才集聚地。2015—2023 年，宁波高新区连续实施区级“高新精英”系列人才项目，以“招才引智”促进“招商引资”，征集高层次人才项目超过 2000 个，累计立项支持项目 297 个，项目落地率超 70%，成功培育出卢米蓝新材料、德塔森特、熙宁检测、恒普激光、致微新材料、天擎航天等一批增长快、潜力足的优质企业。2023 年 166 家区级人才项目企业营收总额近 40 亿元，税收总额突破 1 亿元。

2024 年，宁波高新区在原“高新精英”系列项目基础上，迭代升级推出“甬江科创精英”项目，力争把更多更优的人才转化为产业优势，扩大创收增效，实现经济高质量发展。

一、主要做法

（一）聚焦核心板块定位，突出品牌标识

一是凸显地域特征。2023 年，宁波市成立甬江科创区管委会，与宁波高新区管委会实行“一套机构、两块牌子”的管理模式，宁波高新区成为甬江科创区核心板块、数创港。结合甬江科创区顶层设计和整体规划，原“高新精

英”系列人才项目升级为“甬江科创精英”人才项目，进一步彰显在甬江科创区中的核心地位，提高品牌辨识度和知名度。二是聚焦主导产业。“甬江科创精英”主要征集数字经济、新材料、先进制造、生命健康四大创新领域，围绕宁波高新区“南数创、北材料”的产业布局，大力支持数字经济和新材料领域项目立项紧贴区域产业发展需要。三是优化申报类别。项目类别化繁为简，将原高新精英系列项目的 3 个子项目合并为创业团队、创新人才 2 大项目类别。设置青年人才项目，资格条件予以放宽，评审中予以倾斜，奋力打造青年人才聚集地。

（二）优化项目评审模式，突出多维导向

一是设置两种评选通道。设立集中评审和标准化认定两种遴选机制，经费预算各占一半，既保证重大项目的科学决策，又助力项目快速落地。集中评审每年开展 1 次，技术专家、企业管理专家、风险投资专家相互协同，通过书面和答辩两轮评审，筛选出技术层次高、产业化潜力足、区域发展适配度好的创业、创新项目；标准化认定常态开展，符合条件的项目可直接立项支持，简化决策流程。二是设置两类绿色通道。集中评审中设置招引部门择优推荐、顶尖人才书面推荐、大赛前六名、甬江人才工程进入终评、获市区两级政府基金认可等 5 类条件，符合的项目可获直接进入答辩资格。标准化认定中设置招引部门重点推荐、投资机构认可、大赛前三名、重点项目目标人才、重点单位引进人才等 5 类条件，满足条件的直接予以立项支持。两类绿色通道，既给予招引部门更大的自主权，又给予优质项目“定心丸”。三是缩短项目评审流程。取消尽调环节，原尽调环节担负的项目考察功能，在项目入选后首期经费申领时予以体现，将项目评审、经费申领、项目评估三个环节进行系统性整合。

（三）加强项目后续管理，突出实效导向

一是出台立项等级调整机制。对发展成果突出的项目，从营收规模、获外部投资、企业人员规模、平台建设、企业科技成果等 5 个维度对项目进行考量，满足条件的享受等级提升支持。设置资金投入、人才引进、技术成果、产业产出 4 项考核指标，对发展不及预期的项目及时下调支持等级直至结题终

止。二是强化项目闭环管理机制。完善项目初期评估、中期评估和结题验收的时间节点和各项要求，明确项目资格平稳退出机制，设置负面清单和重大事项报备，贯通前期遴选、中期监管和后期督导。三是新设项目专业服务小组。根据企业多元发展状态，围绕不同发展阶段的个性化需求，在定期评估和日常走访中收集项目发展需求，各部门和单位按照职责分工予以配合，为人才企业提供增值服务。

二、突出成效

一是人才项目量质齐升。2024 年，“甬江科创精英”共征集有效申报项目超 300 个，同比增加超 50%。其中，项目带头人具有博士学位的超 70%，最终落地超过 150 人；青年人才项目占比突破 60%；重点发展的数字经济和新材料领域项目合计占比达到 60%。二是项目落地进一步加速。绿色通道机制充分激发招引部门的积极性，超过六成的项目实现“审批即落地”。截至 2024 年底，落地项目已获外部投融资约 5200 万元，累计营收超 4000 万元。三是审批后服务提档升级。多部门全生命周期服务响应机制落地，实现立项项目服务需求百分百响应。立项公布 2 个月内，就有 11 个创业项目和 6 个创新项目完成首期支持资金申领，产业化进程不断加快。

宁波大学：教科人一体构建博士后成长生态

宁波大学作为一所在改革开放中成长起来的新兴地方综合性大学，经过几代宁大人的艰苦创业和不懈奋斗，目前综合实力已进入全国高校百强行列。2012年获批首批力学、信息与通信工程、水产3个博士后流动站；2023年新增体育学、数学、物理学、生物学、电子科学与技术、临床医学6个博士后流动站，获批数位列全国第五。面对“教科人一体化发展”的时代命题，学校以博士后队伍建设为突破口，创新构建“引育留用”全链生态体系。学校党委将博士后发展纳入“十四五”规划，明确提出“实施博士后流动站和在站博士后数量倍增计划，发挥博士后研究人员的科研主力军作用，建立博士后与专职科研队伍一体化发展机制”。2024年一年内实现博士后规模倍增、质量跃升的跨越式发展，为地方高校突破资源瓶颈、打造人才高地提供了创新样本和参考借鉴。

一、主要做法

（一）政策突围：注入发展原动力

在新获批6个博士后流动站后，宁波大学加快相关政策的调研、修订工作。2024年初出台《宁波大学博士后管理工作实施办法（试行）》，调整博士后招收类型，提高在站相关待遇，进一步优化出站考核和留校政策。建立健全“博士后—合作导师—流动站—学院—学校—博士后”六维联动闭环式管理，围绕博士后进站、在站、出站全流程，由流动站组织校内外专家对博士后进行相关考核，学院和学校进行抽查复审，着力发挥流动站的主体作用。

（二）双轨拓源：构筑博后引力场

学校围绕力学、水产、医学等重点优势学科，通过“学科＋平台”双轨引才机制，加强宁波市“单项冠军”“专精特尖”企业合作，共建博士后联合引育基地。2024 年学校共招收博士后 92 人，较同期增长约 130%，实现倍增。联合宁波昌亚新材料科技股份有限公司、丽水青山钢管有限公司等招收其企业工作站首名博士后。同时，各流动站实施“三维评估”机制，从科研成长力、岗位匹配性和产业契合度三方面严格落实博士后招收阶段的论证考察。2024 年招收的博士后中，来自全球 QS 排名前 200 的海内外名校博士达到 24%。

（三）压实责任：锻造科研生力军

在日常培养中，学校人才办组织各流动站在项目、论文、专利等成果产出上做好发动、培训、辅导等工作。每月组织 1 ～ 2 场博士后培训、交流、考察等活动，不定期邀请专家、已出站博士后进行指导帮带，促生良好氛围。2024 年学校在站博士后获批 11 项国家自然科学基金青年基金项目，占学校青年基金总数的 1/6。在 2024 年度中国博士后科学基金第 76 批面上资助项目中，学校博士后共获批 11 项，创单批次历史新高，位列省属高校第一。另有 5 人入选国家博士后研究人员资助计划。

（四）广开门路：拓宽工作朋友圈

学校积极参加省、市、各区县组织的博士后工作交流活动，如宁波市博士后“双百”供需对接会、温州市“千企百校”人才合作对接会、宁波市海曙区博士后工作沙龙等，不断扩大博士后工作影响力。学校人事处博士后工作相关负责人、各流动站博士后导师积极参与合作企业的工作交流、学术指导等活动。学校博士后相关做法与成效被浙江省教育厅《今日择报》、宁波市委办公厅录用。

（五）积极留才：充实人才蓄水池

学校重视博士后出站情况，积极引导博士后依据业绩条件开展留校、留站工作。目前博士后留甬率约 80%，大部分博士后出站后依然选择留在宁波。如学校力学流动站与乐歌人体工学集团联合招收的乌兹别克斯坦籍博士后 Rustamovibrohim 因在站期间成绩突出，出站后选择留在乐歌集团。学校培养全职博士后出站大多也以学术骨干层次留在宁波大学，有力充实了学校各单位的青年人才队伍。水产流动站博士后张昊青还成为首位出站直聘正高的博士后。

二、经验启示

一要强化顶层设计，始终坚持高站位一体谋划。服务国家战略需求是博士后制度的使命所在、价值所向。高校和企业博士后各站点都应从党和国家事业发展全局着眼，加强对博士后工作的前瞻性思考、全局性谋划、战略性布局和整体性推进，要将博士后队伍建设作为单位人才工作的重要部分，促进教育、科技、人才三者同向发力、同频共振。鼓励各站点进一步完善单位博士后相关政策的体系化建设，充分释放博士后活力。加强组织保障，积极解决博士后业绩提升、生涯规划、子女入学、出国境等急难愁盼问题。

二要强化战略定力，始终坚持高质量团队打造。各站点要坚持目标导向、需求导向，迭代完善博士后“引育留用”工作全链条机制。突出国家重大战略需求，依托重大科技和工程项目招收培养博士后创新人才，广开门路，将博士后作为高校的优质师资储备、企业的核心关键力量去培养，着重提高博士后队伍的师德师风水平和教学科研素养。突出博士后独立参与重大基础前沿问题研究的能力培养，提升博士后瞄准世界科技前沿、勇闯科技“无人区”的勇气，实现由科研活动参与者向科技创新领导者的根本性转变。

三要强化协同合作，始终坚持高水平成果导向。各站点要充分发挥博士后研究人员“教科人一体化”的本质特征和带动作用，强化协同合作，构建政府、高校、企业、社会多元参与的博士后引育共同体，努力实现多方共赢。有效发挥博士后群体优势，将科学研究与产业需求有机结合，共享校企博士后队伍，带动双方科研队伍的成长成熟，推动科研成果高效能转化，引领高水平大学、创新型企业的持续发展。

镇海区：从“建安模式”到“技能雨林”的进阶之路

作为工业强区，镇海区对技能人才存在持续性需求，尤其在绿色石化、装备制造等主导产业领域呈现迫切的人才缺口，相互“抢人”等痛点难题一直存在。为此，镇海区紧盯产业链精准配置技能人才链，持续深化技能人才建设改革，2021 年“镇海新时代制造业工匠培育”项目入选宁波市高质量发展建设共同富裕先行市首批试点，跟进出台《镇海区打造“新时代制造业工匠”标志性成果工作方案（2022—2025 年）》，聚焦制造业工匠供需匹配、拓宽成长通道、增强获得感，推出十项创新性举措，通过锻造“工匠人才链”，为制造业“强基”。改革成果入选省、市改革项目和宁波市营商环境优化提升第一批最佳实践案例，镇海石化建安工程股份有限公司（简称“石化建安”）等技能企业正从点上盆景，走向全面开花。

一、主要做法

（一）精心培育“建安案例”

石化建安是石化检维修龙头企业，在自身的不懈努力和政府部门的大力支持下，技能人才培育“组合拳”已在全省乃至全国形成较强影响力，被授予浙江省首批“新时代浙派工匠培育突出贡献单位”“浙江省产业工人队伍建设改革成绩突出集体”等称号。一是让员工有成长“宽”通道。2016 年起企业变革式贯通“管理、专技、技能”三个序列横向贯通、纵向畅通的“H”型职业发展通道，企业20%中层管理干部由技能型班组长转任，技能专技融通人才占职工总数达13%。构建了以“启航计划”为基础、“育英计划”为支撑、“菁英计划”为标杆的全方位人才培养体系，建立健全“职场小白—业务骨干—中坚力量—领军人才”的金字塔型人才培养工程，确保多通道成才之路越走越宽。二是让员工有成才“大”平台。企业投入1.3亿元建成东鼎工匠学院，组建260名内训师团队，推出八大工种技能实训和竞赛体系，自主开发2500余门课程，市级企业首批实施“新八级工”制度试点和评价，有效支撑企业技能人才培养和水平自主可控。技能人才占职工人数比重超70%，高技能人才占技能人才比重达50%。2024年获评宁波市近六年唯一的国家级技能大师工作室，自主评价产生全市首批3名特级技师，2名员工获“全国装备服务大工匠”荣誉称号。企业工匠学院还获评市级高技能人才公共实训基地，2024年技能实训超2万人次。三是让员工有成就“强”激励。落实技能水平与待遇挂钩制度，“管理、专技、技能”三个序列各设8个等级，匹配21级岗位薪酬，每级薪差1万元以上。实施能级工资集体协商制度，技能骨干和班组长的平均年薪分别超30万元、20万元。实施股权激励等10余项激励措施，1200余名员工从“打工人”变身“企业合伙人”。设立“陈辉型技能人才奖励基金”“东鼎人才奖”“范丽锋新秀奖”三大人才奖，每年表彰一批高技能人才和新入职优秀员工，并邀请受表彰员工的亲人到场共同见证，年激励超200万元。一系列激励制度和技能文化，有力驱动员工扎根成长、更有奔头。

（二）复制推广“建安案例”

成为行业标杆同时，石化建安主动向行业间、产业链上下游企业输出资源优势和技能生态共建模式，以行业龙头企业的技能价值外溢，让更多企业共享成果。一是输出技能人才培训体系。依托行业标杆级的实训设施和培训资源，2024年公司成立跨企业职业技能培训学校，对外开展石化检维修行业企业技能人才的职业技能培训和评价服务。已为外部人员开展技能培训9期250余人次，培训工种包括管铆工、钳工、焊工、仪表工、电工等技能工种。承接主题班次定制式培训，已为中石化销售公司、镇海炼化、大榭热电等多家企业培训

130 余人。2024 年承办国家级行业协会和省市区技能竞赛 5 场，累计 281 名行业高手同台竞技。成为全市唯一入选的浙江省级职工职业技能竞赛实训点。二是确立行业技能人才评价标准。2024 年以来，公司为规范石化行业检维修行为，提升保障能力，以“建安标准”为基础主导起草《石油化工动静电仪设备检维修人员能力评价规范》团体标准和评价规范，并完成开发化工仪表维修工技能评价市级题库。2025 年 3 月，公司承办国家级行业协会研讨会，评价标准得到行业企业高度认可。三是共建“技能＋就业”协同生态圈。每年为全国合作高校应届毕业生提供半年及以上实习实训名额 400 个，为相关学生提供委培助学金、实习、住宿等补贴政策，成功入职后返还三年学费。近年来，经公司培训的高校毕业生 40% 留在公司就业，60% 向行业相关企业输送，使石化建安成为行业技能人才培育的“黄埔军校”。在石化建安等企业带领下，镇海区近年来年均开展社会化技能培训超 3000 人次，订单培训实习生输送率接近 60%。

（三）全面建设“技能强区”

一花独放不是春，百花齐放春满园。镇海区聚焦产业特点，系统构建政策激励、服务保障、礼遇尊崇“三位一体”的技能人才发展生态，不断增厚“技能强区”底色。一是高水平建设技能社会。2024 年在省域技能型社会建设的浓郁氛围下，区委、区政府隆重举办全面推进“工匠出彩”专项行动暨高水平建设技能型社会启动仪式，吹响了从“制造业工匠培育”到“全面推进技能型社会建设”的号角。通过梳理路径、机制、政策等体系，搭建培育平台载体，推动全区技能型企业梯队培育由点及面，技能人才强势出彩。二是协同企业深化自主评价技能人才。以“新八级工”制度试点为牵引，大力引导“大优强”、“单项冠军”、专精特新等企业开展技能人才自主评价，2024 年成功推荐中金石化、富德能源 2 家企业，取得化工总控工高级技师自主评价权和“新八级工”制度试点权；石化建安高级技师自主评价工种也增至 7 个，社会评价工种增至 3 个，建立起完备的石化检维修高技能人才培养通道。政府还从企业痛点入手，累计投入 6000 万元建成区综合性公共实训中心，免费向企业、培训机构提供 20 余个工种的实训设施设备，同时在浙江纺织服装学院、宁波工程学院、区技工学校、石化建安 4 家单位设立特色化分中心。同步出台“公共实训中心技能实训补贴”和“公共实训分中心实训补助”政策，企业职工、培训机构能免费使用实训场地，实训人数和课时达标的参训单位，能获得每年最高不超过 10 万元的实训补助，单个分中心年补助金额最高 30 万元。通过持续构建“1 + X”公共实训体系，强化实训供给，2024 年撬动区域技能实训 3 万余人次。三是持续深耕技能生态体系。全面强化政策激励、服务保障、礼遇崇尚等技能友好生态，近三年全区累计投入各级技能人才政策资金超 3000 万元，撬动企业“引培留用”技能人才 4000 余人次。超 200 名高技能人才纳入高层次人才礼遇体系，享受子女免摇号就读优质学校等各类人才礼遇政策。开展“工匠出彩　镇海精彩”主题宣传，挖掘本土工匠故事拍摄纪录片《匠心》和宣传片《镇海强匠炼成记》，《工匠出彩》励志短片在学习强国平台展播。

二、突出成效

截至 2025 年 4 月，镇海区已申报省域技能型企业 49 家，累计有 268 人次入选浙江省、宁波市“新时代工匠培育”各层次培养项目，包括宁波大工匠 1 名，浙江杰出工匠 4 名，省高技能领军人才 1 名，省高技能青年人才 2 名。《工匠出彩》等本土工匠纪录片登录“学习强国”等传播平台，创新实践多次在《人民日报》《浙江信息》等主流媒体专题报道。

慈溪市：中高职“接力”跑出产业人才培育“加速度”

慈溪作为全国百强县，拥有全宁波最多的市场主体，产业人才需求旺盛。2016 年与浙江工商职业技术学院签订协议合作，共建浙江工商职业技术学院慈溪学院，并组织全市 5 所中职学校共同探索区域中高职一体化建设“慈溪模式”。截至 2024 年底，已累计为 3200 余名慈溪中职学生提供升学机会，为产业发展输送“智造工匠”超 1800 名，涌现出全国技术能手 8 人、浙江工匠 2 人、浙江青年工匠 12 人。慈溪技师学院学子周烽获世界技能大赛建筑金属构造项目金牌、实现中国队在该项目上金牌零的突破，慈溪技师学院成为第 46、第 47 届世界技能大赛建筑金属构造项目国家集训基地。宁波行知中等职业学校电子商务与数媒技术专业入围浙江省首批区域中高职一体化人才培养改革试点项目、慈溪职高智能制造大类专业获评浙江省第二批区域中高职一体化人才培养改革试点项目。在全国外经贸职业教育教学指导委员会 2024 年全体委员会议暨院校长工作会议上，区域中高职一体化慈溪样板获全国专家点赞。

一、主要做法

（一）拓通道、扩规模，完善一体贯通“培养链”

创新以政府为主导，中职、高职和企业为主体的“一主导三协同”开放式办学模式，科学制订中高企协同“复合型”人才培养方案，构建形成独特的人才培育生态圈。目前，慈溪市 5 所中职学校与浙江工商职业技术学院慈溪学院创新探索中高职一体化改革试点、涉及专业 14 个，与浙江万里学院、浙江经济职业技术学院等省内 18 所高职院校合作开展中本、中高职一体化办学，职校毕业生升入高一级学校比例达 80% 以上。

（二）优模式、促协作，筑强产教融合“创新链”

紧密对接区域支柱和优势产业，将人才培养开发规划与区域产业结构调整、经济社会转型升级等需求有机结合，优化教育资源与产业资源配置，近三年调整在慈院校专业方向 18 个。创新实施“企校双制、工学一体”人才培育模式，推动慈星、中大力德等多家行业龙头企业参与中高职一体化项目试点，靶向培育产业发展和创新业态急需的高素质人才。

（三）强统筹、聚合力，打造多维递进“支撑链”

聚力打造“青年与人才友好城”，强化资金和服务保障，投入 1.8 亿元新建 3.5 万平方米的中高职一体化办学独立校舍，添置近 2000 万元的专业实训设备，“进南门（指宁波行知中等职业学校）时是初中毕业生，出北门（指浙江工商职业技术学院慈溪学院）时成大学生”的梦想已然成真。围绕人才资源更好共享，支持企业高层次人才、高技能人才与职校教师双向流动，先后聘请全国劳模万亚勇等 100 余名德技兼备的技能大师担任“产业教授”。充分发挥世界冠军榜样作用，多渠道讲好“技能故事”，在全社会营造“崇尚技能”良好氛围。

二、经验启示

一要创新产才融合发展布局。把握优质高等职业教育资源下沉县域契机，精准推介中职学校和地方优势产业集群，共同遴选符合产业发展需求、适合中职起点长学制的高水平专业进行改革试点，促进共建共赢。

二要创新一体协同办学理念。以宁波行知中等职业学校与浙江工商职业技术学院慈溪学院“一校两园”为例，不仅在空间上实现中高职校园融合，而且还通过一体化校园管理、一体化师资队伍、一体化培养方案、一体化课程标准和一体化评价体系，从而真正实现中、高职人才培养“一体化”。

三要创新全链人才培养体系。遵循“新手—生手—熟手—能手—专家”的职业能力发展逻辑来制订培养计划，脚踏实地地把学生培养成为产业真正所需的技术技能人才，或可借鉴慈溪“2.5 年（中职技能基础＋知识入门）＋ 1.5 年（高职技能提升＋理论进阶）＋ 1 年（现代学徒制）”的培养模式。

宁海县："四方联动"撬动高素质技术技能人才培育"乘数效应"

随着产业转型升级与数字经济加速发展，传统教育模式与产业需求之间的"错位"日益凸显。高校毕业生技能与岗位需求脱节加深"就业难""慢就业"困境，同时企业陷入"招工难""留才难"困局，高素质技术技能人才缺口持续扩大。究其根源，在于校企合作"合而不深"、人才培养"长而不精"、人才就业"来而难留"等结构性矛盾。为破解这一难题，宁海县立足区域产业特点，创新构建"政府主导、企业主体、高校主盘、机构主领"的"四方联动"产业人才培育模式，通过资源整合、机制创新、数智赋能，推动人才培育从"单点突破"迈向"系统增效"，形成高素质技术技能人才"引育留用"的乘数效应，为区域高质量发展注入强劲动能。

一、主要做法

（一）多元赋能，产教融合，打造"四方联动"的共建场景

"四方联动"是以政府为纽带，串联实训企业、高校、人力资源服务机构，构建全链条、标准化的产业人才生产线，四大主体紧密配合、携手共进，实现人才培养与产业需求精准对接。一是政府主导，强化顶层设计与资源保障。政府部门抓好顶层设计，重点解决政策、资金、项目等问题。先后投入600万元建设宁海产业人才学院，出台产业人才开发引育配套激励政策，对新

建公共实训基地的企业给予创建补贴，对实习实训的学生给予生活费补贴、保险费补贴。组建由发改、教育、经信、人社等部门为成员单位的宁海产业人才发展服务联盟，支持各方开展人才“共引共育”。二是企业主体，打造实战实训工场。加快培育产教融合型企业，建设高水平实训工场。实训工场整合设备、技术、管理等资源，培养技能导师队伍、制定标准化培训课程与技能评估体系。实训全程分计划制订、实训实操、量化评估三阶段，促进“产业人才生产线”更高效运转，确保人才输出与企业需求“零距离”。三是高校主盘，推进专业优化与教学改革。高校与政府部门相向而行，与赋能机构深化合作，大胆推进产教融合教学改革。动态调整专业设置，重点扩招模具设计、机电一体化、新能源装备、工业设计等紧缺专业，推进“3 + 1 + 1”长学制工学一体化培养。推动“引企入教”，加强“双师型”教师队伍建设，企业专家参与课程设计，确保教学内容与产业技术同步更新。四是机构引领，破解“人岗适配”难题。创新引入深谙教育规律和企业培训工作的人力资源服务机构。由这些赋能机构紧扣产业特点，绘制“岗位技能矩阵”和“实训地图”，构建“一企一策”实训管理体系，推行高校教师与企业技术骨干“双导师制”，实现理论与实践的双轨并行，以生源筛选、认知实训、顶岗实操、实训评估等全阶段闭环管理方式助力大学生实现高质量就业。人力资源服务机构也从以往的“人才搬运工”升级为“赋能提升者”。

（二）革新破题，系统重塑，打造“三位一体”的耦合图景

一是深化校地协作，延伸教育链。结合区域优势产业，锚定应用型高校开展产教融合育人洽谈，与 76 所高校签订校地合作协议，建立“高校—地方”人才输送通道，保障优质生源持续输入本地企业。二是放大集聚效益，拓展人才链。依托产业人才学院平台，近年来新引进全国 2.5 万名高校毕业生来宁海学习实训，并带动其周围一批批理论精通、技术过硬的高素质青年人才进入企业，形成“以才引才”的良性循环。三是立足适用实用，厚植产业链。结合宁海“365”工业产业特点，构建“1 + 3N”模式，即 1 个产业学院、N 个企业、N 所高校、N 家机构，定向培养应用型技术技能人才，推动人才供给与产业升级“同频共振”。已建立实训工场 25 家，与全国 76 所高校、13 家人力资

源服务机构开展人才合作培养计划，助力宁海打造千亿级“光伏＋储能”“文体＋办公”“模具＋新能源汽配”产业链。

（三）双向互通、数智赋能，构建高效应用场景

一是打通“双向通道”，提升产才对接精度。一方面是打通高校到地方的人才通道。深化高校教学改革，专业设置与岗位需求无缝衔接，高素质技术技能人才定向输送至企业发展。另一方面是打通地方为高校实训服务的育才通道。创新“双导师制”教学，增设实训课程，企业深度参与教学，学生提前适应岗位环境。如推动内蒙古民族大学工学院创新实行“2.5 ＋ 1.5”年专业共建教学改革，其中 1.5 年的专业和技能实训教学由宁海产业人才学院负责，实现“课堂建在生产线上”。该校机械设计制造及其自动化专业先后获批国家级一流本科专业建设点和新工科建设项目、本科一批次招生及硕士学位授权点，相关课题获得内蒙古自治区教学成果奖。二是构建“四通”数智平台，提升管理效能。开发“1124”架构的产教融合服务平台，即 1 个业务协同平台、1 个中心驾驶舱、2 个使用端口、4 个云场景，实现实训全流程“云端管理”。通过云对接、云培育、云就业、云服务 4 个模块，对学生认知实训、跟岗实习、顶岗实操、实训评估等各阶段进行“云端在线”管理反馈，挖潜和可视化展示产才资源，动态匹配人才与企业需求，形成一屏感知、全链服务、高效运行的产教融合智治场景。

二、突出成效

宁海县通过实施“四方联动”产业人才培育模式，学生、企业、高校、区域发展实现“四方共赢”，高素质技术技能人才培育的“乘数效应”持续释放。学生就业质量显著提升，毕业生对口就业率达 90%，平均起薪较传统模式提高约 30%；人才供给精准高效，企业招聘成本降低 80%，员工留存率从 30% 左右提升至 80%；高校办学水平跃升，多所合作高校的机械设计、新能源等专业获批国家级一流本科建设点，教学成果获省级以上奖项 10 余项。2023—2024 年，宁海县新增技能人才 1.3 万名，高技能人才连续三年攀高，并跻身全国科技创新百强县、全国工业百强县，GDP 突破千亿元。

不仅如此，以“四方联动”破题产教融合，将人才培育的“加法”转化为高质量发展的“乘法”的“宁海方案”获得了国务院督查组点赞，连续四年被教育部评为产教融合优秀案例和就业育人合作项目。相关经验在《新闻联播》等央媒报道百余次，成为全国产教融合改革“金名片”，已累计吸引全国30多个地方政府、100多所高校、50余家企业和30多家人力资源服务机构前来考察借鉴。

宁波工程学院：交叉融合赋能“新工科”人才培养实践

宁波工程学院作为地方应用型高校转型发展的试点和新工科发展联盟成员，2018 年与香港科技大学李泽湘教授团队领衔的宁波智能技术研究院合作成立了机器人学院。借鉴美国欧林工学院模式，对“新工科”人才培养进行顶层设计和全面改革，探索实践具有跨学科复合知识和能力结构的工程创新人才培养产教融合新模式。

一、主要做法

（一）构建“政产学研资用”多元协同创新的体制机制

学院建立独立的管理体系和运行机制，实行理事会领导下的院长负责制。由政府部门、宁波工程学院、宁波智能技术学院和固高科技四方组成理事会，依托“政”府政策支持，将学院建到产业园；切中“产”业之需，把握机器人产业发展痛点难点；落地“学”院培养，依据宁波地区智能制造产业发展实际需求培养学生综合应用能力；成立“研”发机构，任务驱动进行技术突破研究与提升；融入“资”本，助力产品快速投放市场及再次迭代升级；实践应“用”，把握产学研落地抓手，市场化应用变成量产的市场产品。

（二）探索学科交叉专业融合的项目化教学模式改革

打破专业壁垒，建立学科融合组织构架。以电气、机械、计算机、工业设计四个专业为骨架，融入数学、物理等基础学科，组成“专业＋基础”跨学科教研室。融入前沿技术知识、真实案例，重构专业课程体系，全学程实施“课程＋项目”教学模式。时间上贯通大学四年，对象上覆盖全体学生，载体上包含基础课程、专业课程、选修课程、毕业设计，内容上基于原型、基于产品、基于企业真实需求、基于教师科研项目。

（三）实施双创并举多元评价的人才培养路径

在宁波市政府“两院一园”项目支持下，与多家行业知名企业建立战略合作关系，共建实践基地，联合培养学生。与宁波智能技术研究院共建“科创训练营”，学生有机会通过选拔参加李泽湘教授开创的“智能C端科创训练营”；与浙江湾区机器人技术有限公司合作共建产教融合基地（省级大学生校外实践教育基地）；聘请50余位企业工程师共同开发项目化课程。学院采取跨学科二次选拔招生，采用线上线下、课时课后、分组互评、过程监督、答辩演示和用户体验等多种评价方法和标准，帮助学生根据自身特点和需求选择最合适的发展路径。

二、突出成效

经过六年探索，机器人学院人才培养成效显著。学生科创在全国普通高校大学生机器人竞赛指数中获评国家A级，浙江省排名第二。近两届毕业生中约50%被腾讯、均胜电子、乐歌等国内龙头企业录用。首届毕业生中6%成功创业，其中硬科技创业项目估值达到3000万元。学院入选浙江省现代产业学院、宁波市现代产业学院、浙江省高校党建工作标杆院系、浙江省“三育人”岗位建功活动先进集体、宁波市教育改革创新典型案例。

宁波技师学院：教产“八维协同”畅通智能制造工匠成长之路

宁波技师学院作为宁波市技工院校“领头羊”，办学65年始终坚持以培养一线产业工人为己任，不断深化校企合作、产教融合、工学一体人才培养模式，积极探索新时代技能人才培养新路径。2019年，学校与宁波均胜电子联合成立“均胜智能制造学院”，共同探索“学校基础教育＋技能培育＋企业针对性行业技能训练”的人才定制化培养模式，合力破解学生学到的知识与企业需要的能力不匹配、教学评价的导向与岗位设置的标准不匹配、专业建设的内容与产业发展的速度不匹配等现实问题。经过8年的实践，均胜智能制造学院成功构建起智能制造工匠培育新生态，毕业生不仅获得企业、家长与社会的高度认可，而且在企业中发挥的作用也实现了从“蓝领”“灰领”到“金领”的跨越。目前，学校以均胜智能制造学院为范本，积极推进方正学院海天学院、爱科迪学院等更多校企合作，高水平打造宁波技能型社会建设的策源地。

一、主要做法

（一）求同存异，联合制定培养标准

企业主导、学校配合共同制定均胜智能制造学院行业专业培养标准，突出企业岗位实际需求，并逐步扩大在企业生产岗位的实训和培养周期。以多轴数

控加工（智能制造）专业为例，学校联合其他院校和企业专家，完成多轴数控加工专业国家技能人才培养工学一体化课程标准和课程设置方案开发项目。

（二）多元融合，贯通制订培养方案

以企业工作任务主线推进行业基础知识技能学习与掌握，以师徒结对推进对岗培训知识技能掌握，以真实项目与行业标准技术为核心落实实践成果。培养对象为六年制学生，分别以第 4 年和第 6 年作为考核节点，最终根据学生技能偏向与职业倾向，实现“校内—厂内”对岗培育。

（三）资源内化，融通构建课程体系

深化校企合作，充分利用学校和企业场所、资源协同实施教学，以技师研修为主要抓手，共同以智能制造典型技术应用，特别是宁波均胜电子正在开展的全球智能制造生产线项目为研修内容，实行企业导师和学校教师的“双师型”指导，进一步推动企业行业技能培训与学制教育的不断融合，推动专业建设、人才培养与产业发展、企业需求的深度与超前性对接。以 2023 届为例，研修课程内容全部来源于宁波均胜电子正在开展的全球智能制造生产线项目，如保时捷、宝马等品牌汽车传动系统、特斯拉行人保护装置、宝马 i 系三电系统、多品牌智能驾驶系统等，接轨工业自动化制造的全球前沿。

（四）项目衔接，探索开发教材讲义

校企共同组建结构化教学团队，与企业一线岗位专业理论与实操技能对接，编写工作手册式教材——《智能制造典型工作站》，该教材已于 2021 年 9 月由中国劳动保障出版集团正式出版。该教材结构安排合理、内容契合实际一线岗位需求、原理和方法阐述通俗易懂，能体现理论与实践相结合，受到企业一线员工和产业学院学员的欢迎。

（五）产教融合，企校师资共同授课

企方师资由宁波均胜电子人力资源总监领衔，车间、班组、技术骨干组成，与校方师资协同教研、交互训教，共同做好课程总体设计和教学组织实施，推动智能制造高技能人才课堂教学和车间实训的教学改革，让“双师”育人机制从课堂走向车间，提高技能人才适应性培养。

（六）双向赋能，共建共享实训基地

均胜智能制造学院实训基地，融合德国双元制培训理念开展机械系、电气类和钳工类复合技能训练要求，配置标准化理论教室、基本功训练实操车间和相应的一线实习车间和岗位，保障学员在企业理论学习、实操训练和顶岗实习。实训室配置有德国进口机电一体化实训平台 9 套，车床、铣床、磨床等国内主流机械加工设备，以及多套进口机械设备电气工具，设备设施总价值近 200 万元。

（七）多元协同，共同实施培养过程

产业学院实施“拜师制”“轮岗制”“研学制”等多渠道人才培养路径。通过以企业真实产品替代传统实训课题，以企业提供的行业技术开发项目作为毕业设计、技师研修核心课题的校企联合培养模式，强化了学生知识的综合运用与能力的全面培养，打破各专业之间的壁垒，从而达到了更好的人才培育效果。

（八）重构标准，共同评价培养质量

重构人才培养成效考核标准，建立“企—校—委”三元评价标准，改变以往单纯以学校考核或者以企业考核为主的评价方式，打造企方基于岗位胜任力评价、校方基于综合职业能力评价、评审委员会基于技师研修能力评价的三元培养质量评价体系。

二、突出成效

截至 2024 年底，均胜智能制造学院已完成 4 届共 63 名学生的培养，“技师＋工程师”的复合型技能人才培养模式基本成熟。最新两届的 32 名毕业生，全部取得技师职业资格证书，其中 27 人从事电气装配、机械装配、结构设计等工程师岗位工作，撕掉了技工院校毕业生“一线操作工”“按钮工”的“蓝领”标签，在现场工程师岗位上成为能与本科研究生一较高下的“灰领”，全程参与企业机械（电气自动化）方面的结构设计、工程质量检验、生

产线装配调试、自动化智能装备应用等内容的工作，成为企业数智化转型的中坚力量。学生的综合素质也得到了全方位提升，一名同学光荣加入中国共产党，多名学生在全省文化素养知识竞赛获得一等奖。新冠疫情期间学生们第一时间顶岗助力企业复工复产，协助生产了大量的口罩机，为抗疫作出贡献，获得了学校和上级部门肯定。

鄞州区："五色共融"打造高水平新生代企业家队伍

近年来，鄞州区深入学习习近平总书记关于加强企业家队伍建设的重要论述，认真落实省市"新春第一会"要求，构建党建铸魂、薪火接力、纾困解难、靶向培塑、光彩借力"五色共融"培育体系，持续建强高水平新生代企业家队伍，为打造现代化滨海大都市首善之区贡献力量。新生代创业者联谊会会长、宁波韵升股份有限公司董事长竺晓东入选"2024年浙江省最具创新力青年科技型企业家"。

一、主要做法

（一）红色：党建铸魂领新潮

将打造年青一代企业家党建品牌纳入"三支队伍"建设清单，强化区新生代创业者联谊会党组织功能发挥，依托百年和丰和李惠利故居等理想信念教育基地推进"红色根脉强基工程"，创新开展"循迹溯源学思想促践行"现场教学示范，不断强化企业家政治引领和政治吸纳。截至2025年4月，组织开展追寻总书记足迹参观海港集团、"大江听潮武汉行"参观中共五大会址纪念馆和武昌毛泽东旧居、哈尔滨侵华日军第七三一部队罪证陈列馆等红色主题教育4场，新生代企业家参与300余人次。

（二）青色：青蓝接力传薪火

针对"90后"新生代企业家有平台缺传承、有学历少经验、有激情怕风险等特点，构建导师帮带、靶向研训的培养路径，聘请来自博威合金、中淳高科等鄞州知名企业的30余名老一辈企业家和乡贤代表组建导师库，通过"专场巡讲""师徒结对"等形式强化新老帮带，着力培养新一代企业家担当意识和拼搏精神。共跟踪服务"接班少帅"150人、"创业黑马"210人、"创新精英"60人。

（三）蓝色：政企联动护菁才

依托鄞州青创园、中物科技园等双创园区，强化部门联动，整合市场资源，以"伙伴银行"畅通融资渠道，以"法律驿站"解答合规难题，以"楼层专员"指导项目申报，为新生代企业家提供创业初期所需的金融、法律、政务等服务，助力其平稳起步。累计服务企业500余家次，协调贷款12.35亿元，帮助申报各类项目120余项。

（四）金色：靶向培塑助兴业

联合清华、复旦、哈工大等一流高校建设鄞商学院，面向新生代企业家开办中欧EMBA新知讲堂等各类高级研修班30余场次，提供行业分析、现代企业管理、市场营销、人力资源等专业课程。此外还建立研学访问机制，先后组织"90后"企业家500余人次赴产业小镇、标杆商会和阿里、华为等龙头企业开展学习交流，进一步完善"青春引力"新生代企业家培塑体系。

（五）橙色：光彩事业连心路

鼓励引导新生代企业家踊跃投身光彩事业和公益慈善事业。成立全区"共同富裕发展基金"，基金总额达4.7亿元，完成高端制造业、生物化学等产业投资4500万元。新建、续签"企业留本冠名基金"参与单位36家，总数达296家，基金额新增2亿元，达9.8亿元。在产业发展、就业扶智等方面发挥了重要作用。组织韵升集团、浙江蓝海绿业集团等企业的新生代企业家开展困难学生助学、"守护母亲河"巡河护河等各类公益活动近10场，为中小学提供公益指导培训30余次，率先以"外引内扶"的方式助力凉山产业发展。

二、经验启示

一是强化政治事业“双传承”。新生代企业家既要接好事业班，又要接好政治班、社会班、文化班。可以通过理想信念教育实践活动等形式，引导和激励新生代企业家争当创新发展的探索者、组织者、引领者和示范者。

二是强化服务培育“双驱动”。新生代企业家接好事业班，往往需要政府部门“扶一把”。要坚持授人以鱼和授人以渔“两手抓两手硬”，一手抓助企纾困，帮助新生代企业家解决法律、金融等现实难题；另一手抓能力素质提升，通过各种形式来拓宽新生代企业家视野，增强对新理念、新模式、新技术的了解和理解，潜移默化增强企业核心竞争力。

三是强化发展担当“双提升”。新生代企业家还应接好社会班、文化班。要大力弘扬企业家精神，可以通过组织现场考察、产业合作、公益帮扶等形式，引导更多企业家履行社会责任，也促进他们更深刻思考中华民族伟大复兴背后的企业责任。

奉化区：青创之城建设赋能年轻之区的精彩蝶变

2016年11月，奉化撤市设区正式授牌，开启现代化滨海大都市健康美丽新城区建设篇章。2024年奉化区地区生产总值达到1102亿元，五年连上五个百亿台阶，城乡面貌焕然一新。成绩的背后离不开奉化区对人才工作的高度重视和持续投入。围绕“最美桃花源，最好青创地”目标，奉化区大力实施青创之城建设行动，迭代优化“引育留用”全链条人才生态，持续激发青年的活力和创造力，让越来越多的青年和年轻之区在百舸争流的时代双向奔赴、相互成就。

一、主要做法

（一）倾心引才推动人才“大汇聚”

聚焦奉化作为宁波近郊城区的城市定位，深入实施高层次人才和领军型创业项目招引双攻坚行动，充分发挥土地资源优势，围绕“一大一高两新”主导产业，引育具有战略科学家潜质的高层次青年科学家。构建人才市场价格发现机制，优化升级“住房保障”“薪资奖励”等政策，以“真金白银”帮助用人单位引才“降本增效”。创新人才评价方式，出台“凤麓精英”评审管理办法、高水平创新型人才奖补办法，结合企业“三领”人才评审管理办法，围绕人才价值、能力、贡献维度形成“人才有价”评估体系。统筹推进青年人才队伍建设，实施“凤麓菁英”“凤麓名师”及“凤麓名医”计划，由区领导带队赴武汉、广州、南京、杭州、上海开展五城联动政策宣讲，常态化开展“全国选才”系列赴外招聘，为本地企业招引实用型青年人才。

（二）精心用才激发人才“原动力”

提升科创、人才平台能级，壮大人才施展才华的舞台和空间，高标准建设 3 号青创大走廊，构建“一轴五城多点”空间布局，挂牌成立浙江创新中心凤麓中心。围绕聚力“医学高峰”建设，依托宁波大学医学部、浙江药科职业大学、宁波第一医院等平台，打造生物医药大健康人才产业高地，全力推进复旦大学谈家桢实验室落户奉化，建立生命健康公共研发平台，形成“一个产业、一个研究院、一个产业创新服务综合体”的创新模式，实现要素共享、人才共育、产才共促，为青年人才干事创业搭建舞台。依托“甬山讲堂”、“奉麓青研院”、新生代“青蓝接力”等培训载体，邀请青年人才、民营企业家、知名人士、专家等授课。加大人才创业创新服务综合体与产业平台服务和资源贯通，以“工链圈”为纽带，推动人才与产业无缝衔接，举办线上线下相关活动，带动人才企业和传统企业达成合作订单。

（三）真心爱才营造人才“大环境”

着力解决人才生活创业过程中关心牵挂的“关键小事”。建成投用“风华聚”国际青年人才社区，入驻人才覆盖法国、新加坡等全球 10 个国家。建立“人才＋资本”金融品牌，依托甬山控股成立首期 10 亿元的人才发展基金，采用“子基金＋直投”双模式运作。成立“茗山智创产才联盟”，建立“人才吹哨、部门报到”服务机制，通过“政府搭台、企业协作”，打破地域、领域限制，让企业变对手为盟友，加速产业链上下游知识、技术、场地等要素的流动和互补，赋能区域产业高质量发展。升级优化奉化区“人才码”，将高频服务和呼声较高的场景应用进行提质扩面，人才码使用率达到 70%。开展青年理想生活周、青年博士发展大会等一批有辨识度、影响力的活动，不断擦亮“最美桃花源、最好青创地”城市品牌。加大青年人才驿站配置，探索“共性清单＋个性定制”服务模式，按照“AB”型精准分层，已建设完成覆盖中心镇（街道）的青年人才驿站 4 家，来奉求职创业的大学生最高可享 7 天免费住宿。

二、突出成效

撤市设区以来，奉化区人才队伍规模稳步壮大，高层次人才加快集聚，截至 2024 年底，全区人才资源总量占常住人口比例接近 28%，已有 101 个项目入选宁波甬江人才工程，较 2016 年增加 90 个；272 个项目入选区“凤麓英才”项目，较 2016 年增加 231 个。通过这些项目，超过 200 名全职博士、500 名硕士和 3000 名其他各类人才落户奉化，全区国家级、省级人才增加了近 28 倍。人才企业 2024 年总产值达到 30 亿元，贡献税收达 3 亿元，企业估值突破 70 亿元，并成功撬动民间投资 20 亿元。

象山县：“青年与海”领航海洋经济产才融合新范式

一、“青年与海”·缘起

象山三面环海、两港相拥，素有“海山仙子国”之美誉，海域面积达6618平方公里，海岸线总长988公里，拥有505个海岛。2003年5月16日，时任浙江省委书记习近平同志到象山调研时作出重要指示：“象山发展海洋经济已经具有良好的开端，又有较好的自然条件和资源优势，希望象山把发展海洋经济作为一项重要的工作来抓，进一步发挥优势，寻找差距，全力推进海洋经济快速发展。”

象山县因受区位、交通、产业等影响，客观上存在着“小县城留不住大学生、小县城成就不了大事业”的发展难题，给外界也留下了“老渔船”“小海鲜”的传统印象。近年来，在轨交时代、海洋时代、“双碳”时代、亚运时代“四重”利好机遇下，象山坚持人才首位战略，创新提出“青年与海”人才计划用于破解城市经济转型、青年人才引育掣肘问题，引导青年人才看见象山、走进象山、感受象山、扎根象山，为引领城市新风尚、发展海洋新经济注入源头活水。

2022年，象山学习借鉴美国奥斯汀“西南偏南”和杭州“2050”大会、万物生长大会做法，创新举办第十六届中国海洋论坛暨首届“万物开源”海洋

"双创"大会，设置音乐、脱口秀、大咖说、海边夜谈、创投和项目对接等环节，深度"讨好"青年人才，成功点亮"青年与海"人才工作品牌。

二、"青年与海"·扬帆

海洋是象山最大的增量，青年是象山最大的变量。

2023年，象山县委、县政府将"青年与海"列为象山抓未来的十件大事之一，高规格建立组织体系架构，重点打好"136"组合拳。"1"即"半岛英才"计划，重点引进"半岛菁英""半岛名师""半岛名医""半岛工匠"等各领域高层次人才，"3"即"家燕归巢、凤栖山海、化鱼为龙"行动，重点做好象山籍大学生回归、县外大学生招引和本土人才培育工作，"6"即位子、票子、房子、孩子、圈子、面子"六子"人才生态。围绕人才关键小事，完善差异化、超预期服务体系，给成功者以掌声，给奋斗者以舞台，给失败者以尊严，充分激发创新创业热情，全力打造产才融合新范式。

2024年，为进一步完善"136"工作体系，"1"调整为"一个核心理念"，即以满腔热忱对待一切新生事物；"3"调整为"海洋科创、海洋文旅、海洋治理"三大赛道，希望通过三大赛道去吸引广大青年人才"象"往新鲜，奔赴山海。

（一）突出青年人才主体，搭建人才集聚阵地

一是扩大青年人才队伍。承接举办"挑战杯"全国大学生课外学术科技作品竞赛展览、全国大学生滨海运动嘉年华等"国字号"项目，吸引82所高校915名青年参加。创新举办"世界再大象山是家"主题高三毕业生送新贺新和新入职象山青年人才迎新纳新系列活动，提前链接2500余名未来人才，主动"讨好"4500余名新入职青年人才。二是提升青年人才档次。联合中国青年报社、中国太平洋学会在全国范围内评选出70名"海洋强国青年科学家"（含提名），促成青年科学家与象山的双向奔赴。三是释放青年人才效能。择优聘任64名"青年与海"城市合伙人，借力"智慧外脑"，跑出城市人才发展加速度。

（二）紧扣海洋经济主题，拓宽产业发展赛道

一是诚邀高能级嘉宾赋能。“青年与海”创新创业主题活动累计邀请 4 位副部级（享副部级待遇）领导、6 位院士、38 位厅级领导、50 余位国家级人才以及自然资源部第一、第二、第三、第四海洋研究所和东海局、南海局、中国太平洋学会有关分会参加，大幅提升海洋经济盛会专业水准。二是探索独角鲸创意概念。联合太平洋学会、国家海洋信息中心共同挖掘海洋经济领域中的独角兽企业，连续两年发布《未来独角鲸榜单》和《未来独角鲸捕手榜单》。三是开展集中性项目签约。加大海洋产业人才项目招引，以“才能兼备、余生有幸”八大海洋经济产业为主攻方向，累计签约项目 30 个，总投资超 330 亿元，形成“海洋经济看象山”的领军效应。

（三）凸显创新创业主线，加快科技成果转化

一是见微知著鼓励创新。“挑战杯”海洋主题展览活动中，北京航空航天大学“毫厘灵探”、浙江大学“地龙”等 16 个高校团队与象山科创平台达成合作意向。二是精挑细选支持创业。2023 年海内外青年人才超 400 人参加创业项目大赛，参与遴选项目 105 个，2024 年设置基金投资项目专场和创新人才专场，共征集到来自全国各地的 86 个基金投资项目和 262 个创新人才项目，保持年均 30% 以上增长率。三是研判市场发布成果。举办“6618”奇思妙“象”创新发布和交流展陈，累计展示 100 余项涉海新技术、新应用、新业态等有市场前景的科技成果，发布 13 个创新创业案例、50 个技术合作需求、100 项免费使用专利，促成对接 25 项，合作金额超 500 万元。

三、“青年与海”·破浪

自 2021 年底开始谋划并探索实施“青年与海”计划以来，象山人才工作追赶跨越、态势向好。围绕“引育用留”关键环节，创新搭建“136”人才工作体系，形成“1 ＋ 6 ＋ N”人才政策框架，建立“3 ＋ 365”人才活动运行机制，人才生态进一步得到涵养。高层次人才队伍建设取得历史性突破，2022 年自主申报入选国家级人才 2 人，打破 12 年无自主培育国家级人才的僵局，2023 年入选 6 人，同比新增 200%，增幅居全市前列，创历史最好成绩；2024

年入选 3 人，连续三年保持入选态势。青年大学生引进再创佳绩，近三年引进数保持两位数增长，增幅居全市前列。“青年与海”相关做法被中组部组工信息刊登，获评宁波组织系统创新实践十佳案例、宁波市“地瓜经济”提能升级“一号开放工程”第二批最佳实践案例。

“青年与海”是一个开明的计划，一个开放的舞台，一个未知的盲盒，一个持续的品牌。作为一项新生事物，“青年与海”是长期正确但当前困难同时不一定能够马上显成效的工作，象山从未给“青年与海”设定最终去向，只为留下广阔空间搭建舞台，满腔热忱迎接海内外青年才俊来象山谱写更多“青年与海”的故事，与象山共同奔竞在海洋经济的浪潮之巅！

市农业农村局："四个一"行动培育现代"新农人"打造乡村人才振兴的市域样板

市农业农村局深入贯彻落实中央和省市关于乡村人才振兴的重要指示批示精神，大力实施现代"新农人"培育行动，不断将乡村人才资源转化为深化推进"千万工程"、持续缩小"三大差距"的第一动力，坚持培养与引进并重、引才与引智结合、人才与产业融合，满怀诚心"引"才、全力实心"育"才、秉承真心"用"才、诚挚用心"留"才，以"四个一"行动激活"新农人"集聚新势能，为乡村全面振兴提供坚实的人才支撑。

一、主要做法

（一）"一类一策"定制化引才

坚持需求导向、产业导向，不断细化乡村优秀人才招引颗粒度，充分发挥"头雁"领航作用，引领全市"三农"事业再攀新高。一是突出高端人才引育。依托"甬江人才工程"、农业科技人才联盟、农业科技创新项目等载体，充分发挥涉农科研院校、农业科技企业的引才作用，加速引进优秀紧缺人才及团队。首创成立由院士领衔的宁波市农业科技人才联盟，每年实施现代农业产业技术创新项目超过10项，已引进农业领域博士及以上人才近350人，院士人才4人，具有农业农村现代化特质的头雁队伍逐渐成形。二是突出青年人才集聚。在全国重点涉农高校建立人才工作联络站，抢抓大学生就业择业"金九银十"黄金期，推进名校优生招聘"直通车"，组织实施重点涉农高校"奔甬而来"专场招聘会，在中国农业大学、南京农业大学、华中农业大学、武汉大学等高校专题宣讲宁波人才政策及农业发展情况，签订人才工作协议，诚邀学子来甬亲身体验宁波城市之美、产业之美、人文之美。三是突出运营人才招募。试点实施"乡村 CEO"运营模式，在全国范围招募一批懂农村、善经营、会管理的职业经理人队伍参与乡村建设，全市已引育乡村职业经理人 300 余人，涌现出以奉化庙后周村、宁海葛家村、江北环云湖四村、鄞州城杨村等为代表的优秀运营村庄。如奉化区已引入 52 名专业运营人士，落地 22 个项目，引资 3800 余万元，带动村集体与村民显著增收，相关工作经验在《农民日报》专题报道。

（二）"一地一校"特色化育才

坚持将本土人才培养作为强农兴农的核心动力，持续完善乡村人才培育链条，推动各类人才在广袤乡村大展身手、大施所能。一是育优"十路人才"队伍。深入实施新时代"领雁工程"、乡村振兴领军人才（头雁项目）、现代"新农人"高级研修、农创客培育计划等人才培养项目，分层分类推进乡村"十路人才"招引培育，推动现代"新农人"成为农业发展、农村建设、乡村治理的重要力量。二是重塑农民培训体系。优化市县农民学校"横向联合、纵向到村"办学体系，召开全市"新农人"培育体系推进会，宁波开放大学挂牌成立宁波农民学院培训基地，在全市梯次布局形成 1 个市级农民学院、10 所县级农民学校、N 个基层农民田间学堂的"1 + 10 + N"现代乡村人才培育体系。三是培育产业人才集群。以"土特产"优势区为引领，强化青年人才与乡村特色产业有效衔接，开展定制化农民培训专业课程和师资队伍，不断创新完善乡村人才培训提升和联农促富机制。象山县围绕"红美人"优势产业，大力培育柑橘乡土专家和职业橘农，宁海县以"育"为诀，依托农民学校、实训基地、个性化制订"阿蛏嫂"培养计划，象山"红美人"、宁海"阿蛏嫂"2 个培训品牌入选浙江省"浙农智富"品牌。

（三）“一业一园”多元化用才

坚持平台育人、平台聚才，将平台打造成为全市农业农村领域的创新策源地、资源集聚地和产业腾飞地。一是建农创孵化平台提能。全面布局现代农业产业园、农业现代化示范区、农业产业强镇、青创农场、科技小院等农创平台及项目建设，联手海内外农业高层次人才、大学科研团队等优势资源，全力推动农创平台孵化功能提质。慈溪市坎墩大学生农创园、镇海涌·望农创园、象山半岛农创园获浙江省现代化农创园，镇海区列入 2024 年乡村人才振兴先行县培育试点。二是创资源合作平台提质。首创成立宁波市“现代‘新农人’产业资源合作共享平台”，通过整合农业产业链中生产经营、精深加工、物流仓储、市场营销等关键环节资源，引导现代“新农人”抱团发展、资源共享、合作共赢。打造“国有主体＋市场化运营＋农户受益”一体统筹的产业共富项目模式，提升村集体造血能力，协同建设“共富工坊”1005 家。三是筑产业科创平台提效。全领域做大农业科创经济，面向区域特色农业产业发展需求，推行产学研合作模式，锻造专精人才集聚地。宁海县依据区域特色农产品，针对性引进中国水产科学研究院东海所等种业研究机构，集聚高层次专业人才 27 人，其中博士占比达 2/3，有力推动水产建库保种工作，2024 年以来新增青蟹、缢蛏等特色种质资源库 2 个。

（四）“一心一意”精准化留才

聚焦“新农人”身边的“关键小事”，用高规格、高待遇、高诚意吸引人才、服务人才、留住人才，为“新农人”创业创新造就一片成长沃土。一是完善金融支撑。在全市范围内常态化开展“农创贷”“粮农 E 贷”“渔船贷”“裕农快贷”“兴农贷”等活动，全市涉农贷款余额 8961.4 亿元，同比增长 13.3%。实施《进一步完善大学生在农业生产领域就业创业扶持政策》，为符合条件的在农业生产领域就业创业大学生提供每人每年 2 万元的补助。市农业农村局联合市金融办、浙江农商联合银行创新推出“浙里兴农”信贷产品，为现代“新农人”及创办企业提供 50 万～200 万元的信用贷款额度，并在定价基础上给予一定的利率优惠。二是强化人才激励。深化涉农职称评审制度改革，建立多工种农业职业技能等级认定机制，全市已有29名农民获得高级职称，参加涉农类工种评价1655人，发证1277人。积极推动现代"新农人"参评"宁波市荣誉市民""金牛奖""现代工匠"等各类荣誉。2024年度1人获评浙江省乡村振兴共富青年先锋"青牛奖"，1人获评浙江乡村振兴共富带头人"金牛奖"。三是增强身份认同。持续强化对现代"新农人"的宣传力度，充分展示全市现代"新农人""十路人才"代表风采，举办"南塘河"杯宁波茶艺师职业技能竞赛、"侬"播好物数推共富助农电商直播大赛等甬上"新农人"系列活动23项，推介"新农人"典型案例48个，推出"新农记"专栏报道23期。

二、实际成效

截至2024年底，全市累计培育"新农人"3.4万人、农创客9235人，引进农业领域博士以上人才350人、院士人才4人，市、县、乡三级统筹"1＋10＋N""新农人"培育体系系统重塑，政校联手、产教联动、校企联合的职业教育新模式迭代创新，蹚出一条由"新农人"助力乡村全面振兴的新路径。《宁波市"四个一"行动打造"新农人"培育高地》在《浙江农业农村》工作信息上专题刊登，典型案例做法多次获《浙江日报》《宁波日报》等媒体宣传报道。奉化区《探索全链条"农创"服务新模式改革》入选"中国改革2024年度案例"。奉化滕头村、余姚横坎头村、象山花墙村获首批浙江省乡村职业经理人（CEO）实训基地。

江北区："四型产业教授"深化产学研融合的探索实践

人才聚则产业兴，产业强则人才聚。产业教授制度是江北区推动产学研融合从理念向制度落地的先行实践，通过系统构建"政府牵线搭桥—校企双向流动—产才融合提升"的多层次、全方位工作体系，搭建起高校和企业之间人才流动的"高速公路"，推动创新链、产业链、资金链、人才链深度融合，为传统产业提质增效和新兴产业培育壮大提供强劲动力。

一、主要做法

（一）立足需求，分类实施，以实用导向推动四链融合

一是围绕企业技术创新需求，引入"创新型产业教授"。针对企业发展中的关键技术难题和科技成果转化需求，从高校、科研院所选拔专家担任企业创新项目带头人，以创新链带动产业链发展。促使人才、技术等创新要素向企业生产一线汇聚，实现创新链与产业链的有效对接。二是坚持数创赋能，选拔"创业型产业教授"。鼓励高校、科研院所的专家到江北区创办人才科技企业，发挥其在技术成果转化和项目产业化方面的优势。通过人才政策、产业政策、金融政策，为创业者提供全方位支持，推动人才链、产业链与资金链有机结合。三是依据校企学研合作需求，选派"应用型产业教授"。为加强校企合作，支持高校、科研院所从江北区聘请企业家、技术总监等担任兼职教师参与

实践教学，推动创新平台的共建共享。通过人才的双向流动，使学校的教育资源与企业的实践资源相结合，在提高人才培养质量的同时，也促进企业的创新发展，实现人才链与产业链的深度融合。四是着眼地方产业升级需求，聘请"顾问型产业教授"。为地方经济发展出谋划策，助力传统产业转型升级，推动区域经济高质量发展。顾问型"产业教授"凭借其丰富的经验和广阔的视野，整合各方资源，协调创新链、产业链、资金链、人才链之间的关系，为四链融合提供战略指导。

（二）强化统筹，闭环管理，以聘用考评推动四链融合全面梳理企业与高校需求

一是深入开展"双推双进"行动，排摸企业转型难点、技术迭代痛点以及高校人才培养重点。与宁波市教育局共建"产才融合双向赋能"共同体，与宁波大学联合打造宁波大学创新港，发起宁波大学首支科创基金，成立"'产业教授'宁波大学成果转化基地"，举办"江北区—宁波大学专场创新技术对接会"等活动。二是常态化走访企业，梳理人才技术需求，并在人才科技数字化系统中开发企业技术需求模块和高校、科研院所应用人才需求模块，精准对接高校院所和企业间的问题需求，促进四链各环节间的资源流动与协同合作。三是建立严格的管理评价体系。科技、经信、人社等部门共同制定"产业教授"履职考评办法，实施动态管理和目标管理制度。通过对"产业教授"的严格考评，确保其在推动四链融合过程中的工作质量和效率，对考核优秀、表现突出的"产业教授"和相关企业予以表彰，激励各方积极参与四链融合工作。

（三）整合资源，优化生态，以服务保障推动四链融合打造人才赋能保障体系

一是制定"产业教授"实施意见二十条，为"产业教授"在科技攻关、创业创新、生活安居等方面提供全链条、全周期保障。二是设立"江北人才院"并建立高层次人才"编制池"，全职落地江北的产业教授经审核可纳入"编制池"，从政策层面为四链融合提供有力支撑。三是构建全面服务体系。深化赋能专家、人才管家、健康专员服务机制，构建精准化、全覆盖的"产业教授"服务体系。在重点企业评价评选和人才工作服务站考核中，依据"产业教授"

的贡献度对其所在企业进行加分和奖励，通过优化服务生态，吸引更多人才参与四链融合工作，推动四链融合的可持续发展。

二、突出成效

依托“产业教授”机制，江北区成功引进全国首个航空学会与地方共建的先进制造技术应用推广中心，打造全省首个低空经济智慧社区，组建全市首个飞行汽车专委会，1 名“产业教授”入选浙江省最具创新力青年科技型企业家榜单的“产业教授”，科技人才发展指数位列全省第一梯队。在“产业教授”推动下，江北区已突破关键技术 37 个，创造产值超过 8 亿元，高校院所科研成果转移转化进一步加速，相关经验得到中组部、中央、省、市主流媒体的认可与推广。

北仑区：迭代完善评价模式激活人才内生动力

近年来，北仑区深入学习习近平总书记关于人才工作的重要论述，持续探索人才发展体制机制改革创新，探索建立了一套以创新能力、质量、实效、贡献为导向的产业人才评价办法，不断激发人才创业创新积极性，推动产业链、人才链、创新链深度融合。目前，北仑区已形成汽车、石化、钢铁等为主体的临港产业集群，集成电路、高端装备、新材料等为代表的新兴产业集群，拥有超过1.7万家中小企业和40万名产业工人。面对庞大的产业工人规模，传统的产业人才评价体系已滞后于新技术、新产业发展，主要表现在人才评价标准科学化程度不高、评价主体多元化程度不高、评价导向产业化程度不高等。围绕这些问题，北仑区突出实用、贡献为导向，以评价标准精准化、评价主体多元化、评价方式差异化为突破口，在5个人才评价先行试点领域开展探索，相关做法获浙江省人才工作创新最佳案例奖。

一、主要做法

北仑区产业人才评价模式创新探索最早从2015年塑机行业高工评审试点开始，2021年聚焦集成电路产业、模具产业等北仑重点产业，研究领域专项人才评审和认定制度，同步创新实用人才评价办法破解无学历职称人才认定瓶颈，2023年延伸至企业综合评价与激励机制研究，推动人才工作从单一评价向“人才培育＋企业赋能”的系统化方向升级。北仑始终以解决产业需求痛点、激发人才创新活力为根本导向，不断推动人才评价从行业破冰到领域拓展、从标准制定到生态构建的递进式发展。

（一）实施塑机行业职称评审制度改革

从2015年起，北仑区率先在浙江省试点塑料机械行业高级工程师评审试点工作，突出“业绩+能力”为导向的人才评价方法，迄今已有174人取得塑机高级工程师资格。一是突出科学化评价。创新性增加工作绩效考核和薪酬指标，对参评人员的科研项目承担、科技成果等业绩指标进行量化考核和权重赋分，建立“标志性成果”这一直接晋升标准。二是打破传统化评价。职称评审改革不再将职称、论文作为硬性指标，对部分不具备规定学历资历条件，但在塑机领域工作业绩特别突出的专业技术人员设立了破格申报途径，破格申报占比约40%。三是引入市场化评价。组建塑机行业高级职称评审委员会，将行业和龙头企业的技术标准纳入评价指标体系，鼓励引导用人企业根据职称评价结果合理使用专业技术人才。

（二）开展集成电路产业人才认定

2021年出台集成电路人才12条政策，加快集聚集成电路产业高端人才。推广“薪酬制”“举荐制”评价遴选模式，99名人才已通过人才分类认定。一是坚持人才评价贡献导向。研究制定区集成电路产业人才分类目录，采用年薪与工作经历相结合的方法评定人才层次，并把实用技能人才纳入目录。二是坚持人才评价举荐导向。赋予认定的集成电路行业领军企业负责人和B类以上产业人才每人每年1名人才举荐权，对年薪45万元及以上人才可破格认定为B—D类人才。三是坚持人才评价的自主导向。按照“谁用谁评”原则，充分赋予用人主体人才评价自主权。建立以同行专家评审为基础的业内评价机制，组建集成电路专家委员会。

（三）开展模具工程师自主评价探索

2021年推出模具行业工程师自主评审机制，解决经验丰富、敢于创新的模具人才难以得到职称晋升的难题，目前共有136人获得模具行业专业工程师职务任职资格。一是注重行业参与。建立区模具行业工程师任职资格评审委员会，组建评审委员会专家库，邀请行业内知名专家、高级技术专家等参与模具工程师评审工作，确保评审工作专业可靠、公平公正。二是制定特色标准。坚持需求导向，研究制定具行业特色的模具行业工程师任职资格申报条件，涵盖评审适用范围和评审量化赋分标准。三是推动评价互通。全面推进专业技术人才与技能人才互通，扩大职称评价人员范围，畅通各类人才职称申报渠道，如市级技能大师工作室领办人等技能人才，可直接申报工程师任职资格。

（四）实施“港城能匠”实用人才评价认定

2021 年出台实施“港城能匠”实用人才评价认定管理办法，为 400 余家优质企业超万名低学历、无职称的一线高技能高薪酬人才提供成长渠道。一是创新定位“好企业”。设立大专以上学历、助理级以上职称、高级工以上职业资格人才占比 35% 以上的“人才队伍结构基准线”，确保现有优秀企业推荐全覆盖。二是创新定位“好人才”。注重企业人才评价，设定年薪超上年度市社会平均工资标准 2 倍且位于企业职工薪酬体系前 1/3 的硬性申报指标，提高薪酬权重至 40%。三是创新定位“好政策”。发放工作津贴和培训券，优先参加专项提升培训，依申请可推荐家属就业、子女区内义务教育段学校安排就读，提高一线人才获得感与成就感。迄今已评定“港城能匠”实用人才 240 名。

（五）开展高层次人才集聚企业综合评价

为进一步提高企业积极性，北仑区创新建立人才企业综合评价机制。2023 年以来，北仑区申报入选省级以上重点人才的企业人才比例占 80% 以上，企业引才用才主体作用显著增强。一是实施企业人才引育加分。对自主培育国家级、省级、市级重点人才的，给予“亩均论英雄”按照每个人才最高 10 分加分。加分分数标准相当于企业列入国家级制造业单项冠军企业（产品）。二是给予企业人才举荐权。对自主申报入选符合条件的国家级、省级人才 3 名以上且符合相应条件的企业，给予每家企业每年 1 个人才（团队）举荐权，符合条件的被举荐人才（团队）可直接进入区级高层次人才项目终评环节。三是开展示范企业典型表扬。北仑区连续两年每年评选 10 家高层次人才引育示范企业，给予表彰奖励。

二、经验启示

一要优化标准方法，突出人才评价精准性。建立“产业需求牵引＋能力实绩导向”的动态评价标准，分领域细化区域重点产业的人才评价指标，探索“技能实操＋企业贡献＋行业公议”多元评价方式，推动人才评价从“一把尺子量到底”向“精准刻度分类量”升级。结合新兴产业发展，创新探索 AI 大数据画像与产业数据联动分析，提升人才评价标准适配性。

二要激励人才企业，突出评价工作主体性。强化企业用人主体地位，给予用人单位充分自主评价权限，通过自主评价权下放、评价结果与薪酬激励挂钩等机制，激活企业参与评价的内生动力（如模具工程师自主评价实践），激励专业技术人才更好学习技术、致力创新、创造业绩。同步加强政策、荣誉引导，推动企业从“被动执行”转向“主动设计”。

三要编织评价网络，突出评价改革系统性。构建“行业专项评价＋实用人才认定＋企业生态评估”的立体网络，联动产教融合、职称互认等改革，不断拓展人才评价试点领域，建立分领域、分类别、分层次的系统化评价体系，以系统性思维破解单点改革的碎片化问题，实现“人才成长链”与“产业生态链”耦合共生。

余姚市：打造人才创新联合体
赋能新质生产力发展

近年来，余姚市立足泛半导体等科技前沿产业战略布局，依托江丰电子公司产业龙头优势和国家级人才姚力军博士行业影响力，以“链主企业＋民营孵化器”模式推进宁波阳明工业技术研究院建设（简称“阳明工研院”），通过塑造产业优先、研发为根、创业为魂、人才支撑四维基地运营范式，导入更成熟的专业指导和更优质的资源链接，成功打造科研成果产业化转化的“人才创新联合体”，探索形成了龙头引领、链式延伸、集群共进的人才赋能新质生产力建设“余姚经验”。

一、主要做法

（一）依托链主企业产业洞察力，靶向瞄准人才引育需求点

聚焦泛半导体产业链纵向垂直整合，依托江丰电子“链主”企业在产业资源汇聚方面优势，推动人才项目集聚由过去被动的“抢”和“争”，向“融”和“接”转变。一是专业团队优选项目。紧盯国内空白、市场急需，打造由阳明工研院牵头、行业顶尖人才为核心成员的内部技术和投资委员会，多维度会商评价人才项目引进预期，建立早期人才科技项目（技术）发现、验证、熟化及孵化机制，实施关键项目招引“一事一议”制度，对引进团队项目按照风险投资和市场化标准遴选管理。二是以投促引绑定项目。坚持“投资＋人才”导

向，设立蔚蓝智谷产业引导基金，新建科技创新投资政府引导基金，创新“市场专业化主导运作＋政府跟投”模式，多维度融入泛半导体产业链上下游人才项目发展，推动创业投资向人才资本价值投资转变。阳明工研院 82% 的落户项目在公司成立初期得到基金投资支持，累计规模超过 1.1 亿元。三是政策激励支持项目。会同以姚力军为代表的创业领军人才，深度调研科技人才项目产学研转化资金需求规律周期特点，推出“扶持资金＋种子资金＋贴息贷款＋发展奖励＋股权投资”滚动支持政策，充分授予阳明工研院“甬江人才工程”“姚江英才项目”等重点人才工程自主推荐权限，已有 8 个入驻项目获得宁波或余姚重点人才工程支持。

（二）围绕平台资源共享集成度，系统补强人才创新薄弱点

泛半导体产业人才项目研发需要长期投入和坚持，阳明工研院发挥产业集聚效应，创新“整零协作”开放式研发资源共享机制，为人才项目研发注入强劲动能。一是研发空间集成建设。提前谋划人才项目研发转化阶段发展空间要素需求，建立“一院两园”发展机制，早期项目在研究院内落地孵化，中试项目在占地 121 亩的超高纯材料特色产业园培育，成熟项目将在规划占地 1800 亩且首期地块即将投用的泛半导体材料产业园实现产业化，为项目持续入驻和发展夯实空间储备。二是研发设备集成投入。紧扣新材料研发性能提升、精密加工、表面处理等方向，推动重点关键设备协同研发合并建设，成功从瑞典引进并投用国内首台超大规格“双 2000 热”等静压设备，打造国内一流、国际先进的综合性材料分析检测中心，为入园企业提供从产品生产、性能检测、技术支持全方位服务。三是研发人才集成培养。坚持以培养“技术精湛，具有职业精神，拥有家国情怀的奋斗者”为极致追求，深化校企产学合作协同育人探索，推动现代学徒制及企业订单班产教融合建设，邀请国内外领军人才开展订单式培训，靶向提升人才干事创业能力，已有 4 人从普通员工成长为省级工匠，1 人入围 2023 年“大国工匠年度人物”。

（三）聚焦人才企业孵化成功率，特色打造人才服务增值点

人才初创往往在人力资源、行政管理、资本运作、建设管理等方面有较

多精力羁绊，阳明工研院打造特色增值服务支撑体系，以“高效创业指导人”角色定位陪同初创人才同进步共成长。一是设立六大服务平台。成立专业管理咨询公司，建立人力资源、行政管理、财务管理、投融资服务、建设规划和项目申报等服务平台，通过资源共用、服务共享等模式，全面降低入驻人才项目在管理保障等方面开支，确保团队更加专注研发生产等核心业务。目前项目申报服务平台已帮助入驻人才项目解决注册登记、实施投产政务事务难题等17个。二是构建三大服务通道。以产业链为纽带，锁定入驻项目客户重叠度高特点，构建以客户为中心的技术研发、仓储物流、销售拓展三大服务通道，其中技术研发通道提供精准有效的市场分析报告和研发方向建议；仓储物流通道打造集智能立体仓库、生产车间及配套服务等于一体仓储配送体系；销售拓展通道打通内部产品体系，集中铺开市场营销助力企业产品精准及时打入市场。三是锁定一个核心目标。始终树牢研究院核心产品是人才企业和企业家理念，通过宁波市海外高层次人才联谊会、高层次人才赋能中心等平台，推动阳明文化和红色文化融入企业文化打造之中，努力推动项目领衔人向心怀“国之大者”企业家转型。

二、突出成效

截至2025年5月，阳明工研院已成功集聚省级以上人才16人，累计入驻17家高层次人才企业且全部孵化成长为规上企业，其中3家启动股改上市计划，依托人才产业创新攻克技术难题102个，研发超高纯钛等填补国内空白产品16个。

宁海县：破局建设眠牛山国际人才社区助力全球引才

随着全球化竞争日益激烈和产业转型升级迫切需求，人才已成为区域发展核心战略资源。作为宁波南部制造业强县，宁海正加快推进产业数字化、智能化转型进程，同时也遇到不少发展困难，如高层次人才供给不足，产城融合度不高，现有居住环境与国际人才期望存在差距，吸引集聚国际人才的能力不足，缺乏与国际接轨的管理和服务等。针对这些问题，2023 年宁海县贯彻落实宁波市委、市政府关于建设外国人生活居住区等相关批示要求，投入 1.1 亿元资金，创新打造眠牛山国际人才社区。该项目通过国际社区与产业园区联动构筑“类海外”生态，优化人才全生命周期服务链，实现高端人才与新兴产业的双向赋能，为宁海县突破传统产业瓶颈、实现动能转换注入强劲智力资源，成为该县吸引集聚国际人才的重要窗口。

一、主要做法

（一）高位谋划，顶层设计引领全局

一是县委点题挂帅。坚持高位统筹，将国际人才社区建设纳入县人才工作重点改革项目，由县委组织部牵头抓总，成立专项领导小组，多次召开专题会议，破解房源筹集、资金配套等瓶颈问题 7 项，实时约谈督办进展滞后环节，全力推动社区建设项目落地落实。二是坚持规划先行。组建专项工作专班，先

后赴上海陆家嘴人才金港、杭州钱运国际社区等标杆项目开展实地调研，系统学习产城融合先进经验。结合宁海县实际，以梅桥区块为核心，以国际化社区为载体搭建全球人才引力场，科学制定“两期建设、分步推进”社区发展规划，确保规划的前瞻性和可操作性。三是聚焦精准施策。构建“需求侧”响应机制，通过召开企业需求调研会、人才恳谈会，归集住房保障、跨境通勤等需求清单 23 项，先后出台人才公寓管理办法、人才服务清单化实施方案，确保服务供给与人才需求精准匹配，为社区建设提供有力的制度保障。

（二）硬件筑基，打造“10 分钟宜居圈”

一是打造人居样板。一期投资 4000 万元完成久安居专家楼改造、双语标识系统建设等 4 大项目，建成全县首个人才公寓智慧管理系统，实现 160 套精装公寓“拎包入住”。二期投资 7100 万元聚焦功能集成，在 190 套人才公寓中嵌入产业链供需平台等生产性空间，同步建设人才走廊、共享创客等配套，打造“居住即办公、下楼即休闲”的复合型国际社区样板。二是丰富生活设施。构建覆盖择业青年、蓝领工人、白领人才、领军人才、外籍人才等各层次人才生活体系，引入乐咖咖啡馆、共享厨房、无人超市等“软环境”，建设电瓶车充换电站、菜鸟驿站等便民设施，全面提升社区生活便利度和品质感，基本构建形成“10 分钟宜居圈”。三是突出人文建设。设立人才服务中心，一站式受理人才入住、政策咨询、资金拨付等业务，优化串联集久安居小区、樱花公园、黄墩文苑等多个节点于一体的精特亮人文线路，沿线景观、公共设施均设立双语标识，同步植入宁海县“三万三城”城市元素，常态化举办各类人才活动，如以“春满眠牛山”樱花节为起点的 20 余场特色人才活动，营造开放共享的创新创业环境、多元包容的文化环境。

（三）住创一体，打造产城融合生态

一是创设技术中介所。社区聚焦“光伏＋储能”“模具＋新能源汽配”等产业赛道，设立新兴技术交易站，统一收集企业转型难题，依托上海技术交易所、宁波科技大市场等平台，为东方日升全球光伏研究院、领为前瞻研究院等提供技术支持，推动外部科创资源和内部产业需求无缝对接。二是打造助创孵

化园。着眼社区入驻人才企业初创融资难、法律风险高，吸纳基金、风投、律所机构实地入驻，在线组建资本观察团、项目会客厅，全覆盖提供资金帮扶和专业咨询，帮助人才企业在谈项目获得意向投资，助力 AI 存储系统研发等多个产研项目落地。三是搭建智力碰撞场。聚焦新材料、生命健康、低空经济等前沿阵地，邀请清华大学宁波校友会、宁海中学校友会等外部专家走进社区展开头脑风暴，以思维火花驱动产业发展。

（四）市场运营，全面激活社区人气

一是引入专业团队。构建“政府引导＋市场运营”双轮驱动机制，招引第三方社区公寓民营主体，健全完善房屋出租、食堂经营、物业管理等配套制度，对社区物业资产实施标准化管理。跟踪开展绩效评估，按季度考核人才服务满意度等核心指标，全面提升社区运营管理水平。二是导入多元业态。根据梅桥区块生活服务缺口，丰富品质商超、特色餐饮等多元化消费业态，积极洽谈肯德基、老婆大人、中欧互联商场等品牌入驻，提供吃喝玩购、时尚生活一站式服务体验，最大限度集聚人气吸纳人流，实现商圈旺社区旺。三是抢占市场项目。强化市场思维，主动靠前营销，瞄准政府部门培训、大型企业年会、团体运动社交等现实需求，整合多功能会议室、共享办公空间、运动场馆，打包提供场所保障和配套服务，提高自身造血能力，实现社区可持续发展。

二、突出成效

截至 2024 年底，眠牛山国际人才社区一期 160 套公寓入住率达 100%，吸引高学历人才、高技能人才和高级管理人才以及外籍专家 100 余名，引才数创同期历史新高，助力全县外籍高端人才总量达 106 名，首破百人大关。人才的落地，也带动了一批人工智能、生物医药、新材料等高新技术企业和项目落户宁海县，成为县域产业数字化、智能化转型的新动力。正在推进的二期 190 套公寓预订率已超过六成，预计 2025 年全面投用后可新增容纳 500 名人才，进一步为宁海县产业升级和创新发展提供强有力的人才支撑，也成为城市扩大国际开放合作、展现开放包容形象的重要窗口。

宁波前湾新区：创新构建人才项目全生命周期帮促生态

宁波前湾新区高度重视高层次人才在推动地区产业跨越发展中的重要作用，深入实施前湾领航人才项目政策，全力构建人才项目全生命周期帮促生态，为前湾新区经济高质量发展注入新动能。2024 年，前湾新区入选国家级人才 6 人，到岗率 100%，入选甬江人才工程 22 个，均创历史新高；前湾领航人才项目认定 6 个，落地 4 个；康龙生物、清纯半导体入选 2024 年 GEI 中国潜在独角兽企业榜单。

一、主要做法

（一）靶向引才，构筑高端人才集聚“引力场”

瞄准行业最前沿、科技创新最新成果，依托党委政府、甬帮商会、重点企业、引才工作站等平台，广泛联系各类专家学者，了解其研究方向、合作意愿等信息，建立前湾新区高层次人才储备库。以前湾新区产业的最新转型趋势为导向，实时匹配库中高层次人才专业特长，有针对性地选择意向人选协商合作。聚焦海外人才、创业人才，提高学历门槛到博士，特别优秀的放宽至硕士，重点引进一批具有海外经历、拥有国际国内领先知识产权或掌握核心技术的高层次人才，为前湾新区新质生产力发展播下种子，为产业招商当好排头兵，培育未来的“独角兽”企业。

（二）精准画线，激活人才创业做强“动力源”

提高入选门槛，着重在人才项目评审认定上下功夫，借鉴省引才工程申报模式，以“标准化认定”代替集中评审，在满足四项基本条件（学历及创业时间、产业前景、股权比例、实际出资额）后，根据主申请人资质将项目划分为四类，采取实时受理、动态认定的方式，确保 30 个工作日内出具认定结果，大大缩短评审周期，加快人才项目落地。在“相马”与“赛马”相结合的原则下，另外加入晋升认定、破格认定等方式，以市场化评价为标准，衡量人才项目的发展潜力，实现“不拘一格用人才”。

（三）链式驱动，锻造产才融合共生“倍增器”

强化创业要素保障，着力释放“政策包＋服务链＋生态圈”的叠加效应和协同效应。注重政策集成，精心布局资金扶持节点，由原先的创业项目前期一次性资助扩展到前中后期全过程支持，既有创业前期的启动资助、研发创新资助、场租补贴，又有创业中期的社会融资奖励、专项奖励、人才基金投资，还有创业后期的发展资助，体现了项目“全生命周期”服务与扶持的理念。通过轻前期支持、重创业过程中视人才创业投入和融资情况分层分级给予支持，制定政策动态更新机制，及时调整优化不合时宜的政策条款，从而达到提高支持力度的目的和效果。

（四）资本支持，促进金融活水滋养“创业田”

健全高层次人才创业项目融资机制，设立财政拨付专项资金和风险投资引导资金，撬动社会资本、风投基金等积极参与。加大财政资金对高难度科研攻关、高质量项目落地等的扶持力度，通过关键环节的资金注入赢得高层次人才的信任与支持。创立首轮 1 亿元规模的人才基金，综合运用“国有＋社会”资本融合模式，以资本市场热点行业为导向，通过直接投资或跟随投资人才项目，构建起从天使投资到 VC、PE，从新三板到 IPO 的全周期融资发展体系，支持人才企业从小到大、从量到质的跃变，诺特达新材料、聿川动力等 2 个项目已经进入招投标阶段。

（五）服务提级，涵养人才品质发展“生态圈”

探索“共创合伙人”模式，以“全链条、全要素、全周期”服务理念为引领，在政务管理上做“减法”，在人才服务上做“加法”，推进“创业一件事”服务改革，为人才企业提供更及时快速的反馈和更优质全面的服务。围绕重要人才引进，以“一人一策”“一事一议”解决问题。强化对创业团队的全过程服务支持，既倡导真情倾注、全套保障，也要做到无事不扰、支持速达，促使高层次人才把最宝贵的时间投入工作中。

二、经验启示

前湾新区为吸引高层次人才和创业要素集聚，用创新手段持续优化人才项目全生命周期帮促生态，构筑了人才服务的“生态雨林”，前期的成功经验对前湾新区在引进高层次创业人才工作持续发力带来如下启示。

一要重视人才引擎作用，用更全的支持吸引人。百舸争流，奋楫者先；创新之路，唯在得人。在新一轮科技革命和产业变革中，以廉价劳动力和资本为基础的传统竞争优势“辉煌不再”，外部压力不断增长，若囿于传统制造业，发展就会逐渐触顶，难以形成新的增长点。所以，必须紧紧抓住高层次创业人才这个“关键变量”，把“关键变量”转化为驱动新质生产力发展的“最大增量”，不断壮大具备强大创新能力和巨大成长潜力的企业群体。

二要秉承长期主义理念，用足额的资金培育人。高层次人才项目的发展不是一蹴而就的，需要用长足的视野、坚定的信心锚定目标，与人才、与项目共同成长，在每个发展节点提供强有力的资金支持，解决人才最核心的需求和难点。要敢于善于做好“基金＋项目”引才建链文章，深化与市场化投融资机构合作，发挥专业基金管理团队的作用，用好用足人才基金，以政府资金撬动社会资本参与民营科创园区建设和高估值人才项目落地。

三要充分释放政策红利，用更好的待遇成就人。良禽择木而栖。在人才创业项目招引的“赛场”上，就必须要用创新手段及时响应高层次创业人才的“急盼难求”。以前湾新区为例，就要依托沪甬人才合作先锋区，有针对性地密集出台人才引进、培育、评价、激励等方面含金量更高的政策，提供“全链条全要素全周期”的支持，及时化解人才后顾之忧，使他们能够心无旁骛地投身事业。

四要打造暖心温情口碑，用最优的环境留住人。吸引高层次人才，短期动能依托重大项目牵引，中期势能倚重政策体系创新，长期潜能则决胜于制度生态培育。要持续在优化人才发展环境上用情，关心关爱人才成长，畅通人才发展空间，营造尊才爱才良好氛围。

市委社会工作部：宁波社会工作人才队伍建设实践探索

社会治理现代化，人才是关键。近年来，宁波围绕社会工作人才队伍“成体系、成规模、成特色”发展目标，着眼“制度化、专业化、机构化、本土化”，着力构建政府主导、社会参与、市场调节的协同推进机制，建立人才培养的“供给侧”与基层治理“需求侧”的精准对接。推动社会工作专业人才数量、质量“双跃升”，2024 年，全市通过职业资格考试人数 1.64 万人，同比增长 49.6%。实施社区工作者赋能成长营行动，专职社工总数达 9312 名，社区专职工作者持证比例 81%、居浙江省第一。

一、完善政策支持与统筹机制

以创新为导向，积极构建综合文件为引领、相关配套政策为补充的相互衔接、多方联动的政策体系。一是顶层设计强化党管人才。2014 年出台《关于加强社会工作专业人才队伍建设的实施意见》，明确将党管人才贯穿人才建设全过程，通过理想信念教育和品牌机构培育，打造政治过硬的专业队伍。2018 年，市委组织部、市民政局联合印发《宁波市社会工作专业人才队伍发展三年行动规划（2018—2020 年）》，进一步明确了专业社会工作的发展目标和实践举措，社会工作发展环境持续优化。二是跨部门协同与区域联动。围绕关键环节和重要领域，相继出台《宁波市优秀社会工作人才奖评选办法》《关于加强社区社会工作人才队伍建设推进社区社会工作的意见》《宁波市社区社会工作项目资助实施办法（试行）》《宁波市社会工作示范基地创建标准》。在禁毒、社区矫正、青少年、医务等重点领域出台《关于做好我市专职禁毒社会工作者配备及保障工作的意见》（2013 年）、《关于社区矫正协管员队伍建设的意见》（2016 年）、《关于加强宁波市青少年事务社会工作专业人才队伍建设的意见》（2018 年）、《关于做好政府购买青少年社会工作服务的实施方案》（2018 年）、《关于开展医务社会工作的意见》（2019 年），呈现出社会工作多领域发展的良好局面。积极推动专业社会工作“嵌入式”发展，将其纳入城乡社区建设、禁毒工作、社区矫正、心理健康、慈善福利等领域政策文件中协同推进。三是逐步完善激励保障机制。2015 年，宁波市将“优秀社会工作人才奖”纳入当年宁波市最高人才奖评选，共有 8 名社会工作人才获此殊荣，每人给予 10 万元现金奖励。2018 年，市委人才办首次将社会工作专业人才纳入宁波市人才新政，对取得国家高级社工师职业资格并符合相关条件的优秀社会工作专业人才，经认定列入《宁波市人才分类目录（2018）》的“高级人才”序列，按规定享受相关人才政策。2021 年将社工考试一次性奖励纳入新一轮全市人才新政，出台社工考试最高 5000 元一次性奖励政策，已累计发放一次性奖励 3000 余万元。

二、优化培育体系与专业能力建设

壮大队伍抓规模、提升素质抓质量，着力培养数量充足、专业过硬、素质优良的社会工作人才队伍。一是职业资格考前辅导普及化。线上线下持续发力，组织全国社会工作者职业资格考试，积极支持和鼓励 40 周岁以下机关事业人员、城乡社区工作者、网格员、学校、医院等符合条件人员报考。2024 年培训报考人数 6.27 万人，占到报考人数的 97.51%。截至年底，全市通过全国社会工作者职业资格考试持证人数达到 46548 人，其中初级 39050 人、中级 7486 人，高级 12 人（包含引进 3 人），总持证人数居浙江省首位，超额完成“十四五”目标任务。二是分层分类加强专业能力建设。在加强社会工作人才职业道德建设，强化社会工作人才的社会责任感和职业认同感的同时，立足构建管理人才、研究人才、实务人才、通用人才的人才梯次框架，分层分类开展社会工作人才队伍的培养。大规模系统化对直接从事社会工作服务的从业人员全员分批专业培训，开发专业培训课程和教材。浙江万里学院、浙江工商职业技术学院，分别于2019年、2023年开始社会工作专业本科、专科层次招生，着力培养具有较强社会政策分析能力的专业化社会工作人才和从事一线服务管理的高素质技能人才。发挥全国、省级、市级社会工作服务示范单位（地区）人才高地的示范引领和辐射作用，与香港理工大学和上海大学社会工作学院签订顾问和教学合作协议，培养专业社会工作人才。三是创新服务实战锤炼人才。积极构建“社工＋社区＋志愿者”“社工＋网格员”等多种服务模式，护航中心大局，一线锤炼人才。在志愿服务领域，成立志愿服务队1.7万支，制定6大举措、18项任务清单，推进志愿服务体系创新、制度创新、工作创新。在基层治理领域，推进村（社区）服务管理网格化和部门履职网格化“两网融合”，2024年，共处置三级事件72.92万件，办结率达99%以上。社会工作人才积极参与“村社故事宁波声音”系列活动，聚焦基层治理热点、难点、堵点问题，形成一批“微议事、微空间、微力量、微服务、微改革”的特色治理案例。

三、健全岗位开发与专业机构培育

专业岗位和职业发展平台是社会工作专业人才施展才华的重要舞台和阵地。通过岗位开发、机构发展、行业覆盖等措施，积极搭建社会工作专业人才的成长平台。一是加强社会工作岗位开发。按照“示范带动、分步推进”原则，在社会福利与救助、社区服务、青少年教育、残障康复等重点领域，稳步推进社会工作专业岗位设置，不断加大专业人才的使用力度。民政直属事业单位以社工岗位为主系列岗位，社会工作岗位设置管理率达到100%；市社区专职工作者9312人，每万名社区常住人口拥有专职社工达20.4人，社区专职工作者持证比例达81%。二是扶持行业组织及社工机构发展。积极构建行业组织网络。2018年成立了宁波市社会工作协会（2023年换届更名为宁波市社会工作联合会），成立了社区社会工作、医务社会工作、青少年社会工作和司法社会工作 4 个专委会；各区县（市）行业组织网络逐步完善，均成立了社会工作协会，为当地社工能力提升、专业规范提供服务。加强专业机构培育发展。通过政策扶持、购买项目等途径，扶持培育本土专业社会工作机构 170 余家。积极支持引导社会工作专业力量参与脱贫攻坚，7 个专业社会工作机构入选了民政部“牵手计划”、浙江省民政厅“牵手同行计划”，向甘肃、青海、绍兴等地输送了社会工作“宁波经验”。三是推进社会工作专业拓展。以社会工作示范基地创建为抓手，选树榜样示范平台，推动多领域发展，共创建全市社会工作示范基地 50 个，投入资金 500 万元，在民政、卫生、工会、妇联、青少年等领域选树了一批实务成果明显、具有示范引领作用的社会工作服务单位和组织，并以点带面，逐步拉开社会工作行业发展框架。会同团市委等有关部门出台《关于做好政府购买青少年社会工作服务的实施方案》《关于加强宁波市青少年事务社会工作专业人才队伍建设的意见》，加快青少年服务领域的社会工作人才开发。宁波市妇联在女性社会组织发展、市总工会在职工权益维护、市公安局在禁毒宣教、市司法局在社区矫正帮扶等领域，分别采取措施，共同推动社会工作专业人才发展和应用。

市公安局：深入推进全员人才队伍建设

人才作为第一资源，是公安工作的发展之基、竞争之本、创新之要，是推进公安工作现代化、实现公安工作高质量发展的关键要素。

一、做法和成效

2024年，宁波市公安局深入贯彻宁波全面加强“三支队伍”建设及省公安厅“全员人才”计划一号素质强警工程部署要求，树立践行“大人才观”理念，联合市委人才办印发《新时代全市公安机关全员人才队伍建设“先锋行动”实施方案（2024—2026年）》，制定下发30项全员人才队伍建设重点任务清单，立足正向激发队伍活力潜能，积极打造人才“选、育、引、用、护”一体化路径，全面加强公安人才队伍建设，有效支撑宁波公安工作高质量发展和现代化先行。

（一）突出聚贤引才，构筑“立体化”人才矩阵

一是加强内部人才遴选。突出主责主业，构建纵向三层、横向五类为主体的公安专业人才矩阵。深挖警队人才潜力，分层分类开展宁波公安首批人才集中遴选入库工作，构建市局人才评审专家委员会、27个专业类别人才评审专家组两级评审体系，吸纳公安各领域专家、行家126名参与，出台人才评审规范，确保荐才选才更加柔性规范科学。全年完成市、县两级骨干和基础人才库5000余人次的人才入库工作，优选市公安局本级高级人才213名、青年人才153名，推荐并获评浙江省公安厅领军人才1名、高级人才55名、青年人才

55 名。二是靶向实施人才引进。开展全市公安人才需求调研，科学研判各专业警种需求，合理设置人才招录计划，探索优化传统招录模式，全市公安机关多渠道多层次引进计算机、法律、无人机等紧缺急用“靶向”专业人才 247 名。三是对外协作借智借力。建设一批“警＋企合作单位”“警＋校合作单位”，与 12 家政府机关、院校、高新企业签订合作共建协议，深入开展项目合作、捆绑研发、团队引进、协同育才，外聘教授、行业专家 27 名作为“外脑”，强化内外联动、优势互补。

（二）聚焦多元育才，打造“全周期”育孵闭环

一是全警普训强基。以市公安局党委班子带头开展领导干部集中训练活动为引领，示范带动全警练兵、全警健身两大强基行动深入实施。举办全市公安机关政治轮训 11 期、专业培训 72 期、比武竞赛 35 场，落实“练兵日”制度，常态开展市、县体技能抽测 40 余次。举办“全警健身大讲堂”6 期，开办健身指导员培训班，培育健身指导员 100 余名，定期组织公安系统足球赛、篮球联赛、羽毛球赛等警察体育健身活动。二是专项培育赋能。深耕新警培育“青蓝工程”，完成近三年入职 621 名新警的电子培育档案建设，并按照思政、业务“双师”要求落实警师结对，开展新警入警训练、比武竞赛、素质达标，开办全市公安机关新警“孵化营”，全面提升新警队伍综合素质。深化教官闭环培育工程，认证市级教官（中级）184 名、市级辅警教员 10 名，开办教官训练营 3 期，培训教官 86 名。围绕一线勤务民警、执法骨干等群体，实施警情处置技战术、执法办案专项练兵等定制式培育项目，实现需求牵引、精准赋能。三是实战实训砺才。开展全市公安机关干部挂职锻炼，排摸区（县、市）公安局挂职锻炼平台、直属分局助力平台，选派政治素质好、事业心责任感强、有发展潜力的干部 60 余人次进行挂职锻炼。打造由拔尖人才领衔的优秀人才工作室 15 家、市级人才“实训点”13 个，组织 50 余批次 200 余名业务骨干进点学习、驻点跟班、实训攻坚。

（三）坚持管服并重，厚植“呵护式”成长沃土

一是拓宽发展渠道。将入选一定级别的人才、教官（辅警教员）及精品

课程等人才条目纳入对民警、辅警评价，并给予一定赋分。争取市总工会、人社、团委等重视支持，通过联合办赛、逐级推选等形式挖掘选拔人才，授予65名民警“金蓝领”、宁波市级技术能手、“宁波市级青年岗位能手”等荣誉称号。二是规范管理考评。出台公安人才库建设管理等四项制度，建立健全文字调研、窗口服务等公安专业人才跟踪管理和评价激励制度，推动实现人才队伍优胜劣汰、能上能下。依托智慧政工平台，构建“一人一档”的人才电子档案，开展一般职业能力标签、公安专业能力标签的打标录入，不断提升人才辨识度。三是强化激励保障。从生活上关心关爱公安人才，在“团圆计划”中优先解决市公安局高层次及以上人才夫妻两地分居问题，并在健康体检、就医“绿色通道”等方面给予一定倾斜。以“工匠”为主题开展外宣系列报道，在宁波公安新媒体矩阵刊发相关稿件70余篇，被《人民公安报》等央级媒体录用20余篇，不断扩大宁波公安人才影响力。

二、经验启示

事业兴衰、关键在人。新时代新征程，必须把人才队伍建设作为一项基础工程、系统工程、全局工程、长远工程，凝聚合力、持之以恒、常抓不懈。

树立全员人才理念是人才工作的重要前提。解放思想、转变理念，打破唯论文、唯职称、唯学历、唯奖项的倾向，增强发现和培养人才的意识，构建人人渴望成才、人人努力成才、人人皆可成才、人人尽展其才的良好局面。

引才育才并举是壮大人才队伍的有效路径。聚天下英才而用之，既广开进贤之路招引人才，又内部挖潜、伯乐识马发现培养人才，同时善于借助外脑外智，外引、内育“双轮驱动”，不断提升人才队伍质量和层次。

科学管理使用是发挥人才效能的关键举措。突出人才个体的独特性、人才价值的多元性、人才类型的多样性，大才大用、小才小用，专才专用、偏才偏用，发挥特殊人才在公安特殊场景下的特殊作用。

营造爱才护才环境是人才工作的有力保障。环境好，则人才聚、事业兴。建立健全爱才敬才护才政策体系，优化“引育留用管”人才生态，完善包容创新、宽容试错机制，营造尊重人才、求贤若渴的人才环境。

宁波人才发展集团：聚力做强人才投资平台服务人才创新创业

宁波人才发展集团成立于2023年6月，定位于做“宁波新时代人才高地建设的开路先锋”，围绕“把宁波人才规模做大、结构做优、质量做高”的工作目标，集团着力建强人才引聚、人才投资、人才服务“三大平台”，以高质量的人才工作服务宁波经济社会高质量发展。人才投资板块作为集团服务人才创新创业的主抓手，其核心是总规模100亿元的宁波市人才发展基金（简称“人才基金”），坚持打造投早、投小、投长期、投硬科技的“耐心资本”。人才集团致力于打造“全方位人才资本开发的专业化运营平台”，聚焦人才项目的孵化，人才企业的培育，充分发挥资本的引领撬动作用，逐步探索出了一条“以投促引、以才促产、以产兴城”的新路径。

一、主要做法

（一）围绕产业发展搭框架，全面布局人才集聚的产业赛道

产业呼唤人才，产业集聚人才。集团以人才基金为抓手，立足“直投＋子基金”双轮驱动模式，将宁波市重点发力且人才高度集聚的人工智能、生物医药、新材料、新能源等硬科技行业作为主攻方向，拉开以投促引、筑巢引凤的框架。截至2025年第一季度末，母子基金已投资人才项目8个，A轮及之前阶段的项目3个，初步实现人才和产业交叉覆盖。母基金直投始终将人才团

队作为投资关键考量。瞄准市级、区级重点人才项目，累计直投众远新材料、星巡智能等 5 个人才项目，其中众远新材料执行董事、技术带头人赵文军为材料领域专家，在突破材料“卡脖子”取得多项成果；能之光作为国家高新技术企业、国内高分子功能改性材料的领先制造商，其产品达到国内领先、国际先进水平，并于 2024 年 6 月在北京证券交易所 IPO 报会。子基金组建始终将服务人才作为核心目标。组建生物医药、光学电子、专精特新、新材料、人工智能等 8 支行业和区域人才基金，重点挖掘具备显著人才属性的早期硬科技项目（平均单笔投资 500 万元），基本实现了对人才集中的新兴产业集群全方位覆盖和卡位，为“以投促引”更好服务人才创新创业、推动优质项目落地转化搭建了重要桥梁。

（二）围绕资金需求强合作，全面提升人才创投服务能级

围绕人才创业创新的资金需求，人才基金秉持“不求所有，但求有为”的理念，通过整合集团资源，发挥平台优势，加强与头部机构和平台合作，着力打造人才基金的差异化赋能能力，吸引和撬动社会资本支持人才创业创新和科技成果转化，以小资金撬动大资源。围绕专业赛道领域投资，加强与龙头链主型企业合作。与康龙化成共同出资设立 9 亿元生物医药行业人才基金，与永新光学共同出资设立 5 亿元光学电子行业人才基金。围绕学习先进创投经验，加强与头部投资机构合作。与农银国际共同设立规模 1.56 亿元的专精特新人才基金，与上海国和共同设立规模 5.4 亿元的人工智能行业人才基金，与沃衍资本共同设立规模 3.3 亿元的新材料行业人才基金。截至 2025 年第一季度末，母基金累计合作基金总规模超过 24 亿元，其中人才基金认缴 2.26 亿元，资金放大近 11 倍。

（三）围绕打通堵点建平台，切实提高人才创业成功概率

集团立足自身作为创新链、产业链、资金链、人才链“四链融合”的重要节点枢纽，针对人才创新创业融资对接难、验证转化难等关键堵点，链接各方资源，重点打造两个人才科创服务平台。创立“梧桐 · 人才创投汇”品牌，加强平台投融资对接能力。2024 年，集团联合深创投、达晨创投等十余家国内知

名投资机构成立了宁波首个人才创投对接平台“梧桐·人才创投汇”，着力解决人才项目在创业初期缺乏与资本对接机会的痛点，为人才项目提供政策咨询服务、招商推介和多元化金融资本对接机会。截至 2025 年一季度末，平台成员超过 30 家，已开展 15 场人才项目路演、创业辅导等赋能活动，路演人才项目 39 个，其中 4 个项目获得后续融资合计 1.4 亿元。谋划落地行业概念验证中心，延展人才创业服务链。采用“1 ＋ N”模式，由集团牵头，联合高校、研究机构、人才企业、投资机构等，聚焦新材料、生命健康等宁波重点发展产业，共同谋划行业概念验证中心，加快建立一个集创业指导、专家咨询、概念验证等软性服务及产品小试、检验检测等硬件服务于一体的综合服务平台，助力人才走好创业“最初一公里”。

（四）围绕关键小事强服务，着力解决人才创业后顾之忧

集团坚持以多元化的人才服务不断扩大投资朋友圈。坚持暖心服务破圈。通过政策优待赋能，帮助人才企业对接地方政府，积极争取高端紧缺人才个税优惠等政策，解决员工的安居、子女就学等问题。以服务为桥梁，推动更深更广的人才投资合作，在为某头部产业资本提供相关服务后，在人才基金出资仅 1000 万元的情况下，产业资本积极协调社会资本参与行业人才基金，基金总规模达到 5.5 亿元，实现财政资金放大 55 倍。坚持精准服务增值。充分发挥人才服务的专业化优势，为企业提供人才评价、管理咨询、评审评估、项目申报、落户孵化等高端人才服务。如为投资立项的某个碳化硅项目提供人才政策申报辅导服务，积极协同其对接相关部门，帮助公司成功申报甬江人才工程资本引才项目，创始人也成功获评国家级人才。

二、经验启示

通过前瞻务实的战略谋划、踏实坚定的战略执行和实事求是的战略复盘，集团不断探索人才基金服务人才的有效路径，也形成了一些规律性认识。

一是坚持党的领导和公司治理深度融合，筑牢快速发展压舱石。要坚决贯彻落实“三个区分开来”要求，通过投资激励约束机制的完善、尽职免责管理办法的制定等举措，营造“鼓励创新、宽容失败”的投资生态环境，切实将党

的政治优势和组织优势转化为推动公司发展的制胜优势。

二是坚持股权投资和人才工作高效联动，找准人才投资公约数。要擦亮人才基金的金字招牌，多措并举发挥股权投资的招商引财、招才引智作用，更加灵活和务实地引才留才，为优质企业招引核心产业领军人才。

三是坚持服务大局和市场机制有机结合，激发国有基金新活力。要坚持城市战略导向、市场化思维，加强基金运营人才开发，加强与市场化基金的合作，不断激发国有资本创新活力，在服务全市人才发展大局中更好展现人才基金担当。

宁波大学：率先试点校企顶尖人才“双聘共享”模式

宁波大学积极发挥地方优势，2024 年率先探索出校企协同引才的创新范式——通过柔性聘任国际知名电磁兼容专家、电气电工工程师学会会士（IEEEFellow）范峻教授担任包玉刚讲座教授，同时保留其在宁波德图科技有限公司的董事长职务。校企顶尖人才“双聘共享”模式，突破了三个维度的人才流动梗阻：在身份管理层面，构建了“旋转门”式任职通道，破除体制内外的身份壁垒；在资源配置层面，搭建起“基础研究—应用开发”的闭环体系，实现高校重点实验室与企业工程中心的设备共享；在价值创造层面，为高校学科建设注入尖端智力资源，又为企业技术攻关提供理论支撑，形成学术前沿探索与产业技术攻关的共振效应，实现了人才价值的双向发挥，为破解新工科建设中的产教协同难题提供了可复制的解决方案。

一、主要做法

（一）精准引进：需求导向的靶向引才

宁波大学依托“包玉刚系列”柔性引才计划实施办法，制定详细的产业高端人才聘任标准，结合学科发展规划及产业调研数据，建立“学科—产业—人才”三方匹配机制，精准引进具有丰富实践经验和突出学术成就的企业高端人才。学校通过人才工作领导小组专题会议，在充分考察与沟通的基础上，系统论证拟聘人选引进的必要性及预期效益，科学制订聘期任务目标与待遇方案，最终与人才达成聘任协议。依托包玉刚讲座教授基金项目和拟聘学院的共同支持，学校为引进人才提供具有市场竞争力的薪酬体系与优质科研环境，人才通过包玉刚讲座教授岗位开展学科建设与产学研合作，实现高校智力资源的共享与转化。通过该引才机制，电子科学与技术学科建设与企业技术攻关实现了双向突破。以范峻教授的引进为例，这位在行业领域兼具国际影响力和深厚学术造诣的专家加盟后，有效促进了学科交叉创新与产业技术升级的深度融合，为校企协同发展注入了新动能。

（二）双岗双责：融会贯通的协同育才

针对校企“双聘”人才，实行“高校教学科研＋企业技术指导”双重职责，一方面在学校承担教学、科研和学科建设等任务，将企业实际案例和行业最新动态融入人才培养环节；同时在企业，指导学校科研人员、学生依托校企合作平台开展实践创新和科技成果转化等。范峻教授的工作任务包含协助和指导学科制订发展规划，凝练学科重点研究方向和学科特色，参与学科建设中的重大问题研讨和决策；参与指导企业合作创新和产学研项目技术方面的工作；指导青年科研人才培育和研究生培养；等等。

（三）平台赋能：生态联动的长效用才

为校企“双聘”人才搭建“学术—产业—政策”三位一体平台，宁波大学出台《促进人才交流共享推动教育科技人才一体发展实施细则》，推动资源高效整合。校企双方定期举办学术沙龙、技术研讨会等活动，促进“双聘”人才与高校师生、企业技术人员之间的深入合作，促进双方之间的知识共享和技术合作。2024 年 12 月，范峻教授给信息学院师生代表 200 余人开展了题为“电磁干扰设计与防护的挑战和机遇”的讲座，就高速电路发展的趋势电路系统集成中的关键问题和关键技术展开详细阐述，引发了相关研究方向的师生深入思考和热烈讨论。相关学位点负责人、系所负责人以及教师代表还参与了宁波德图科技产学研合作平台座谈交流会，双方就后期人才联合培养、产学研课程体系共建、学科和科研工作的深入合作达成了一系列有实质性建设意义的框架合作意向。

二、经验启示

一是坚持解放思想，创新聘任模式。人才交流共享的第一步在于打破各种壁垒和惯性思维，包括地域、行业、体制等。高校要转变观念，打破“单位所有制”思维和传统人才引进模式，积极探索建立更加灵活、高效的人才聘任机制，激活存量人才资源，形成“不求所有，但求所用”的大人才观。企业则要勇于承担社会责任，鼓励更多企业高端人才参与高校人才培养和教学科研工作。探索建立高校与科创平台、企业在论文发表、成果报奖、成果转化等方面的利益共享机制，相关部门应支持双聘人员在派出期间与单位合作取得的相关业绩予以互认。

二是坚持需求导向，注重长效机制。高校要以学科建设和发展需求为导向，精准引进企业高端人才，避免资源浪费、虚假流动，真正实现人才引进与学科发展的有机结合，人才链、创新链和产业链有效衔接。建立健全校企“双聘”人才管理制度和保障机制，通过政策、平台、服务多维支撑，形成“引育留用”人才流动共享机制，确保“双聘”计划能够长期顺利实施并取得实效。

三是坚持开放合作，构建和谐生态。应鼓励高校、科研机构、企业等不同主体之间更深入、更开放的合作与交流，激发校企协同内生动力，构建互助式、带动式、互促式人才对接模式，拓展校院企人才交流互动渠道，形成产学研用深度融合的创新生态，为人才成长提供更加广阔的舞台。联合政府相关部门，构建开放包容的人才生态共同体，利用大数据、人工智能等现代信息技术手段，帮助各方走出信息孤岛，让各类人才能够跨越障碍，自由流动。

海天集团：“蓝金领”人才工厂重塑智能制造人才自主培养新范式

推动一流产业人才队伍建设，是支撑企业发展的关键之举，是补齐产业短板的必由之路，更是推进区域共富先行的长远之策。海天集团作为塑机行业链主企业、“地瓜经济”龙头企业，主动融入省域技能型社会建设，积极探索民营企业技能人才自主培养新模式，推动实现技能人才与产业需求“双向奔赴”。针对产业人才培育中产教融合痛点、难点，海天集团面向智能制造应用场景，打造“蓝金领”人才工厂，通过精准把脉上下游产业生态链人才需求，按需分类培育，强化实用实效，共享育人资源，持续为海天集团自身及上下游产业链培养输送符合发展需求的产业人才，形成了学员、企业、产业共生共长共赢的新生态。相关做法获浙江省人才工作创新优秀案例奖，入选 2024 年全省人社领域创新深化改革攻坚开放提升第一批“最佳项目”。北仑区入选“2024 年新设国家市域产教联合体名单”，属全市唯一。

一、主要做法和成效

（一）分类精准培育，形成多元技能应用人才供给

海天集团与不同类型高校、职校在人才培养方面展开全景式合作，共享校企“双资源”，逐步探索形成“双主体”教学育人长效机制。坚持岗课耦合、真岗实练，统一企业用人标准和学校育人标准，形成“厂中校”“校中厂”实

习实训模式，分类培养技能应用人才。围绕一线技工人才培养，与全国 136 家高等职业院校深度合作，形成专业共建的协同育人模式，为海天集团及生态链企业输送一线技工实习生。围绕技能型人才培养，筹建海天智能装备技师学院等产教合作平台，开展全日制招生，定制化培养技能型人才，实现海天设备＋技能人才选配输出。围绕应用技术人才培养，与全国百所高校合作，开展社会化招生，获取优质生源，采用订单化培养模式，为海天集团及生态链企业输送应用技术人才。

（二）双师型教师培养，注入技能人才培养可持续动力

“院校专业教师＋企业实操导师”的双师型培养模式是海天集团实现有效人才培养的前提。一是建立优秀人才互聘机制。海天集团与合作院校构建校企人才共同体，实现校企双方的人才互通。即海天集团派驻来自研发、生产部门的优秀技术技能人才、企业高管到院校担任授课讲师，为院校生提供更加贴合企业生产实际的实践教学；合作院校派出优秀骨干教师，参与海天集团科技研发、职工培训等工作，加强理论支持。二是壮大资深师资队伍。海天集团建立覆盖院校教师、行业专家、企业高管等专家群体的实训师资团队，导师队伍超 400 人，在定制化课程开发、现场师徒制辅导、实战情景演练、职业发展规划等方面给予学员全面专业指导，为赋能产业链人才培育奠定扎实的基础。

（三）就业薪酬联动，打通技能增收“最后一公里”

为进一步激发技能人才就业创新积极性，海天集团探索形成“以就业为前提、以学技为基础、学历＋技能＋薪酬多维提升”的人才培养激励模式，实现“进得来、留得住、用得好”。一是以能力认证促增收。制定《注塑机操作维护工程师职业能力标准》等行业内技能标准、开展技能认证，为学员能力背书，获得海天行业证书的学员在业内就业薪资水平比一般工人高 1000 ～ 2000 元 / 月。二是建立学技就业直通车。即人才技能通关站点图，明晰人才培养路径，每提升一项专业技能，薪酬水平相应提高，加深技能与薪酬捆绑。三是打通学历和技能同步提升通道。在宁波职业技术学院开设海天全日制技能学历双提升班，毕业生可获得高技能等级证书及宁波职业技术学院高等继续教育专科

文凭，通过企业认定后就业起薪达 10 万元 / 年，毕业 5 年薪酬达 18 万～ 25 万元 / 年。

（四）资源开放共享，提供产业链技能人才解决方案

面对产业链上下游中小企业技能人才培养困境，海天集团联合 100 家行业企业，成立海天人力资源产业联盟，开展人力资源综合服务，为上下游生态链企业提供技能人才解决方案。一是育人资源开放共享。向上下游生态链企业开放共享各类育人平台资源，"蓝金领"人才工厂已培养并成功向上下游企业输送高技能人才 1800 余名。二是人才资源柔性供给。根据产业发展和企业经营的周期性变化，海天集团整合联盟内人力资源需求，在联盟内部进行人力资源的有效调配，实现人才柔性供应。三是售后服务型技能人才与设备"打包交付"。开发"蓝金领"灵活用工 App，实现企业经营活动从简单产品交付向"交钥匙工程＋人才输送"一体化供给。

二、经验启示

一要正确认识，精准加大资源投入力度。企业要深刻认识一流产业人才队伍建设的重要性和紧迫性，努力构建多方主体共建共享共赢的发展格局。一方面要主动加大人才培养投入，特别是在经济转型升级背景下，民营企业更应该加大研发投入，加强高素质技能人才培育，增强企业内生动力。另一方面还要主动加强人才激励，着力完善技能人才收入分配机制，强化技能等级与薪酬挂钩，实现劳动报酬增长和劳动生产率同步提高，让员工与企业共享发展成果。

二要强化责任，更好发挥企业主体作用。企业要积极履行人才开发主体作用，主动参与技能人才培育全过程，从单向的"资源供给者"转变为"生态共建者"，带动集聚院校资源、上下游企业资源。注重发挥企业实操资源优势，与学校共建双师型教师队伍、共建实训基地，推动企业案例进课堂、岗位课程进企业，形成"厂中校""校中厂"场景化实习实训模式，解决技能人才培育与实际需求脱节的问题。同时，以就业为导向，在引进、培养、评价、使用、服务等方面精准施力，分类精准培育技能人才，保证就业率，推动技能水平转换为真金白银。

三要促进协同，有力推动产业链共建共享。充分发挥行业主管部门和产业链龙头企业作用，探索搭建技能人才认定平台，统一产业人才培养标准，共享技能人才培育资源，提供定制化培育培训服务。支持组建产业人力资源联盟，搭建产业人力资源综合服务平台，统筹调配产业技能人力资源，形成产业内的柔性人才供给机制。打通“产品＋服务＋人才”一体化输送的技能人才供给链，依托人才培养，推动产品营销、客户培育，深化人才链、产业链有机融合。